汤雄 / 著

人民文学出版社

图书在版编目（CIP）数据

晚年宋庆龄/汤雄著. —北京：人民文学出版社，2020
ISBN 978-7-02-016261-1

Ⅰ.①晚… Ⅱ.①汤… Ⅲ.①宋庆龄（1893—1981）—生平事迹
Ⅳ.①K827＝7

中国版本图书馆 CIP 数据核字（2020）第 072423 号

责任编辑　刘　伟　温　淳
装帧设计　黄云香
责任印制　任　祎

出版发行　人民文学出版社
社　　址　北京市朝内大街 166 号
邮政编码　100705
网　　址　http://www.rw-cn.com

印　　刷　北京新华印刷有限公司
经　　销　全国新华书店等

字　　数　360 千字
开　　本　710 毫米×1000 毫米　1/16
印　　张　29　插页 7
版　　次　2020 年 11 月北京第 1 版
印　　次　2020 年 11 月第 1 次印刷

书　　号　978-7-02-016261-1
定　　价　78.00 元

◇ 1949 年 9 月，宋庆龄出席中国人民政
治协商会议第一届全体会议时的留影。

◇ 1949 年 10 月 1 日，开国大典前，宋庆龄步上天安门城楼。

◇ 1954 年 9 月 27 日，宋庆龄在中华人民
共和国第一届全国人民代表大会第一次
会议上投票。

◇ 1951 年 10 月，在全国政协一届三次会
　议期间，宋庆龄与代表合影。

◇ 1956年8月，宋庆龄访问印度尼西亚，
   这是飞机到达雅加达时的情景。

◇ 1956 年 9 月，宋庆龄与陈毅欢迎来华
访问的印尼总统苏加诺。

◇ 宋庆龄与柳无垢（左）、罗叔章（右）、
王黎明（后）。

◇ 1981 年 5 月 8 日，加拿大维多利亚大
学授予宋庆龄荣誉法学博士。

目 录

第一章

1949 年—1959 年：爱和平、爱人类、
爱共和国的进步事业

第二章

1960 年—1966 年：在现实和理想之间辗转

第一章

1949 年—1959 年：

爱和平、爱人类、爱共和国的进步事业

1949 年 >>>

"我已经看到了新中国——它的长度和高，它的诞生和生命的开始。"

1949年8月25日，宋庆龄在邓颖超、廖梦醒、上海市军管会交际处处长管易文和文字秘书柳无垢等人的陪同下，在一队警卫的护卫下，乘坐专列离开上海赴北平（1949年9月27日以后，改北京），预备参加中国人民政治协商会议，出席新中国开国大典。这一年宋庆龄五十六岁。

　　早在1949年初，毛泽东、周恩来就已向宋庆龄发出了参加新政治协商会议筹备会的邀请电报。该电报是附在中共中央发给香港中共地下联络处的方方、潘汉年、刘晓的指示电之后，要他们设法转送给宋庆龄的。解放战争胜利后，毛泽东与周恩来邀请海内外民主人士北上。香港当时聚集的民主党派，民盟方面有沈钧儒、罗隆基，民革方面何香凝、李济深、柳亚了，民盟新加坡支部的胡愈之、沈兹九夫妇，还有内地很多文化界人士。宋庆龄也是重要的被邀对象。

　　中共中央在指示电中指出："兹发去毛周致宋电，望由梦醒译成英文并附信，派孙夫人最信任而又最可靠的人如金仲华送去，并当面致意，万一金不能去，可否调现在上海与孙夫人联络的人来港面商。"周恩来审改电稿时还加上了："总之，第一必须秘密，而且不能冒失。第二必须孙夫人完全同意，不能稍涉勉强。如有危险，宁可不动。"两份电报均由周恩来修改审定。

附电摘要如下：

> 中国革命胜利的形势已使反动派濒临死亡的末日，沪上环境如何，至所系念。新的政治协商会议将在华北召开，中国人民革命历尽艰辛，中山先生遗志迄今始告实现，至祈先生命驾北来，参加此人民历史伟大的事业，并对于如何建设新中国予以指导。至于如何由沪北上，已告梦醒与汉年、仲华切商，总期以安全第一。谨电致意，仁盼回音。

接中共中央 1 月 19 日邀请北上的电报后，方方、潘汉年、刘晓进行了认真准备。为保证完成这项重大而又艰险的任务，他们决定派地下工作者华克之前去，计划先把宋庆龄接到香港，然后同何香凝一起北上。华克之秘密携带信件，潜赴上海，通过宋庆龄秘书柳无垢，把信件交给宋庆龄。据华克之事后回忆："对于完成这一任务的细节与可能遇到的问题，潘汉年都预为设计，详细介绍，反复交代，要求保证宋庆龄的绝对安全。""那次，我完成了送信的任务，并取得了宋庆龄复周恩来的英文手书回港复命。"

据《柳无垢向宋庆龄传送毛泽东、周恩来信件经过》[1]一文记录：

> 华南局的领导人认真研究后，决定把这个任务交地下工作战线的传奇式人物华克之执行。计划先接宋庆龄到香港，再和何香凝一起北上。潘汉年向华克之仔细交代了送信和护送的各项细节。华克之领受任务后，扮成商人，登上香港到青岛的外国货轮，经过三天三夜的海上航行到达上海。他按潘汉年给的地址，到辣斐德路（今上海复兴中路）法国公园（今上海复兴公园）对面的一幢西式住宅，找到柳无垢后，告以来意，托她帮助把一封信件交宋庆龄，并取回复信。

柳无垢时在美国驻上海总领事馆政治组任编译员，和中共上海地下党陈虞孙、冯宾

---

[1] 本文为柳光辽在后来的一篇根据他母亲柳无垢的日记整理所作。

符等有联系。1939年9月至1942年6月,她在香港"保卫中国同盟"工作,和宋庆龄建立了深厚的友情。对于向宋庆龄转交毛泽东和周恩来的联名信的经过,柳无垢后来回忆:

> 大概是1949年春吧,金仲华来香港后,说将有一位王先生来找我,要我帮助他。有一天早上,我正准备出门上办公室,那位王先生来了,交给我一封信,要我交给孙夫人。孙夫人是不大见客的,我虽和她相熟,但也不常见到她,仅仅和她有通信联系。我写信求见,告诉她有重要信件面呈,但她回信说,因为打针,医生不准她见客,所以不能接见我。不得已,王先生要我明白告诉孙夫人,信是毛泽东与周恩来写给她的,希望她早日接见我。经过一星期的信件往回,最后得以到她家里,把信送交她,从她那里取得回信,交给王先生。

宋庆龄的亲笔回信是用英文写的(译文如下):

> 亲爱的朋友们,请接受我对你们极友善的来信之深厚感谢。我非常抱歉,由于有炎症及血压高,正在诊治中,不克即时成行。……但我的精神是永远跟随着你们的事业。我深信,在你们英勇、智慧的领导下,这一章的历史——那是早已开始了,不幸于二十三年被阻——将于最近将来光荣地完成。

同年6月27日,邓颖超受中共中央指派,携带毛泽东和周恩来致宋庆龄的两封亲笔信,和廖梦醒一起由北京乘火车前往上海,专程邀请宋庆龄北上。

29日,宋庆龄在她位处上海市林森中路(1950年改为淮海中路)1803号的寓所里会见了邓颖超,同意北上。

在上海逗留的两个月不到的时间里,代表周恩来专程前来迎接宋庆龄北上的邓颖超，和宋庆龄、陈毅等人一起出席了上海各界纪念七七庆祝解放大会，参加了中国福利基金会托儿所开幕典礼，视察了中国福利基金会举办的"小先生夏令营"（上海解放后的第一个少年儿童夏令营）。

邓颖超圆满完成了中共中央交办的重要任务，陪同宋庆龄北上。

列车在向北京奔驰，宋庆龄的心情无比愉悦。她写道："我已经看到了新中国——它的长度和高，它的诞生和生命的开始……当田野在火车的窗外飞掠而过，那些新种植的田地，那些最近收割的稻田，当它们在我的眼前滑过，消失在遥远的天边，当沿途的城市、市镇和乡村飞驶而去，当我看到标明出地形的、无数大小的河流，有些是涓涓的细流，有些是急浪翻腾的大河，我就感觉到，我们中国是可以成为富饶之地的，一切基本的条件都具备了。当我看到这些景色时，我觉得生产和发展的可能性，似已近在眼前了。没有一个计划，没有一个梦想是虚无缥缈的，这儿一大堆工厂，那儿一队队耕种机在垦着地。路上的景色触动了我无穷的想象力。"[1]

---

[1]《宋庆龄选集·上卷》，第474页，人民出版社1992年版。

柳无垢：一个难得的翻译者

作为宋庆龄的文字秘书，柳无垢陪同宋庆龄参加第一届政治协商会议与开国大典的消息是保密的，因为当时她还担任着美国驻上海总领事馆政治组编译员的工作。

柳无垢是著名爱国诗人柳亚子的次女。1927年9月，她随父亲流亡日本；1928年9月重返上海，入大同大学附属中学读书。九一八事变后，她积极参加游行、演讲、贴标语、办壁报等活动，宣传抗日，还参加了上海中学生赴南京请愿的活动。1932年9月，柳无垢就读于北平清华大学社会系；后去美国求学。

1937年卢沟桥事变前夕，柳无垢从美国留学归来，在上海中华女子职业学校任教；1938年8月，在上海国际劳工局中国分局任研究员。

1939年1月，工合国际委员会（保卫中国同盟）在香港成立，宋庆龄为名誉主席。

宋庆龄的工作更忙了，光靠廖梦醒一个秘书已难以应付。为此，在征得宋庆龄的同意后，廖梦醒于当年9月向远在上海的好友柳无垢发出邀请，请她去香港一起担任宋庆龄的秘书。柳无垢以抗战大局为重，把幼子交给父母亲照管，独自乘船前往香港，与廖梦醒共同担任宋庆龄的文字秘书，历时两年多。

爱泼斯坦曾在他《二十世纪的伟大女性——宋庆龄》一书中这样记录柳无垢：

> 我认识柳无垢是在香港，时间是 1939 年至 1941 年。那时她在宋庆龄同志领导的保卫中国同盟工作，我负责保盟的英文宣传工作，我们成了同事和朋友。她曾对我谈起她参加北平学生运动及后来被捕的事。她在美国生活了一段时间，在中国留学生中积极从事支援"救国会运动"的活动。除了在佛罗里达州罗林斯大学读正规的大学课程外，她还到美国极南部亚拉巴马州"联合学院"暑期学校去上课。无垢个子小、身体弱，但她的精神是坚强的，思想是清晰敏锐的。

香港沦陷后，柳无垢和她的父亲柳亚子等人化装成难民，逃离香港。柳亚子父女在东江游击队的护送下，向海丰马宫转移。与他们同行的还有何香凝、经普椿（廖承志夫人）和廖承志的两个儿子。何香凝、柳亚子年迈体弱不宜长途跋涉，必须走水路用船护送。地下党员小潘联络交通员谢一超，命他执行这项任务。一行人乘小船好不容易才漂到长洲岛，又换了一艘由港九游击队联系的有三条桅杆的大机帆船，转往汕尾。因为当时敌人要没收一切机器，船主只好把机器拆下，沉入海底，机帆船变成了布帆船，完全靠风力行驶。由于海上无风，本来两三天就能到达的航程，竟然漂泊了七天七夜。船上的淡水和食物都吃完了，大家心急如焚，幸而碰上东江游击队的船只，他们听说船上坐着何香凝老太太，便送来烧鸡、鸡蛋、奶粉和几箩筐番薯，并装足了淡水。

海丰人民得知何香凝脱险，兴高采烈地欢迎她，何香凝在海丰红场演讲宣传抗日救亡。国民党中央委员罗翼群专程赶来，把何香凝一家护送到韶关。柳亚子父女则转往大后方。

柳无垢辗转到达桂林后，先在桂林中学高中部任英文教师；1945 年，入美国战时情报局工作；当年 9 月，她由桂林来到重庆，将毛泽东的《论持久战》译成英文；抗战胜利后，她在美国驻上海领事馆工作；1949 年 1 月，她为宋庆龄与毛泽东、周恩来充当信使。

上海解放后，柳无垢与宋庆龄的联系更为密切。1949 年的"七一"前夕，宋庆龄撰写了一首自由体英文诗。这是为中国共产党成立二十八周年而写的贺诗。她交柳无垢译成中文，题为《向中国共产党致敬》。后来由邓颖超在"七一"晚会上代为朗诵。

1. 陪伴宋庆龄参加开国大典

在中国共产党召开建党二十八周年晚会的两个星期后，宋庆龄向柳无垢去了一封信，约她去林森中路 1803 号。宋庆龄微笑着告诉柳无垢说，她不久将到北京去一趟，希望柳无垢能到她主持的中国福利基金会（上海）工作。

面对宋庆龄的信任，柳无垢非常感动，但由于当时她在美国领事馆任职，一时还不能离开，她向宋庆龄道出实情，请求宋庆龄给她几天时间，由她先向美国领事馆作个口头辞呈，以便美国领事馆及时物色合适的人选，接替她的工作，她才能正式辞职。宋庆龄同意了。

可是，刚过了两天，又一封宋庆龄的亲笔信来到了她的手中。在信中，宋庆龄希望柳无垢能陪伴她到北京去，而且要求柳无垢在两天内答复她。

信虽不长，但柳无垢读出了宋庆龄的急迫心情。于是，她连忙拿着宋庆龄的这封亲笔信，找到了陈虞孙[1]，征求他的意见。此事不小，而且时间紧迫，陈虞孙不敢随便做主，便立即带着柳无垢一起去见了夏衍[2]，

[1] 1949 年 5 月，上海解放后，陈虞孙任上海市军事管制委员会文管会秘书长。

[2] 1949 年，夏衍任华东军事管制委员会文教委员会副主任暨上海市委宣传部副部长。

把信交给夏衍看了，请他作出决定。但是，夏衍也不敢轻易表态。于是，夏衍当即写了封介绍信，交给柳无垢，让柳无垢直接去找时在上海迎接宋庆龄一起北上的邓颖超。

向以办事稳重著称的邓大姐读了宋庆龄给柳无垢的信后，当即拿起电话筒，拨通了上海外侨事务处处长章汉夫（原名谢启泰，具体负责宋庆龄等著名民主人士北上的事情）的电话。

章汉夫一听说是柳无垢，当即在电话中连声表示欢迎。

征得党组织的同意后，柳无垢一面答复宋庆龄，表示愿意伴她北上，一面向美国领事馆请假——按领事馆的请假规定，每工作一年，可以休息一年。

1949年8月27日，宋庆龄在邓颖超、廖梦醒、柳无垢和管易文等人的陪同下北上。对于这段值得记忆的往事，柳无垢在她的《自传》中写道：

> 当我伴着孙夫人踏上开赴北京的专车时，我还不知道自己此行的中心任务。自己对人、对工作的特点是，满怀热情，但却缺少周密考虑。在参与一项工作时，往往很少考虑个人的地位得失，只觉得我应该做，并且要把它做好：事先往往不去想想自己是不是适宜做这件事，能不能做好。由于出身和生活环境的单纯，处世经验少，更由于没有系统地阅读马列主义书籍，做事全凭热情，不善于对一个新环境或一件新工作在事先或在实践过程中作周密的思考，把握它的实质及发展规律，从而妥善地应付环境、处理工作。这是我的极大的缺点。在美国的时候，我在工作中的挫折，甚至在恋爱问题上的挫折，都未曾使我吸取经验教训，克服主观，客观地认识事物，冷静理性认识处理问题。因此，我是糊里糊涂走上火车伴同孙夫人北行的。我曾向孙夫人说，我恐怕做不好她要我做的事。她说，我用不着做什么事，只需陪陪她，有时替她翻译一些文章，只此而已。我没有想因此而得到什么"地位""荣誉"，相反，我还曾要求邓大姐请新华社播发孙夫人北行消息时不要引用我

的名字，因为我尚受雇于美国领事馆，不要使雇主不满。自然，我的确私心喜欢，因为我有机会到解放了的北京去，可以看到许多新事物，可以和久别的父亲母亲重聚。

现在回想起来，能陪孙夫人北上，真是一个难得的机会。我在北京火车站看见了毛主席。一路上，在南京见过粟裕将军，在济南见到过康生；抵达北京后第一个晚上，在中南海的宴会上认识了中共中央的一些领导人。我更因此获得难能可贵的机会，旁听政协会议，参加开国典礼。我在一些历史性的场合所感觉体会到的，我更将永生不忘。

1949 年 8 月 29 日的《人民日报》上一篇题为《建设大计亟待商筹——毛泽东和宋庆龄》的报道中有这样的描述：

在火车站，受到毛泽东、朱德、周恩来、林伯渠、董必武、李济深、何香凝、沈钧儒、郭沫若、柳亚子、廖承志等 50 余人的热烈欢迎，并接受洛杉矶儿童保育院的儿童所献的鲜花。

是日，毛泽东特地换上一套平时不大穿的、只有迎送知名人士时才穿的浅色衣服。4 时 15 分，宋庆龄乘坐的专列进入火车站。车刚停稳，毛泽东便走上车厢，与宋庆龄握手，并说："欢迎你，欢迎你，一路上辛苦了。"宋庆龄高兴地说："谢谢你们的邀请，我向你们祝贺。"毛泽东说："欢迎你来和我们一起筹建新中国的大业。"宋庆龄说："祝贺中国共产党在你的领导下取得伟大胜利。"随后，宋庆龄与何香凝、邓颖超、周恩来同车前往寓所休息。

周恩来为宋庆龄安排的寓所在北京市东单方巾巷 44 号，廖梦醒的女儿李湄对这处寓所的描述是："那是一栋外国人建造的两层花园洋房，小巧玲珑，在北京很少见的洋房。"

宋庆龄来到北京后，社会活动纷至沓来——

9月1日，宋庆龄和周恩来、李济深、沈钧儒、张澜、何香凝、郭沫若、林伯渠等出席了在北京市艺术专科学校大礼堂举行的冯玉祥先生逝世一周年追悼大会。

9月2日，宋庆龄在中华全国民主妇女联合会第九次常务委员会上被选为该会名誉主席。

9月3日，宋庆龄收到中苏友好协会济南分会筹备会的致敬电。

9月6日，宋庆龄出席中苏友好协会总会筹备委员会全体会议，并在会上发表讲话。

9月10日，宋庆龄致电亨利·华莱士，希望其继续努力，直到世界各处都获得自由。

9月20日上午，宋庆龄与何香凝等出席中华全国民主妇女联合会、北平市民主妇联筹委会在北京饭店举行的招待会。

9月21日至30日，宋庆龄出席中国人民政治协商会议第一届全体会议，在会上发表讲话，并当选为中华人民共和国中央人民政府副主席。

9月22日，宋庆龄致函耿丽淑，祝贺她当选为中国福利呼吁会理事会主席。

9月23日，宋庆龄复函许广平，勉励她为保卫世界和平而共同战斗。

9月26日，宋庆龄出席中苏友好协会总会筹备委员会和中华自然科学工作者代表大会筹委会在北平协和医学院礼堂的集会，纪念苏联伟大科学家巴甫洛夫诞辰100周年。

柳无垢几乎陪伴宋庆龄出席了所有的活动，并执笔为她起草相关电文与文章。

1949年9月30日，中国人民政治协商会议第一届全体会议举行最后一次会议。会议的主要内容是选举中央人民政府主席、副主席和委员，通过《中国人民政治协商会议第一届全体会议宣言》和给中国人民解放军的致敬电。同时，会议一致通过了修建"为国牺牲的人民英雄纪念碑"的决定，由毛泽东撰写纪念碑碑文。周恩来提议将纪念碑建在天安门广场，因为天安门广场承载着五四以来的革命传统，是全国各族人民敬仰和向往的地方。周恩来的提议获得代表们的一致赞同并一致通过。

当天下午，中国人民政治协商会议第一届全体会议闭幕后，全体代表乘车来到天安门广场，举行人民英雄纪念碑奠基典礼。借此追念一百多年来为新中国的诞生而英勇献身的人民英雄们，柳无垢陪伴着宋庆龄出席了典礼。

下午6时，奠基典礼开始，周恩来代表主席团在庄严肃穆的气氛中致词："我们中国人民政治协商会议第一届全体会议为号召人民纪念死者，鼓舞生者，特决定在中华人民共和国首都北京建立一个为国牺牲的人民英雄纪念碑。现在，一九四九年九月三十日，我们全体代表在天安门外举行这个纪念碑的奠基典礼。"

周恩来致词后，全体代表脱帽静默致哀。默哀毕，毛泽东主席宣读了他撰写的碑文："三年以来，在人民解放战争和人民革命中牺牲的人民英雄们永垂不朽！三十年以来，在人民解放战争和人民革命中牺牲的人民英雄们永垂不朽！由此上溯到一千八百四十年，从那时起，为了反对内外敌人，争取民族独立和人民自由幸福，在历次斗争中牺牲的人民英雄们永垂不朽！"

这一碑文后来经周恩来手书，镌刻在人民英雄纪念碑上。

随后，毛泽东和参加政协会议的代表们一一执锹铲土，为人民英雄纪念碑奠基，表达他们对于革命先烈的崇高敬意和深切缅怀。

1949年10月1日下午2时，中央人民政府委员会第一次会议正式召开。下午3时，会议正式宣告中华人民共和国中央人民政府成立。宋庆龄出席会议，并走上天安门城楼，出席开国大典，庆祝中华人民共和国成立，检阅海陆空三军和群众游行队伍。

礼炮齐鸣，在雄壮的国歌声中，五星红旗冉冉升起，宋庆龄激动得热泪盈眶。她在后来的追忆中写道：

这是一个非常庄严的典礼。但是在我的内心，却有一种难以抑制的欢欣。回忆像潮水般在我心里涌起来，我想起许多同志们牺牲自己的生命换得了今日的光荣。连年的伟大奋斗和艰苦的事迹，又在我眼前出现。但是另一个念头紧抓住我的心，我知道，这一次不会再回头了，不会再倒退了。这一次，孙中山的努力终于结出了果实，而且这果实显得这样美丽。

有关这段往事，柳无垢在她的《自传》中有着生动的描述：

当政协代表们在暮色苍茫中集合在天安门广场，周恩来在肃穆的气氛中宣布为革命烈士行立碑奠基典礼，第一铲土撒上碑基时，热泪润湿了我的双眼，我想到我所认识的为革命而牺牲的战友们，也想到我所不认识的遭难的烈士，深深体会到革命从起义到成功这一漫长曲折过程中的艰辛。当十月一日下午，毛主席在天安门上宣布中华人民共和国的诞生，五星红旗徐徐上升时，热泪又充满我的眼眶：中国人民终于站起来了！一个独立、自由、民主的新中国将排除万难迈步向前，苦难的中国人民将逐渐医治战争的创伤，克服穷困，走上富强幸福的大道！二十年来我个人的梦想初步实现了。

天安门下一片红旗的海，人的海，人民军队的雄赳赳的整齐行列：这支曾与国内外的反动军队作艰苦战斗，从敌人手里夺取武器装备自己，由数百人的队伍成长为数百万的大军，多么光辉的历史啊！我感到个人的渺小，群众的伟大。我体会到缔造光辉历史的过程中的每一个具体生动的自我牺牲的事迹——是无数个人的忘我牺牲流血捐躯，才使活着的中国人民有今天的解放。人类的进步史，就是这样写成的！

在宋庆龄所参加的大部分社会活动中，柳无垢和阿曾（曾宪植，1910—1989，湖南湘乡人，叶剑英的夫人）经常陪伴左右。柳无垢经常的工作是：早上 8 时至 10 时，为宋庆龄读报纸和中文的《参考消息》，最初是口译成英文，后来为了帮助她学习中文，改用中文读报。这项工作完毕后，放松下来的她们或是闲谈一阵，但多半是宋庆龄回房写文章或阅读。下午，如果不开会而宋庆龄的精神尚好的话，她会坐着和柳无垢闲谈。晚饭后，她们会在院子里绕几个圈子，接着，宋庆龄就回房休息——实际上是去阅读。

柳无垢的另一些工作是：接电话，剪报，写一两封信，翻译两篇文章。但柳无垢在她的《自传》中谦虚地写道："事实上，这说不上是秘书工作，因为一切文件、信件，孙夫人都喜欢自己处理。但另一方面，我又很少有自己的时间，除陪孙夫人外出，我简直不出大门，甚至住在同一城市的父亲母亲，我也很少有机会去看他们，因为我必须时刻在孙夫人身边。"

在陪伴宋庆龄居住在北京的日子，柳无垢和阿曾在工作上有着分工：阿曾除照料宋庆龄的日常生活，还照应全局，做对外联络工作。对此，柳无垢在《自传》中高度评价说："阿曾是个好同志，有丰富的工作经验和马列主义理论修养，能客观而又熟练灵活地处理事情，把握方向。我们并不相识，但是在工作中，我清楚地认识了她，能和她很好地合作，一切都进行得比较顺利。当初邓颖超毅然改派阿曾代替梦醒担任这个工作，也充分说明邓颖超处事的明快和有远见。"

所以，1949 年 10 月 1 日下午 3 时举行中华人民共和国开国大典的时候，陪伴宋庆龄走上天安门城楼的不是柳无垢，而是阿曾。

在陪伴宋庆龄居住在北京的这一个半月的时间里，柳无垢清楚地感受到，中共是怎样地爱护着像宋庆龄这样数十年如一日对革命抱着纯洁的情操的人，理解她的出身、她的几十年来的艰苦斗争、她的长处和短处，处处体贴谅解她，保护她。为此，目睹着这一切的柳无垢对中共有了更深的认识和敬意。虽然党没有要求柳无垢做什么，甚至连暗示也没有，但她仍凭着自己的认识，努力做着自己认为对人民有利的事。

就在这段时间里，柳无垢的挚友杨刚向她发出了到国家外交部去工作的邀请。

2. 婉拒宋庆龄的邀请

10月1日，杨刚以上海新闻代表的身份出席了开国大典，出现在天安门城楼上。她以切身感受，写了一篇鼓舞人心的通讯《毛主席和我们在一起》，热情洋溢地赞颂了开国大典的盛况。

柳无垢就是在那段激动的日子里，与杨刚在北京重逢的。柳无垢是在香港保卫中国同盟工作时结识杨刚的。柳无垢一直对这位性格直爽、才华出众、思路清晰、干练泼辣的女强人钦服有加，把她当成自己的良师益友与大姐。一次会面，杨刚热情地向柳无垢发出了邀请，希望她能辞掉上海的工作，到中央政府机关去工作。她还告诉柳无垢说：新中国一切百废待兴，尤其是外交工作，更需要像柳无垢这样的人才。

当柳无垢得知杨刚是周总理直接点名调到北京，被任命为国家外交部政策研究委员会副主任，而正主任更是自己多年的好朋友乔木（乔冠华）的信息后，她"大体上答应了下来，但要求回上海一趟。我需要把孩子安排妥当，还得和美国领事馆办理结束手续"（《柳无垢自传·北京行》）。

当时，国家外交部正在紧锣密鼓地组建中，临时办公地点在北京东城的御河桥原日本使馆；人员是由中央外事组的部分人员和北平军管会外事处的工作人员组成。外交部的同志在原使馆主楼对面的两层小楼办公并住宿。外交人员对外联络时的交通工具，除了一辆1937年出厂的黑色的"雪佛莱"外，就是自行车了。

10月1日那天，毛泽东在天安门升起第一面五星红旗后，宣读了中央人民政府的公告，任命周恩来为政务院总理兼外交部长。周恩来当天即以外长的名义具函向世界各国政府送达毛泽东的公告，并表示中华人民共和国同世界各国建立正常的外交关系是需要的。可见，新中国的外交部是与

◇柳无垢抱两岁的柳光辽

共和国同一天诞生的，而新中国的外交工作也是从这一天开始的。

外交部在机构、人员两不健全的情形下建立，亟待大批精英的参加。

开国大典结束后，10 月 15 日，宋庆龄回上海。翌日凌晨 1 时，火车途经南京下关的时候，柳无垢一行陪伴着宋庆龄下了车，大家一起怀着肃穆的心情，拜谒了中山陵。在南京住了一晚后，于 17 日专车返抵上海。

这时，宋庆龄希望柳无垢继续留在她身边，柳无垢却觉得自己陪伴宋庆龄的工作应当到此为止。她认为自己需要有独立的生活与独立的工作，而宋庆龄则需要一个在她身边照顾她的日常生活，并且在思想和情绪上以她为中心的人，而自己不适合做这样的工作。

恰巧，当柳无垢来到美国领事馆准备办理相关辞职申请与手续时，美国人为保全双方的面子，已决定以裁员的名义，把她遣散了。因为美国人已经在报纸上看到了他们的职员和宋庆龄在一起的照片，读到了《新民报》和《文汇报》上登载的柳无垢陪伴宋庆龄北上的消息。

于是，柳无垢和美国领事馆办理了相关的"遣散"手续，拿到了三个月的遣散费以及四年来她每月存储的百分之五的储蓄金，这笔钱在当时数额可观。当时，柳无垢面前有两条路，一条是在宋庆龄领导的中国福利基金会任秘书，一条是去新中国外交部政策研究委员会任秘书长。她分别找到了章汉夫和陈虞孙，征求他们的意见。章汉夫同意她进外交部工作，陈虞孙也很赞成。

对此，柳无垢在 1952 年 7 月 1 日所写的《批判过去，检查我的个人主义思想》的"自我检查"中，有着更加真实的暴露：

> 1949 年秋，我陪孙夫人到北京参加政协会议。以为自己"自觉地"遵守了革命利益高于私人交谊的原则，在工作上没有犯错误，于是又自满自大。我没有接受孙夫人的邀请而进外交部，离开自己喜爱的朋友们和大都市，就自以为是不求名利，不为个人打算，实质上，主要是为个人的政治前途着想，为个人的事业着想。

1949 年 11 月，柳无垢来到外交部政策研究委员会任秘书长，后在全国民主妇联国际部任联络秘书。1952 年 5 月，她仍调回外交部工作，先后在政策研究委员会、研究室、新闻司等任秘书、科长等职。1954 年后，她参加了宋庆龄文集《为新中国而奋斗》的翻译工作，还以郑留芳的笔名撰写《反对美帝对台湾侵略》《中国人民反对美国企图使侵占台湾长期化和合法化的斗争》《中国人民一定要解放台湾、澎湖和沿海岛屿》等长篇政论文章。

柳无垢还编译过《现代英语会话》，萨洛杨《人类的喜剧》《阿莱罕姆短篇小说集》《大年夜》《再会》、沃尔夫的《裘儿》（英汉对照）等著作，与姐姐柳无非合编有《柳亚子诗词选》。

有关柳无垢出色的英文翻译才能与文学才华，邱茉莉[1] 在 1952 年 12 月 5 日致宋庆龄的一封信中说："……我认为柳无垢是个很有用的人，可以在紧急的时候代替贝蒂·李[2]。……"

周恩来总理对柳无垢的才华也予以认可，他在 1952 年 11 月 30 日致宋庆龄的信中提到了柳无垢，表达了对她工作的认可："真对不起，演说稿被我压了几天，今夜方改出，现即送上，请审阅，看是否用得。如蒙同意，请交柳无垢或金仲华同志。"[3]

除了工作需要离开了宋庆龄，柳无垢身体也不好。1951 年，柳无垢的身体情况已不容乐观了，但她还是表示了随时听从召唤，回到宋庆龄身边担任秘书的愿望。

1963 年柳无垢不幸逝世于北京。关于她的英年早逝，痛惜不已的友人在悼词中称赞她"忧国伤时类乃翁，柔肠侠骨气如虹"。

这都是后话了。

---

[1] 伊斯雷尔·爱泼斯坦的已故夫人，曾任《中国建设》编委。

[2] 李伯梯，1951 年从美国留学回国后在新华社天津分社当记者，同年 5 月参加《中国建设》筹建工作，后任该杂志总编辑。

[3]《宋庆龄年谱（1893—1981）》（下）第 1296 页，广东人民出版社 2006 年版。

宋庆龄看着长大的，在她身边担任过十年文字秘书的廖梦醒很早就是中共正式党员，对此宋庆龄浑然不知，直到十年后才得知真相。

1. 奉命担任宋庆龄的秘书

1937年"七七"卢沟桥上的枪声与"八一三"淞沪战场上的烽火，宣告了中华民族抗日战争的全面爆发。

根据毛泽东、周恩来的建议，宋庆龄来到香港，为抗日救亡展开广泛的联络。

这时，中共中央派到香港担任八路军办事处主任的廖承志，也正在为争取国际正义人士及海外华侨对人民军队的援助而努力。

廖梦醒、廖承志姐弟俩在香港组成一个支援小组帮助由美国、加拿大共产党派来援助中国抗战的白求恩大夫，并想在此基础上成立一个规模更大的组织，"以便向公众征集援助，并同海外援华团体挂钩"。廖承志认为这个组织必须由在海内外具有较高声望的人来领导，而在他们姐弟心目中的这个领导人非宋庆龄莫属！于是，共同的志愿与目标，使宋庆龄与廖梦醒姐弟俩之间的心贴得更近了，更亲密了。

1938年6月14日，保卫中国同盟在香港正式宣布成立。

时年三十三岁的廖梦醒，就是在这个时候，正式担任宋庆龄的秘书的。

廖梦醒，廖仲恺与何香凝的长女。早在留日时期，孙廖两家便结下不解之缘。那时，廖梦醒只是个小女孩。她1924年加入中国国民党；1925年在岭南大学读书时，投身学生运动；1928年至1930年留学法国。其间，在中国共产党的领导下，她积极参加革命宣传活动；1930年与中共党员李少石结婚后，在香港建立秘密交通站，担任中共苏区和中共中央所在地上海之间的联络任务；1931年加入中国共产党。七七事变后，她在母亲何香凝主持的中国妇女抗敌后援会工作。

廖梦醒早在1931年就参加中国共产党，但宋庆龄一点也不知道。廖梦醒为什么始终不肯把自己是中国共产党员的秘密告诉从小看着她长大的、亲如姨母的宋庆龄？大概是党的组织纪律的需要。

廖梦醒党员的身份，她一直保密到1953年，在经党同意后才公开。这在廖梦醒的女儿李湄所著的《梦醒——母亲廖梦醒百年祭》一书中有回忆：

1949年4月11日，我们一家从天津坐火车抵达北平。站台上，妈妈首先看见了周恩来、邓颖超、林伯渠，还有许多外婆的老朋友、先期到达的民主人士，以及早期黄埔军校学员如今的著名将领，共几十个人，他们都热情地上前和外婆握手。妈妈第一次踏上解放了的土地，这热烈的场面令她感动得落泪。出站的时候，邓颖超拉着妈妈的手说："你一直当秘密党员，现在北平已经解放，你的党籍可以公开了。"妈妈说："上海还没有解放，孙夫人还在上海，公开我的党籍是否会对她不利呢？"她表示还是过一阵再公开为好……

中华人民共和国成立后，邓颖超安排廖梦醒去全国妇联。这年冬天，廖梦醒受命负责为亚洲妇女代表大会在中山公园搞一个展览。在记述这段往事时，李湄写道：

> 那时妈妈的党员身份还没公开，协助她工作的几个是基层来的小青年，其中一人说妈妈是"民主人士，不会办事"。妈妈反驳道："我参加革命的时候你还是个小孩子呢！"为此，回到国际部，妈妈受到批评："缺乏组织性纪律性，暴露秘密党员身份。"妈妈想不通，暂不公开党员身份是她自己提出来的，目的是为了保护宋庆龄，现在上海已经解放，根本就没有必要再对党员身份保密了，有什么暴露不暴露的问题呢？可是不知为什么，妈妈的党员身份直到1953年才公开。

2. 孙中山与宋庆龄的"证婚"人

1904年2月4日，廖梦醒出生在香港那打素医院。

前一年，何香凝怀过一胎，在日本流产了，是个男孩。这次她怕再流产，便回香港娘家待产。何香凝和廖仲恺是1902年去日本留学的，廖仲恺在早稻田大学政治经济学系，何香凝在东京女子美术学校。他们在日本结识了孙中山，受他的影响，决心推翻腐败的满清王朝，唤醒中华、振兴中华。因此，他们给自己的第一个孩子起名为"梦醒"。

1905年，孙中山在东京成立同盟会时，廖仲恺与何香凝双双加入了同盟会。1908年，何香凝在东京生下廖承志。但她实在没有精力在学习和革命之余再照看一个婴儿与一个四岁的孩子，就把廖梦醒送回了香港舅母家。由于廖梦醒会哇啦哇啦地讲日本话，所以香港的姨妈、舅妈们都很喜欢她。

1911年10月辛亥革命爆发，建立了中华民国，1912年1月在南京成立了临时政府，孙中山被推举为临时大总统。不久，孙中山提出南北议和，

◇图1：五十年代摄于北京。右一为
　　　廖梦醒，左三为何香凝
◇图2：1938年，宋庆龄和保卫中国
　　　同盟中央委员会委员合影于
　　　香港。右一为廖承志，左一
　　　为爱泼斯坦，左三为廖梦醒

◆图1

◆图2

辞去临时大总统职务，让位给袁世凯。袁世凯倒行逆施，1913 年，孙中山进行"二次革命"声讨袁世凯。廖仲恺积极投身"二次革命"，被袁世凯列入黑名单。无奈，廖仲恺一家又东渡日本。

1915 年 10 月 25 日，孙中山与宋庆龄在日本朋友梅屋庄吉夫妇的主持下，在和田瑞的家中签署了结婚誓约书。参加他们婚礼的除了廖仲恺一家外，还有少数几个朋友。廖梦醒那时只有十一岁，但日文已很流利，担当了婚礼的翻译。所以准确一点说，廖梦醒是在孩提时代就担任过宋庆龄的秘书了。

孙中山与宋庆龄的婚宴，按日本风俗，喝一种小糯米团赤豆汤，唱婚礼歌。尚年幼无知的小梦醒，竟向新娘宋庆龄要她戴的珠串。新娘笑着回答她："等你长大了，我就送给你。"

廖梦醒没想到，十五年后，当她瞒着母亲与李少石结婚时，宋庆龄竟兑现了当年自己的玩笑般的诺言，特意从上海寄了一个马尾毛编织的手提包到香港，给她作为结婚礼物，包里还放着一串新娘用的珠串。这使廖梦醒喜出望外而又感动不已。

3. 孙廖两家牢不可破的友谊

1919 年，廖梦醒随父母回国定居。当时，国民党在上海环龙路 44 号设立事务所，廖仲恺在那里办公。女儿廖梦醒、儿子廖承志天天去那里补习功课。廖仲恺教儿女们英语，胡汉民教他们姐弟俩学汉语，李章达教他们学几何、代数。

1920 年冬，廖梦醒随父母到广州后，进入教会学校培坤女中，开始接受正规的学校教育。执信学校建成后，廖梦醒转入该校，成为该校最高班——高中一年级的学生。当时全班只有三个学生，其中一个是汪精卫的妻子陈璧君同父异母的妹妹陈淑君。在最高班里，廖梦醒的英语和数学成绩最好。

1922 年夏天，时任中华民国陆军总长的陈炯明因在北伐之事上与孙中山意见不一致，被孙中山罢免，陈炯明发动兵变，囚禁廖仲恺。何香凝怕两个孩子牵连受害，便把他们送去香港，自己留在广州营救丈夫。廖仲恺脱险后，与孙中山在上海会合。

1924 年 1 月，孙中山在国民党第一次全国代表大会上提出改组国民党，实行"联俄、联共、扶助农工"的三大政策；国民党"一大"以后，孙中山又让廖仲恺、邓演达以及去过苏联学习军事的蒋介石等人筹建黄埔军校。

1924 年 6 月，在黄埔的陆军军官学校正式开学，孙中山任命蒋介石为校长，廖仲恺为党代表，周恩来为政治部主任。

黄埔军校成立不久，孙中山在广东大学（后改名为中山大学）系统地讲"三民主义"，廖仲恺、何香凝带着一双儿女前去听课。1924 年 8 月 20 日，廖梦醒姐弟在父亲的指导下，双双参加了中国国民党。

这年，廖梦醒二十岁，廖承志十六岁。

1925 年 3 月，孙中山在北京。他病危时，广州政府的要人几乎全到了北京。廖仲恺必须留守广州，所以何香凝一个人去了北京。

孙中山逝世后，何香凝把悲痛欲绝的宋庆龄送到上海，又陪她去南京选好墓地，然后才自己回到广州。

1925 年 8 月 20 日，廖仲恺在广州遇刺身亡。

在生与死的考验面前，孙（宋）、廖两家结下了牢不可破的友谊。

4. 不爱红妆也不拘小节

保卫中国同盟在香港成立后，宋庆龄的大弟弟宋子文出任会长，宋庆龄担任主席。"保盟"是一个抗日组织，也是一家国际救援团体，主要任务是"成为需要者和资金、物资捐赠者之间的桥梁"。廖梦醒是"保盟"最早的成员之一，任宋庆龄的秘书兼"保盟"办公室主任，当时，大部分人都是兼职的，除了一个打字员与工友外，所有的人都不领工资。廖梦醒虽然是全职工作人员，也没有从"保盟"领工资，她每月只从八路军办事处领取二十元车马费。

"保盟"在香港的三年时间里，共送出一百二十多批医疗器材、药品和其他物资，平均每月送出的物资重达三吨左右。有一次，国民党在离延安不远的陕西三原没收了"保盟"三卡车的医疗器材，包括外科手术用的橡胶手套和X光机。随后这批医疗器材在西安的药店里出现，以黑市价格出售。廖梦醒多年后回忆此事仍耿耿于怀，如果这批橡胶手套能早一点到达目的地，也许白求恩大夫就不至于感染破伤风而去世。

廖梦醒是家中的长女，从小受到母亲何香凝的宠爱，并得到诸多亲戚朋友的喜爱，她做事不拘小节，个性风风火火，在性格上继承母亲多一点。

那时，中国妇女的发型多是后绾的发髻式的，或是后梳的一把大辫子式的，很少有梳成两条辫子的。但廖梦醒为省事，常把一头黑发梳理成两条分搁左右的小辫子；到香港后，她又干脆理成了一头短短的男式发型。当然，她也不爱化妆，从不像一般年轻的女子那样涂脂抹粉。

为此，宋庆龄曾多次建议她，要求她适应自己的身份与香港的气候，为革命工作计，也要多少化妆一下再出门。宋庆龄还送给廖梦醒口红、胭脂等，"逼"着廖梦醒把自己装扮起来。

廖梦醒心里明白：由于孙夫人的声誉，香港上层社会的太太们都以能够参加孙夫人发起的各种活动为荣，而自己也经常要陪伴着宋庆龄参加各种各样的社交活动，和她们打交道。为此，廖梦醒只好做出妥协，每天早晨起来后，梳洗完毕，稍微在嘴唇上抹一点口红，但无论如何不擦粉。

不过，廖梦醒个子矮，她平时倒爱穿高跟皮鞋。别人穿起高跟鞋来走路斯斯文文，她却总急匆匆的，给人一种很爽快利落的感觉。

1941年12月7日凌晨，日军偷袭了美国海军基地珍珠港并大获成功，正式向英美宣战——太平洋战争爆发了！

香港不保，开战第二天，宋庆龄召集"保盟"紧急会议，在会上，她宣布自己要到重庆去,问廖梦醒能否跟随她一起离开香港。廖梦醒摇了摇头。

当时,廖梦醒的丈夫李少石刚好也在香港家中,他是回香港换办新护照的。廖梦醒一家都在香港,不可能都随宋庆龄坐一架飞机走。

12月10日,宋庆龄在日军占领九龙启德机场前几个小时,跟随大姐宋霭龄坐着最后一班飞机离开了战斗了四个年头的香港。

5. 重返宋庆龄身边工作

日军攻陷香港后的二十天后,在一个富有海上夜航经验的同志的掩护下,李少石、廖梦醒与他们的女儿连夜坐船偷渡到了澳门。

1942年5月,周恩来从重庆向澳门的李少石拍去电报,调廖梦醒去重庆,要她继续协助宋庆龄恢复"保盟"的工作。宋庆龄被国民党特务严密监视,行动不自由,需要有人在她与中共办事处之间联络。廖梦醒的任务除了继续担任宋庆龄的秘书外,还兼任周恩来与宋庆龄之间的联络员。

廖梦醒又恢复了原来的工作,担任"保盟"秘书兼办公室主任,负责财务。最初,她们住在曾家岩50号八路军驻渝办事处,那里实际上是中国共产党南方局的办事处。关于蒋介石的司马昭之心,廖梦醒自是心明如镜,在重庆安定后,她对当时才十岁的女儿李湄说道:"我们是共产党,是反对蒋介石的,今后家里什么事,你都不要对外人说,不然我们就会被特务抓走的。"

廖梦醒刚到重庆时,周恩来就要曾家岩50号的人称她为"李太太",同时他嘱咐廖梦醒:"要打扮得适合太太的身份。发现有人盯梢的话,不要紧张,也不要看他,若无其事,可以进商店去买点东西。如果商店另有一门,就由另一个门出去。不要仓皇失措,否则他更注意你。反正你的户口是公开的,就是跟你到家门口也不要紧。"

廖梦醒经常出入曾家岩50号,自然是特务严密盯梢的对象。有个高个子的特务老是守在50号附近,50号的人给他起了个外号,叫"火车头"。

1943年初夏，一次，宋庆龄要廖梦醒把一份密件送给周恩来。周恩来当场写了回信要廖梦醒带回去，并叮嘱她要收藏好。廖梦醒出了巷口，刚坐上公共汽车就发现了"火车头"。于是，她马上下车，换乘后面的一辆公共汽车。没想到"火车头"觉察到后，也跟着钻了上来，并且占据下车门口的座位。那时公共汽车是前门上，后门下，"火车头"以为自己这样做万无一失。

廖梦醒见状，依然装作没事人一样，而且故意坐在上车门旁边的那张座位上。然而，汽车没到站，廖梦醒已趁"火车头"不备，从前门跳了下去。当时重庆的公共汽车是有框无门的，待汽车到站，"火车头"下车时，廖梦醒早已钻进了半地下室的月宫茶室。就这样，廖梦醒一次又一次地成功地把周恩来的密件送到了宋庆龄的手中。

1945年10月8日的下午5时许，李少石陪柳亚子回住地沙坪坝，汽车驶到小龙坎下土湾，不慎撞伤陆军重迫击炮第一团第三营七连士兵吴应堂，班长田开福向汽车开枪，子弹穿过后备厢进入李少石的体内，经抢救无效，李少石牺牲了。

噩耗传来，廖梦醒悲痛欲绝。装殓时，廖梦醒说，李少石是八路军办事处的人员，应当让他穿上八路军的灰布制服。周恩来亲自到场，等李少石装殓好，才让廖梦醒和李湄进去与李少石作最后的告别。

李少石灵柩移到市民医院门外的太平房内。门外台阶左右两边，有中国共产党中央委员会、十八集团军驻渝办事处、中国妇女联合会送的花圈。上午11时，宋庆龄由伍智梅女士陪同前来吊唁。宋庆龄面色悲戚，亲至灵前三鞠躬，然后将带来的鲜花摆在棺上。

李少石下葬的那天，正好是《双十协定》签字的第二天，即10月11日，毛泽东准备飞回延安。上飞机前，毛泽东亲笔题词："李少石同志是个好共产党员，不幸遇难，永志哀思。"

丈夫死后，廖梦醒每天以泪洗面，不思茶饭，大师傅只好熬点粥，做点肉松给她吃。一次，周恩来和王若飞一同前去看望廖梦醒，廖梦醒向他们道出自己的忧虑，她担心李少石没了，她和党的关系也没有了。因为自从李少石被捕、她失去党的联系后，有人一直否认她的党员身份，说她只是个"客卿"。周恩来听了安慰她说：党信任她并不是由于李少石的缘故，没有李少石，她和党的关系依然和过去一样。

过了几天，南方局负责组织工作的钱瑛找廖梦醒谈话，问她许多情况并让她补交了一份自传。过后，钱瑛告诉廖梦醒：因为工作性质的关系，她仍不能暴露身份，仍然是一个秘密的共产党员。

6. 周旋在白色恐怖中

1947年冬天，廖梦醒跟随宋庆龄回到上海工作，并托人把女儿带回香港外婆家。由于蒋介石单方面撕毁了"停战协定"，反共的真面目暴露无遗，这时的上海重又陷入白色恐怖之中。

一天，倪斐君忽然找到廖梦醒，说她在丈夫贺耀祖的办公桌上看见一份黑名单，是一个被捕的人招供出来的，她让廖梦醒赶快通知这些人。廖梦醒一看，不由大吃一惊：十几个名字中，有两三个是她认识的！但机智的她不敢贸然承认自己能找到地下党，便请斐君把黑名单留下，说想想办法看。倪斐君走后，廖梦醒立即把名单夹在一张钞票里出了门。

廖梦醒一出门，就叫了一辆三轮车到金神父路。

其实，前往金神父路是假，去威海卫路是真。因为威海卫路的福民食品店是共产党的一个秘密接头地点，而且去金神父路必须经过威海卫路。这样，就是有敌人在后跟踪，也摸不清廖梦醒的真实去向。

三轮车沿着金神父路徐徐前行，当车经过福民食品店时，廖梦醒装作忽然想起了什么似的，叫三轮车停一停，说要买点东西。她让三轮车停在店门口后，就下车走进了食品店。

当时，郑老板不在，只有售货员老熊在。廖梦醒心里明白：这两位都是共产党的联络员，而且两人的名字也都上了黑名单。老熊以前在香港八路军办事处工作，廖梦醒见过他。她装作向老熊买一盒点心，付款时，故意把那张卷着黑名单的钞票掀开一只角，让老熊看见里面夹着的纸条，嘴里故意催促着"快点，快点嘛！"

眼见老熊心领神会了，廖梦醒才提着那盒点心，离开了福民食品店。

1948年底，上海的白色恐怖越来越厉害了。一天，宋庆龄告诉廖梦醒，她的名字也上了国民党的黑名单，宋庆龄要廖梦醒马上离开上海。但是，廖梦醒是中共党员，她不能擅自离开战斗岗位。她不知怎么做好，便趁宋庆龄不在身边时，通过地下电台向南京的周恩来发了一个电报请示。周恩来复电表示，上了黑名单就赶快走吧。

可是离沪的船票已登记到了1949年2月，宋庆龄便让谭宁邦用二两黄金换了一张黑市船票，让廖梦醒先去香港。

廖梦醒是连夜离开上海的，为了不引起特务的注意，她几乎什么也没有带，只提着一只小皮箱。

至此，廖梦醒结束了在宋庆龄身边长达十年的秘书工作。

1949年6月27日，廖梦醒奉命随同邓颖超一起专程从北平来到上海，邀请宋庆龄北上时，廖梦醒先打了个前站，当宋庆龄流露出怕去北平这个伤怀之地的想法时，她以一番"北平将成为新中国的首都，邓大姐代表恩来同志，特来迎接您"的劝慰，排除了宋庆龄的思虑。随后，邓颖超专程来到宋庆龄寓所，将毛泽东和周恩来的两封亲笔书写的邀请信呈上，并告知中共中央、毛泽东和周恩来恳切地盼望她能北上。经几次交谈后，宋庆龄接受了邀请，同意北上。此事在前面已提及，这里不再展开。

1950 年 >>>

"如果说我忙得没有片刻的时间是属于自己的，也许过于夸张，但千头万绪确实令我应接不暇。"

上海寓所与
北京寓所

　　新中国百废待兴，一切都在全力建设与完善中。作为国家副主席，宋庆龄谢绝了党中央给她安排的办公室，她的寓所就成了她的办公室。她时而在上海，时而在北京，两地的寓所成了她两个流动的办公室。不过，她还是把北京的寓所作为她真正的办公室。前往北京参加国事活动时，她常对送她出门或登机的下属说"到北京是上班，回上海是下班"。

　　由于公务需要，宋庆龄的身边有一队由秘书、警卫、保姆、厨师、司机等组成的照顾她工作与生活的人。

1. 秘书

　　新中国成立前后这段时间里，宋庆龄身边的秘书，接二连三地离开了她。

　　1949年春天，廖梦醒调任全国妇联联络部部长，第一个离开了她。

　　第二个是郑安娜。她是上海沪江大学的才女，作家冯亦代的夫人，于

◇宋庆龄北京寓所的卧室

1948 年接受宋庆龄的邀请，担任了中国福利基金会的秘书。1949 年 5 月上海解放后，经宋庆龄同意，她考入了中华全国总工会国际部，成为一名英文翻译。此后，离开了宋庆龄。

第三个是柳无垢。1949 年 11 月，柳无垢婉拒了宋庆龄的邀请，调到外交部政策研究委员会任秘书长。

那之后，宋庆龄身边就只剩黎沛华了。而此时的黎沛华，还担任着中国福利基金会托儿所（中国福利会幼儿园前身）的所长呢！

宋庆龄心胸阔，格局高，在她身边工作的人，如果有谁在政治舞台上崭露头角，她决不阻拦，哪怕困难再大，也自己设法解决。后来她的第二任卫士长靳山旺，就是抓住她的这个特点，撒谎离开了她。

人手严重缺乏，宋庆龄已经不能正常工作，她不得不向李云求援。

李云是共产党与宋庆龄之间的联络员，从前在宋庆龄身边工作过，那时她们都在香港。1938 年 4 月因孩子病重，李云不得不请假离开宋庆龄。在握别李云时，宋庆龄再三叮嘱她尽快回来，她打算让李云任正在筹备组织的保卫中国同盟的秘书，这样，李云有了公开身份，工作更为方便。不料到上海后，李云孩子的病虽好了，但因工作需要，她被留在上海中共中央特别行动科了。后来李云夫妇被康生调到延安并被隔离审查。后来一直没有回到香港。

新中国成立后，李云任上海商品检验局的军代表和接管专员。接到宋庆龄的求援信，李云即去淮海中路 1843 号看望宋庆龄。宋庆龄看到李云，兴奋异常，张开双臂搂住李云，在客厅里转了一圈。李云与宋庆龄分别十多年，但她觉得宋庆龄风韵依旧，根本看不出已是五十七岁的人。李云第二次去看望宋庆龄时，宋庆龄告诉她，1938 年在香港创办的保卫中国同盟，现已改名为中国福利基金会，希望李云能到会里工作。李云答应了宋庆龄的邀请。于是，李云两头兼顾，在做好商品检验局工作的同时，每星期抽出一些时间，帮助中福会安排人事和建立机构。

李云不能正常地从事秘书长的工作，为此，宋庆龄又向在香港时担任

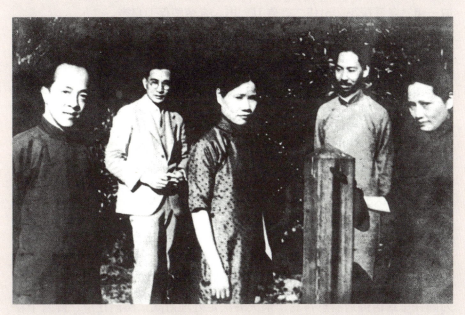

◆图1

◆图2

过她秘书的卢季卿求援。

卢季卿是 1950 年 2 月回到宋庆龄身边工作的。

卢季卿是广东东莞人，其祖上卢延璋在乾隆四十四年中武举，甲辰科取一甲三名武探花，出任二等侍卫，出入金銮殿保卫皇帝。

卢季卿的丈夫是祝世康。

祝世康是美国印第安纳大学哲学博士。有访欧访苏经历，在国民政府任要职。1937 年前后，他与董必武、宋庆龄、冯玉祥、陶行知等一起从事抗日民主活动，并参加农工民主党的筹建。

1948 年，祝世康与夫人卢季卿受宋庆龄之托，联络在香港首屈一指的民主人士李济深，使李宋秘密会商。次年，国民党政府欲加害李济深，祝世康协助宋庆龄派员赴港报信，并以林森中路霞飞坊 57 号作为中国国民党革命委员会和李济深驻沪联络站。

卢季卿来后，与柳无垢合作，协助宋庆龄完成了大量的英文翻译工作。

卢季卿担任秘书工作期间，还代替宋庆龄回复大量的请愿信和推荐信。为确保每封信得到满意答复，宋庆龄决定处理方式，然后让卢、柳两个秘书逐一回复。

建国伊始，工作量大如山，宋庆龄整日得不到休息。卢季卿看在眼里，急在心中。她不时地提醒宋庆龄注意休息，并利用自己的"职权"，挡住部分前来会见的宾客，尽可能在宋庆龄身体条件允许的情况下，才安排她接待宾客。宋庆龄对此啼笑皆非，在写给王安娜的几封信中幽默地写道：

> 卢小姐像条猎犬似的看守着我，要等我旅行回来休息充分后才准许我会客。很幸运，我的神经痛的病直到我从东北回来的最后一站才发作……
>
> 谢谢你的来信和附件。如果说我忙得没有片刻的时间是属于自己的，也许过于夸张，但千头万绪确实令我应接不暇。卢小姐在我这儿

工作，她一见我有空，就去打电话给我安排一个个约会。……[1]

卢季卿在宋庆龄身边工作八年，离开后宋庆龄仍与他们夫妇保持着通讯联系。1975 年底，卢季卿病逝于上海。宋庆龄忍着悲痛向其丈夫祝世康表示慰问。

尽管有黎沛华和卢季卿的协助，大量的文字工作，对宋庆龄来说，实在有种不堪重压的感觉，她几乎每天都要工作到深夜才稍作休息。她又向郑安娜求助，是否有合适的人选推荐给她。

时在北京的郑安娜接到宋庆龄的紧急求援后，把她沪大时的同班同学张珏介绍给宋庆龄，张珏继任她的秘书工作。

宋庆龄欣然地接收了这位人称"沪大才女"的张珏。

张珏与宋庆龄朝夕相处了十五年（1964 年至 1967 年间，张珏曾为陪护重病中的父亲，一度离开过宋庆龄，回到杭州），宋庆龄从未对她说过分量重的话，对待她像对待自己的亲人，又像是忘年交。1969 年秋，宋庆龄与张珏一行乘坐周恩来的专机，自北京返上海休假。在飞机上，宋庆龄十分亲切地对张珏说："你千万记住，无论什么时候，我都是你的朋友。"宋庆龄还送给张珏一件象征着她们之间友谊的纪念品—— 一匹锦缎，并在上面的附纸上，用英语写下了一句亲切感人的话语："这是作为我们友谊和合作的一件纪念物。"

此后，宋庆龄不再叫张珏这个中文名字，而是称张珏的英文名字了——Lrene（和平之神），从此所有的外国友人都跟着宋庆龄叫张珏为 Lrene。

张珏虽常驻中国福利基金会，但也经常应宋庆龄之召，从常熟路中福会来到淮海中路的宋庆龄寓所，听候宋庆龄面授要点，拟稿作文，并在寓所便餐。

在黎沛华、卢季卿和张珏三位秘书的密切配合下，宋庆龄的工作总算顺利地开展起来了。

[1]《宋庆龄年谱（1893—1981）》（下），第 1209 页。广东人民出版社 2006 年版。

◇ 1949 年 9 月 1 日，宋庆龄由邓颖超、廖
梦醒等陪同，从上海到达北京

2. 警卫

国民党退败台湾以后，"反攻大陆"之心一天也没有消失过，潜伏在大陆上的美蒋特务也在蠢蠢欲动，因此，全国都在深入地开展剿匪肃特及坚决镇压反革命活动，以进一步巩固新政权，确保社会治安。

作为国家副主席，宋庆龄的身边怎能没有一个精干的贴身警卫？尽管寓所大门口二门口都有解放军站岗值班，但遇有外出活动，特别是赴京公务、出国访问什么的，带解放军总不太方便。

于是，党中央指令国家机关事务局，给她指派了年轻优秀的警卫秘书隋学芳。

警卫秘书俗称卫士长，与一般的警卫战士不一样。警卫战士是当地警卫团安排的，流动性较大。平时，他们常驻在寓所大门与二门的岗亭里。而警卫秘书则较固定，平时穿便服、携手枪，可以近距离地跟随被警卫者，帮助被警卫者做些适合他们做的事。

隋学芳，1928 年出生于辽宁省凤城县，在东北参加中国人民解放军，后被选拔到中国人民解放军中央警卫团学习。他练就一手好枪法，车开得也好。1950 年，他刚二十一岁，身高一米七二，浓眉大眼、鼻直口方；由于两颧骨较高，所以他的下颏部分略微显得有些尖瘦；但那双大眼睛看起人来，似能迸射出尖锐的光芒。他在宋庆龄身边工作后，还学会了摄影、下棋、弹钢琴与跳交际舞。

1952 年 12 月，宋庆龄与郭沫若作为中国代表团正副团长率团访问苏联时，随团翻译姜椿芳对此曾回忆："加里宁当时住在郊区帝俄时代一位公主的别墅，房子周围有很大一片草地。我告诉苏联的保卫人员，有这么一个加里宁住过的别墅，宋副主席要去看看。这时是冬天，地面被大雪覆盖，我们来到一所带有大花园的别墅。隋学芳搀着宋庆龄在草地上走来走去。"

除了贴身警卫隋学芳，中央警卫团还先后指派两个年轻的战士来到宋庆龄身边，担任警卫员。据建国后担任宋庆龄第二任警卫秘书的靳山旺回忆，在他之前曾有两个战士被派到宋庆龄身边担任警卫员，令人遗憾的是，这两个家伙，一个为了琐事与厨师打架并砍人，而另一个竟让枪支走了火！

宋庆龄把这两个不靠谱的警卫员先后退了回去。

于是，从1950年到1953年，宋庆龄身边仅有隋学芳一位贴身警卫。

3. 保姆与厨师

李燕娥十六岁的时候，就来到宋庆龄身边，那时宋庆龄三十四岁，称她"李妈"。她曾在香港炮火连天的时刻，舍命救过宋庆龄。所以，宋庆龄待李燕娥就如同待自己的亲人。1950年，李燕娥已四十九岁，家中洗洗涮涮的工作不断增多，她已有些力不从心了。宋庆龄也早就有了物色一个年轻的保姆来接替李燕娥工作的想法。宋庆龄用保姆有她的标准：一要年纪轻，从未缠过足的；二要为人老实又勤快，不必识文断字有文化；三最好要单身一人无家室牵累的。当然，最好是江南一带会飞针走线的灵巧女子。

她把自己的想法，告诉了挚友沈粹缜。宋庆龄与沈粹缜的友谊曾经历过生死的考验。

沈粹缜是苏州市吴县木渎镇人，其姑母沈寿，是清末著名的发明苏绣双面绣的"针神"。清光绪三十三年，慈禧七十寿辰时，由余觉摹勾、沈寿夫妇绣制的《八仙上寿图》作为贺寿礼献给慈禧。慈禧看后大为赞赏，认为此绣压倒宫中诸绣，欣喜之下书"福""寿"两字赐给余、沈伉俪。沈寿原名沈云芝，从此改名沈寿。清政府农工商部成立女子绣工科，任命余觉为绣工科总理，沈寿为总教习。

1936年，沈钧儒、邹韬奋等著名人士响应中共提出的建立抗日民族统一战线的号召，在上海发起成立全国各界救国联合会，要求国民党与中共合作。国民党以"危害民国"的罪名逮捕了沈钧儒、邹韬奋等七人，史称"七君子事件"。邹韬奋是沈粹缜的丈夫，被关押在苏州监狱里。宋庆龄忍着酷暑，特赴苏州江苏高等法院自请入狱，迫使国民党当局释放"七君子"。

1941年，沈粹缜与丈夫邹韬奋一起在宋庆龄于香港创办的保卫中国同盟会工作，并肩作战的三年，她们成了无话不谈的挚友。

1944年炎夏，邹韬奋被病魔夺去了生命；不久，沈粹缜也因患乳腺癌而住院手术。宋庆龄从重庆回到上海，听到沈粹缜的不幸遭遇，即向她伸出了温暖的双手。她亲自前往位处雁荡路中华职教社的一间巴掌大的家中探望沈粹缜母子，还多次派李燕娥到她家探望，送上日用品和水果等。有时，宋庆龄还请她们母子到靖江路45号的宋氏寓所用餐，品尝她亲自下厨做的菜。

新中国成立后，保卫中国同盟改为中国福利基金会，宋庆龄邀请沈粹缜担任中福会托儿所所长。

宋庆龄眼明心亮，她知道沈粹缜是苏州人，在托儿所里，很可能就有苏州籍的心灵手巧的阿姨呢！托粹缜帮助物色保姆，没错。

沈粹缜自是一口答应，时时留意。后来，钟兴宝成为宋庆龄的第二任保姆。

至于厨师，虽说也至关重要，暂时不必考虑，因为寓所早就有何元光这样一个跟随了宋庆龄十几年的专职厨师了。何元光是广东顺德县人，1916年出生，大约1935年经人介绍，来到宋庆龄上海寓所担任厨师。1937年12月，宋庆龄离开香山路7号寓所前往香港后，寓所就由何元光负责看管。但何元光竟趁宋庆龄不在，把房屋分租出去，收取房租。抗日战争胜利后，宋庆龄从重庆回到上海，她不计何元光之错，教他改过自新，并仍旧留用在身边担任厨师。然而，没几年，何元光为了贪占小利，竟在宋庆龄上海寓所中行凶杀人。这是后话。

4. 小结

总之，1950 年是宋庆龄非常忙碌的一年。对外，她参加筹备中国人民救济机构，赴京出席中央人民政府委员会第六次会议，主持中国人民救济代表会议并作《中国福利基金会工作报告》与致闭幕词，与毛泽东、朱德、刘少奇等党和国家领导人登上天安门城楼，检阅新中国成立后的第一个五一国际劳动节游行队伍，出席中国人民救济总会召开的执行委员及监察委员第一次会议，出席庆祝中国福利基金会成立十二周年暨纪念上海解放一周年、六一国际儿童节等大大小小会议，赴京出席新中国成立一周年盛典活动，出席在京举行的纪念中苏友好协会成立一周年大会等；对内，她组建"家庭成员"班子，修缮布置孙中山故居，对北京方巾巷的寓所做简单的装修，筹建与完善中国福利基金会各项规章制度，调整、搬迁基金会直属的托儿所与三所儿童福利站，创办图书馆、儿童剧团等。

新中国成立后，党和国家领导人的工作重点从干革命、打天下转到了从事国家经济建设上来。在新任务、新形势面前，宋庆龄和其他国家领导人一起深入基层，体察民情，倾听基层干部和人民群众的意见和要求，找出并向中央反映工作中存在的问题与不足。

　　1950 年 10 月，宋庆龄和中央人民政府委员会秘书长林伯渠等一起，赴东北三省视察。严寒的冬季即将到来，但宋庆龄坚持走遍东北三省，并坚持视察了东北的边防。她头戴中山帽，身穿列宁装，深入农村、工矿和部队，在短短一个月的时间里，行程四千多公里。她调查了七个城市、十一个工厂、四个村庄、一个农场以及许多文化福利机构。

　　她每天早起便看材料，做当天视察的准备工作；每到一处，她都认真听取汇报，提出问题，还要随行的同志帮助记录；晚上，还要阅读文件。回京的路上，宋庆龄不顾寒冷，坚持视察秦皇岛。站在船舷上，眺望秦皇岛码头，她感慨良多。因为那里是孙中山拟订《建国大纲》中的北方大港。

　　视察中，宋庆龄看到国家建设事业正快速恢复，边防得到巩固，十分高兴。她说："我们开国不久，就能把遭受敌人蹂躏不堪的破烂摊子很快地恢复与整顿，还能抗美援朝，这样的事应当大大宣传。""我们的宣传太不够了。"

回京后，宋庆龄坦言，"经过一个月的长途跋涉，我成了病号"，但是她还欣然命笔，写下了《新中国向前迈进——东北旅行印象记》，称赞东北的建设。向全世界宣传新中国取得的伟大成就。

一年中三次
单独会见周恩来

1950年中，宋庆龄三次单独会见周恩来。

他们就改组中国福利基金会、制订新计划、财务预算及规划创办一本对外刊物（即俄文版的《人民中国》）等事，进行商议。

周恩来说：中华人民共和国已成立一年了，应当向全世界更多地介绍新中国的情况。他建议宋庆龄以她与各国人民建立友谊的长期经历和丰富经验，创办一本对外宣传刊物。宋庆龄表示同意。东北三省之行以后，她已对日新月异中的新中国充满了信心。

对此，宋庆龄在1950年10月致王安娜的信中写道：

至于林仲说你该为国际联络部工作的事，他可能弄错了。我会直接写信给他的。我单独会见周将军（即周恩来。笔者注）三次，我们把所有事情都梳理了一下，他给了我一些具体的指示。其中的一个是：在他批准我制定并递交的所有未来规划之前，未来规划要绝对保密。因此，所有规划都是在我直接指导下，在我家里进行的。[1]

---

[1]《宋庆龄年谱（1893—1981）》（下），第1198页，广东人民出版社2006年版。

这年的 4 月，宋庆龄在上海创办了新中国最早的儿童读物、一直为少年儿童所喜爱的《儿童时代》杂志；1952 年年初，宋庆龄又主持创办了英文版的《中国建设》，1990 年 1 月，《中国建设》改名为《今日中国》，主旨是把中国人民的真实情况展现给世界人民。

1951 年 >>>

"马丹是我做地下工作时的别名。"

「李云也应拿高薪」

前面提到，上海解放后，李云被调到上海接管上海商品检验局，担任军代表和接管专员。尽管工作十分繁忙，但她一直期待着去看望宋庆龄。

就在这时，她忽然收到宋庆龄给她的信，信上说："……听说你考虑回到原来的办事处去。大家都称赞你办事周密，关于人事问题非与你商讨不可，没有一位同仁愿意你离开我们的。……希望你能取消你的辞意。"[1]

李云接到此信决定继续抽空帮助中福会工作。

李云到中福会的那天，大家对她表示了热烈欢迎。人事秘书通知她说："宋主席请你去她家。"（当时宋庆龄是中福会的主席，故大家都叫她宋主席。）

这天，李云应约前往宋庆龄家，宋庆龄一见到她就说："我想请你担任中国福利会的秘书长，把一些情况告诉你。"接着，宋庆龄向李云介绍了中福会当时的情况。

在给李云介绍中国福利会两位外国朋友的情况时，宋庆龄说："杰拉尔德·谭宁邦是美国人，他原系赴缅甸对日作战的远征军成员，后在重庆美军电台工作。1946 年他带着美共总书记霍尔签字的信来中国福利基金会找我。我就接受了他来基金

[1]《宋庆龄年谱（1893—1981）》（下），第 1210 页，广东人民出版社 2006 年版。

◇宋庆龄在国际和平妇幼保健院的办公室
中工作

会工作，当时是需要外国朋友帮助运送大批医药等物资到解放区和敌后游击区。现在新中国成立，中国福利会不适合用外国人来做领导工作，故尔将谭宁邦的总干事改为顾问。我希望你来担任秘书长，具体领导中福会的工作，谭的薪金是每月三百元，你是秘书长，和他一样，也应该三百元一月薪金。"

李云听了，吓了一跳：她一直是供给制，最近才改为包干制，从未拿过薪金。当时李燕娥每月的工资也只有四十五元，在当时已算很高的了。李云当场表示说太多了，只要一半就可以。宋庆龄回答说："这样不好，好像外国人就可以高薪金，中国人就要低一点，影响不好。"李云再三强调自己是共产党员，薪金太高影响不好，宋庆龄才勉强同意。

接着，宋庆龄又向李云介绍了另一位美国朋友耿丽淑女士，宋庆龄说："中华人民共和国成立后，我收到耿丽淑从美国给我的来信，她受到了美国麦卡锡主义的迫害，要求我给她一封邀请信，她可以来中国，避免一场灾难。我想她一定很困难，我还是应该帮助她。耿长期在美国，我一方面写了一封邀请信，同时将她的来信交给了外交部的王炳南，当得到她要来的消息后，我就请金仲华（时任上海市副市长）去香港接她……"

宋庆龄提出的问题，后来经李云他们研究，决定成立两个委员会，并报经宋庆龄批准。一个是少年儿童文化教育委员会，请谭宁邦担任顾问；一个是幼儿教育妇婴保健委员会，请耿丽淑担任顾问。

1952年6月，宋庆龄终于如愿以偿，通过组织将李云正式调到中福会，并委任李云为中福会秘书长。

笔名、别名与化名

宋庆龄一向遵守中央的保密纪律,谨慎小心地验收着外界传送给她的所有物品(包括信件),以确保自身的安全,为此,她还给自己起了一些笔名、别名与化名,以便她自己能够准确地鉴别与验收。

例如"苏西"(Suzie),那是宋庆龄青年时用过的第一个笔名,她在1951年5月12日写给马克斯和格雷斯·格兰尼奇夫妇的信中,还记忆犹新地写道:"在你们的朋友这边,没有音信并不是因为缺乏忠诚和友爱。她(宋庆龄自称)太了解你们了。是的,苏西是这样的,你们对她永远不应该怀疑。"[1]

1981年宋庆龄病危,马海德去北京寓所看望她时,就是称呼她Suzie的。

"林泰"是宋庆龄在给友人的私人信件中落款署名最多的一个别名。"林泰"的含义似乎可以这样理解:"宋"字下部是"木",树木丛生成"林";"庆"字作祝贺、幸福、吉祥解;"龄"指岁数。"泰"字作平安解,如安泰、康泰等,取"庆龄"两字之合意。同时,"林泰"又可作"宋庆龄太太"之意的缩写。

又如"中山琼英"。孙中山在日本进行

[1]《宋庆龄书信集·下》,第394—396页,人民出版社1999年版。

革命活动时，曾化用日本名字"中山樵"，"中山琼英"也即"中山樵"的夫人。宋庆龄在与日本友人梅屋庄吉夫人等通信时，曾署用此名。今上海宋庆龄故居文物馆尚保存刻有"琼英"名字的图章。

马丹也是宋庆龄的别名。

据宋庆龄最后一任警卫秘书杜述周说，1969年10月16日，他第一次跟随宋庆龄回到上海淮海中路1843号家中，宋庆龄嘱咐他说："如有来信写孙夫人、孙逸仙夫人、孙中山住宅和马丹名字的信函，都是给我的，林泰你也知道。"并补充说，"马丹是我做地下工作时的别名。"

宋庆龄还有一个鲜为人知的别名：罗莎蒙黛（Rosamonde）。那是她七岁入上海中西女塾求学时，父亲给她所起的英文名字。据宋美龄回忆，1907年她和妹妹宋美龄一起远渡重洋赴美国学习，宋庆龄先入新泽西州森密特城的一所私立补习学校学习。那时她经常到市图书馆借阅大量的书籍，给那里的图书管理员留下深刻的印象。一位年仅十五岁的少女当时经常以罗莎蒙黛这个英文名字借阅书籍，这在当时是很少见的。

在1927年6月11日陈友仁致宋庆龄的信中，开头就是这样写的："亲爱的罗莎蒙黛妹妹"。

宋庆龄在日本时，与一位名叫艾丽的美国女友一共通了十三封英文信。后来《今日中国》的主编爱泼斯坦分两次将这十三封珍贵的信的复印件，提供给上海市孙中山宋庆龄文物管理委员会，在每封信的后面，都签有"罗莎蒙黛"的名字。

1929年2月26日致杨杏佛的信尾落款是：Nakas Anna。据其子杨小佛解释，这是宋庆龄当时随便用的一个英文化名。

此外，宋庆龄还用过"宋庆林""宋庆琳"两个名字。

清光绪三十三年（1907），时任两江总督的端方在向清政府呈报当年该批留学生赴美分配入学的奏折中有"……宋庆林一名另择适当学堂送入"（见《端忠敏公奏稿》），当系因宋在出国留学时尚未成年且系唯一女性之故。后，宋庆龄在经过一年语言补习，始进入威斯里安女子文理学院正式入学。

今上海宋庆龄故居文物馆中与护照同时陈列的尚有一本扉页上签有"宋庆林""宋美林"二人姓名的教科书，系为两姐妹先后使用过的课本。20世纪初叶，孙中山、宋庆龄在日本从事革命活动期间，东京警方监视国民党首要人物的活动，在向日本外务省呈送的官方文件《孙中山在日活动密录》《孙文动静》中，对宋庆龄的记载均写着"宋庆林"。

1962年中国历史博物馆征集到1915年宋庆龄与孙中山在日本结婚的《誓约书》（上有孙宋及为之证婚的日本律师和田瑞三人亲笔签名盖章，但宋庆龄的签名为"宋庆琳"又未盖章），曾送请宋庆龄本人加以鉴定。宋庆龄在原件卷尾题"此系真品"。秘书遵宋庆龄的指示退还原件并复函称："……宋副委员长（时任全国人大常委会副委员长）在婚姻誓约书用琳字，是因为琳字容易写。当时从美国去日本，因而没有图章可盖。"孙宋联姻，因事先遭到宋家的激烈反对，宋被迫离家出走，潜往日本，结婚时为防今后发生意外变故，双方订有誓约，宋在结婚誓约书上签名"宋庆琳"。这个用名，为时较短，此外，也不见有其他公私文字记载。

当然，这是宋庆龄的名字，而不属于她的笔名或化名了。

烈酒、香烟与烟盒

　　刚担任国家副主席时，宋庆龄年纪并不算大，身体也尚健康，所以遇上盛情难却而必须举杯的时刻，她也能一饮而尽，以示自己真诚的态度。1950年10月她与林伯渠等人到东北边防进行视察时，当地领导的盛情难却，她就和当地政府领导干了几盅烈性的白酒。

　　1955年2月，彭德怀、宋庆龄分别为正副团长率领的中央慰问团前往大连旅顺口地区参加中苏友谊塔奠基典礼、出席苏军指挥部为庆祝苏联建军三十七周年举行的庆祝活动。

　　这是中苏关系史上的一个具有历史意义的事件，也是对整个亚洲和全世界富有意义的事件：五年来，苏联履行了1950年所签订的《中苏友好同盟互助条约》中所确定的义务，同我国共同保障旅顺港口和港务设施的安全、防止日本或其他用任何形式在侵略行为上与日本相互勾结的国家之重新侵略，苏联的帮助在一定程度上对我国国防的增强和现代化起到了一定的作用。现在，苏联要遵照条约的规定，把部队撤出旅顺口，还要把它所恢复和增建的全部设备无偿地移交给中国，所以，宋庆龄深深感到此行的任务光荣而又艰巨。

　　由彭德怀、宋庆龄率领的中央慰问团前往旅顺欢送苏联盟军的时候，

◇宋庆龄出发前往旅顺前与工作人员合影。
宋庆龄（前排左一）、靳山旺（后排左一）

随同前往的还有总政歌舞团。火车经过长途奔波，慰问团终于来到了旅顺港口。当晚，彭德怀举行了盛大的欢送宴会，慰问团向苏联盟军作了一场精彩的演出。宋庆龄代表中央人民政府，即席发表了热情洋溢的讲话。

表面上看宋庆龄笑容满面，精神抖擞，但实际上她是忍着眼疾与坐骨神经痛，发表演说的。说到"现在，当驻旅顺口的苏军准备要离开我们的时候，我们趁这个机会对他们在这里执行任务时所表现的值得效法的榜样表示深切的感谢"时，满场苏军官兵以热烈的掌声与"乌拉"声回应，她的卫士长靳山旺看到了她眼睛里隐隐闪烁的泪光。

宴会上，宋庆龄逐桌向苏军官兵敬酒，喝的都是烈性酒！这使隋学芳和靳山旺等随从人员既担忧又敬佩。

宋庆龄平常是吸烟的，但在公开场合极少吸。1959年她在会见比利时王太后伊丽莎白时彼此吸了烟，这是宋庆龄吸烟秘史上难得的一次公开。

宋庆龄是在孙中山永远地离开了她后才真正学会抽烟的。她曾对保姆钟兴宝回忆说："我本来不会吃（上海话，"抽"的意思）香烟的，是在伊（指孙中山）走脱后，我一个人实在苦闷，才学着吃的。吃着吃着，就吃上瘾头了的。"类似的解释，宋庆龄对她的卫士长靳山旺也曾说过："我原来是不会抽烟的，只是他（指孙中山）过世后，我一个人心里闷，就学着抽起了香烟。当时，我还听人家说抽烟能降低高血压，其实，这种说法是毫无根据的。现在我有烟瘾了，也就不想戒掉了。只是自己节制些，少抽些，抽好些的。"

解放初期，宋庆龄主要抽的是铁罐子装的"长城"牌国产烟与"三五"牌进口烟。1949年5月，上海解放后，上海市军事管制委员会接管了原国民政府的中华烟草公司，成立了国营中华烟草公司。1950年，该公司根据上级传达的"研制最好卷烟品牌"的任务，在样烟研制完成后，由当时的华东工业部部长汪道涵专程将其送到北京，供毛泽东等中央领导"评吸"，中央领导吸烟后评价"很好"。因为当时生产公司名叫"中华"，所以此种香烟也被称为"中华"牌香烟。在1950年代到1980年代，中华牌香烟作为"特供烟",主要供给访问中国的各国宾客和中国驻外使领馆,还有中央首长。为此,中华人民共和国外交部每年要向上海卷烟集团公司订购一批中华牌香烟,主要规格是五十支听装和二十支软包装。在这样的情况下,中华牌香烟的生产就成了一项政治任务。所以中华人民共和国成立后宋庆龄抽的都是这两种包装的香烟。每月由警卫秘书或管理员凭着"中央首长特需商品供应证",去指定单位购买。

"文革"开始前,宋庆龄换抽上海烟草集团公司出产的新产品"熊猫"牌香烟了(有时也偶尔抽抽"三五"牌外烟)。宋庆龄对她从小长大的上海情有独钟,认为只有上海卷烟公司出产的"中华"和"熊猫"这两种香烟才"最和顺,最柔软"。此言不虚,由上海烟草集团公司出产的熊猫牌香烟诞生于1956年,该烟原料全部取用国内外优质上等烟叶,其质感清雅飘逸,烟气丰润细腻,应该说是世界上最优质的香烟之一,就连领导人毛泽东、邓小平等也是该产品的忠实爱好者。所以,每当有善烟的朋友来家做客,宋庆龄总是拿自己所钟爱的这两种香烟招待来客。毛泽东到寓所来看望她时,她就曾用"熊猫"牌香烟招待这位尊贵的客人。但在她生命最后的那两年时间里,因健康的原因她不怎么抽烟了,后来干脆把烟盒关进了梳妆台的抽屉里。

每打开一包新烟,宋庆龄总喜欢把烟支拆出来,装到一只金质烟盒里,再慢慢享用。这只烟盒陪伴了宋庆龄半个多世纪,直到后来烟盒破损了,上面的漆皮剥落,弹簧松弛,烟盒盖子关不上了,她还在外面裹一根橡皮筋,继续使用。有一年马海德从国外归来,特意给她捎来一个新烟盒,但是宋庆龄还是使用着那个旧烟盒,从没遗弃过。

1951年9月8日晚,在北京中南海怀仁堂,正隆重举行"加强国际和平"斯大林奖金授奖典礼。而这之前的4月6日,宋庆龄已经收到来自莫斯科的电传——"加强国际和平"斯大林国际奖金委员会作出的决定:"中国人民救济总会主席宋庆龄在维护和巩固的斗争中有卓越的贡献,特授予'加强国际和平奖'斯大林奖金。"

斯大林奖金委员会特派两位世界著名作家来中国颁奖。一位是苏联的爱伦堡，另一位是诺贝尔文学奖获奖者智利诗人聂鲁达。

诗人聂鲁达在他的回忆录中提到过宋庆龄的烟盒。

> 喝咖啡时，我的邻座宋庆龄从她的烟盒里取出一支香烟，然后，高雅地微笑着送给我。我对她说："不必，我不抽烟，非常感谢。"我向她赞美她的烟盒，她对我说："我留下它，因为它是我生活中非常重要的一件纪念品。"那是一件亮闪闪的金器，镶满了钻石和红宝石。我仔细地看了看它，又赞美了几句，然后还给了它的主人。
>
> 可是后来宋庆龄很快就忘了我已经把烟盒还给她了，散会时，她站起身来，紧张地转向我问道："请问，我的烟盒？"我自是肯定已经把烟盒还给她了，但还是上上下下地帮着她一起找。……她很快就在自己的口袋里找到了烟盒。

收到这笔数额为十万卢布的奖金后，宋庆龄当即在汇款单的背面批示："此款捐赠中国福利会作妇儿事业之用"。不久，中国福利会用宋庆龄的这笔捐款在上海创办了"中国福利会国际和平妇幼保健院"。

孙中山的孙女孙穗华结婚时，宋庆龄也送了一个烟盒给她。据孙穗华回忆：宋庆龄逝世后，在宋庆龄故居里陈列了一个烟盒。据说宋庆龄的小包里常年放着四样东西，一是口红，二是一把手枪（孙中山送的），三是打火机，四就是烟盒。

1952 年 >>>

"多年来我们逢年过节经常互赠吃的东西，也就是些粽子、月饼、饼干之类，从没有什么贵重的东西。"

一起关于
受贿的谣言

　　1952 年 1 月，宋庆龄的得力助手与朋友、中国福利会司库王安娜在向宋庆龄汇报近期工作情况时，告诉宋庆龄，最近中福会里流传着宋庆龄收受贿赂的谣言，说宋庆龄在修缮中福会房屋和孙中山纪念馆等工程中，多次收受工程承包商罗某的馈赠。宋庆龄听后非常气愤。

　　她写信给王安娜，进行声明，并要求王安娜转告那些传播谣言的人。宋庆龄的信是用英文写的，信中道：

　　　　还有，在中福会内部也传播着有关我的流言蜚语，这令我震惊。说什么我总是收受承包人老罗的贵重礼物。我要讲清楚，我认识老罗已有多年，他事实上是个承包商，为我的亲戚朋友建造和维修房屋。多年来我们逢年过节经常互赠吃的东西，也就是些粽子、月饼、饼干之类，从没有什么贵重的东西。上次他送了我两瓶葡萄酒，我知道这两瓶葡萄酒很贵，就马上退还了给他。每个节日我总是回赠他价值相等，或是略多一些的东西。我的警卫员可以为我做证，因为安全的缘故，凡外面来的东西，他们都要仔细检查。他们也知道，既然他不肯把礼物拿回去，所以我每次的回礼都比他送给我的要多。上次他老父亲病了，我把家里的高丽参都送给了他。那一斤人参论价钱比他送来的东西贵十倍还多。我把这些情况告诉你，是为了让你有个了解，然后把实情告诉那些传播流言蜚语的人。虽然我们之间有着世俗的亲戚关系，但我从未收受他的特殊礼物。我总是告诫他要抵制腐败。汤恩伯逃跑前夕，老罗家的房子受到炮火的严重威胁，全家人在我家住了两个星期。因我一时与外界隔绝，便有谣传他们要绑架我去台湾。老罗有辆吉普，又会开车，那时对我来说，无论哪个方面，他都是我的保护人。我一直告诫他要反对行贿腐败，一直很信任他。既然维克托等人证明他不诚实，那就说明我看错了人。

要是那样的话，我要求对他进行全面审查。让他因欺骗了我们，尤其是欺骗了我，而受到应有的惩罚。

我眼血管发炎，正在接受治疗，还在看牙医，匆忙中写得很潦草，请原谅。

1952 年 1 月 [1]

1969年时，有造反派重提旧事，说宋庆龄曾经贪污受贿。宋庆龄获悉后，即从上海致函自己的警卫秘书杜述周，驳斥造反派关于她的谣言。函谓：

我去访问印尼时，听说是隋学芳同志向刘冀平要求多买一只外国照相机。隋同志在上海瘫痪后，他的房里的一切东西及这只照相机，老钟给他打包后，即全部运回沪给他。

造反派造了许多谣言，说他房里的东西都是我送给他的！他的衣服是几次跟我出国时公家给他做的，我没给他做过一次衣服，那架旧照相机是我送他的，不必取回。[2]

在信中，宋庆龄还要求杜述周去隋家取

[1]《宋庆龄年谱（1893—1981）》（下），第1259页。广东人民出版社2006年版。

[2]《宋庆龄年谱（1893—1981）》（下），第1729页，广东人民出版社2006年版。

回在印尼买的照相机，交给军代表丁江。愤怒之情，溢于纸上。

其实，上海解放以后，陈毅市长很关心宋庆龄的生活，也了解到她的经济并不宽裕，就叫来了当时管理宋宅的老人陆天麟，给了他一包从银行刚取出尚未开封的钞票，叫他拿去给孙夫人开销。当陆天麟把钞票送到宋庆龄面前时，宋庆龄却拒绝说："这怎么好收？不行，不行，我心领了，还是请侬赶快送回去，当面送回陈市长！"

1963 年 1 月 17 日，宋庆龄要在家中接待锡兰总理班达拉奈克夫人。她嘱咐周和康从友谊商店购买了一批共计二百九十三元的中国绸缎作为送给锡兰外宾的礼品。但在当年 2 月份的账簿审核时，她发现这笔礼品开支没有列入其中，就把周和康召到客厅里谈话。

宋庆龄沉着脸对周和康说："周同志，上次送给锡兰总理的礼品，是我私人送的，尚有留下的几块绸缎，也是我今后要送人用的。这些费用，都由我支付，当时我对你交代得清清楚楚的，你为什么没有列入费用开支中？"

面对宋庆龄的批评，周和康不安地回答道："首长说的完全是事实，可是隋秘书对我说，这些礼品费用，按照规定可以由公家报销，所以，我就没有列入家用开支账内。"

宋庆龄听后，立即纠正道："周同志，这样做是错误的。一个人做事要论理、论法，公就是公，私就是私。这样公私不分，就是贪污行为。如果不要我自己付钱，除去送给锡兰总理的礼品外，留在家里的几块绸缎，请你全部拿去退还给友谊商店。"

周和康听了立即表示："一定遵照首长的指示办理。"

宋庆龄的脸上这才露出了宽慰的笑容。

别说他人赠送的钱财了，就是自己写文章所得的稿费，宋庆龄也极少接收，绝大部分要捐赠出去。宋庆龄是见过富与贵的，但她的追求绝不在于此，这些谣言不过是捕风捉影，热闹一阵也就散了。

1952年12月下旬，宋庆龄率中国代表团访问苏联。她的保姆钟兴宝也想跟着一起去。钟兴宝只跟着宋庆龄来过北京。她很想跟太太到国外开开眼界，看看异国的风光。但是，囿于纪律与规定，宋庆龄让钟兴宝留在北京的家中。临行前的那天，宋庆龄与全体工作人员在方巾巷家中大院里合影留念，钟兴宝也一起拍照，但是，钟兴宝心里还是快活不起来。

　　钟兴宝这微妙的心理活动，被宋庆龄看了出来。好一个细致入微的宋庆龄，刚到苏联住下，就托回国的机要员给钟兴宝带去一张明信片（因为那时与苏联还没建立通邮业务，所有往来信件都是由机要员负责传送的）。这张明信片是苏联印制发行的，正面是一幅宋庆龄在开国大典上的肖像素描。背面，她用红色的圆珠笔写了两行字。兴宝不认字，请机要员读给她听，她听后，不由开心地笑出了声。宋庆龄在明信片背面写道：

　　兴宝，这个人你认得否？
　　钟兴宝同志收

　　钟兴宝反复琢磨着宋庆龄这封题签的明信片的含意：也许，太太对这

◇图1：宋庆龄从苏联寄给钟兴宝的明信片
　　　的反面有对钟兴宝的亲笔问候
◇图2：宋庆龄从苏联寄给钟兴宝的苏联绘
　　　制的明信片正面

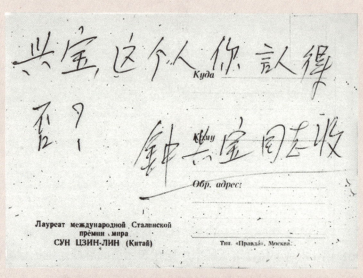

◆图1

◆图2

张苏联人画的肖像明显失真不满意，用这种方式来嘲弄一下？又也许，这是太太为没能带她出国而向她表示的一种巧妙的安慰？总之，收到太太的手迹，钟兴宝体会到宋庆龄对她的信任与牵挂。这张明信片被钟兴宝视若珍宝，收藏至今。

钟兴宝还珍藏着宋庆龄送给她的一幅水粉画。

文化大革命时期，钟兴宝收到了家乡女儿的来信，信中说妈妈留在乡下的三间平房，被造反派拆得像马厩一样了。房子是祖传的，钟兴宝本打算自己将来年老后还乡居住的。造反的农民欺侮钟兴宝长年在外，家中无人照应。钟兴宝在宋庆龄身边工作的事情，对外是保密的，家乡人只知道钟兴宝在外工作，但干什么工作、在哪里工作，他们一概不知。得到消息后，钟兴宝郁郁寡欢。

这天，钟兴宝正闷闷不乐地在洗衣间干活，忽然，张珏跑来对她说："兴宝，太太叫你去一趟呢。"

"哦。"兴宝答应一声，就来到了主楼的办公室。

宋庆龄正在办公桌上写画着什么，见兴宝来了，便笑道："兴宝侬过来，我送侬一幢房子，你要不要？"

钟兴宝一时没反应过来，问："太太，什么房子呀？"

"喏，就是这幢房子。"宋庆龄笑着把一幢刚画好的画推到钟兴宝面前。

钟兴宝低头一看，只见纸上画了一幢掩映在一片绿树中的精巧的小楼房。兴宝不懂画，只知宋庆龄的画是很好的，有友人和领导来，大都要向宋庆龄索取几幅画回去作纪念的。所以，兴宝只是笑了笑，说声"谢谢太太"，就伸手去取画。岂料，宋庆龄一声"慢"，挡住了她。

"我得先考考侬。侬若看得出这幢楼房是哪里的，我就送给侬。"宋庆龄笑着说道。

听宋庆龄这么一说，钟兴宝才注意地把画认真地端详了一番，然后，她迟疑地答道："太太，这幢楼房，我看好像是四马路（今上海福州路）上老太太（即宋庆龄的母亲）家的那幢。"

钟兴宝猜对了，宋庆龄画的这幅楼房，正是当年她与孙中山结婚之前，被父亲关过禁闭的那座老楼。如今，这幢楼房早已归国家所有了。

宋庆龄笑出声来了，道："兴宝，侬的眼力真凶呀。侬猜对了，怎么样，我这幢楼房比起侬乡下的那几间房子要好多了吧？"

钟兴宝听到这里，不由心里一动，顿有所悟：原来，太太送这幢"房子"给自己，里面还有一层意思呢！她接过这幅不同寻常的画，只觉得心中又惭愧，又激动，家乡来信所引起的种种不快，此时都烟消云散了。

其实，宋庆龄是经常以画寓意的。

1976年9月的一天，宋庆龄把秘书张珏叫来，笑着对她说："张珏，你不是一直想要我一幅画吗？今天我送你一幅。"

张珏一听高兴极了，接过那幅画，一看，只见宋庆龄在一张八开大小的铅画纸上画了一只伫立在岩石上昂首引颈的大雄鸡，东方，一轮太阳正喷薄欲出。宋庆龄给这幅画题名为《报晓的雄鸡》。张珏一看就领会了宋庆龄这幅画中的含义，俩人相视而笑。

没多久，"四人帮"就粉碎了。

寓所中的铜铃

在宋庆龄上海寓所里，有四只大小不一的铜铃（钟）。

第一只是拳头大的铜铃，白天放在宋庆龄的办公桌上，晚间放在她的床头柜上。那是1952年保姆李燕娥从上海的日杂用品商店里"淘"来的。铜铃是宋庆龄招呼保姆时用的工具。没铜铃时，宋庆龄召唤保姆或秘书，是用拍掌的方式：三声是保姆，两声是秘书。

有了铜铃宋庆龄有需要召唤保姆或向秘书作什么指示时，便摇动这只小铃以示召唤。听到铃声，保姆或秘书就会应声而来：摇一下是召唤保姆；摇两三下是召唤秘书。

第二只是较大的铜铃，放在主楼卧室靠近门旁的红木茶几上，那是宋庆龄招呼楼下的保姆时用的。保姆如在楼下的洗衣间或厨房里忙碌，只要听到铜铃声，便会上楼，听候宋庆龄的指示。

第三只是一只同样大小的铜铃，放在楼下工作人员餐厅的窗台上。这是专为不能上楼的男性工作人员如周和康等人准备的：如有国内信件、报刊、文件送到，需要及时送上楼呈宋庆龄阅示的，楼下的工作人员就摇晃这只小铜铃，召唤李燕娥或钟兴宝下楼领取，以免误事。

第四只是口篮球大小的铜钟，挂在工作人员餐厅北首的转角处。这只

◇宋庆龄北京寓所的小客厅

铜钟是用木架子吊起来的，钟上串有一根绳子，轻轻一拉，就会发出"当当"的洪亮的声音。通常情况下，只有李燕娥有权拉响这口铜钟。每当她敲响这口大铜钟时，大家便知道李大姐有事找人布置工作或召唤大家用餐了。

李燕娥是宋庆龄最亲密的人，在宋庆龄和李燕娥的卧室床头，各自安装着一只电铃。那是她俩的专线，只要宋庆龄一按电铃，李燕娥便会来到宋庆龄的身边。

不过，家里从没有人看见宋庆龄使用过。这大概和她的身体情况有关系，上了年纪的宋庆龄神经非常脆弱，她经不起这电铃骤响。

在 1973 年 4 月 30 日致廖梦醒的信中，宋庆龄说：

> 我的神经不好，我现在不能忍受任何突如其来的大声的声音。如果听到什么声音，我会像一只受惊的猫那样跳起来！我的脊椎骨都会颤抖起来，就像冰水浇在我的背上一样。[1]

在宋庆龄北京寓所卧室的床头柜上，也装有电铃，用作召唤秘书或保姆。

在楼上的卫生间与办公室里，还装着两个应急用的电铃，平时无事，谁也不能碰。

1977 年 11 月下旬，钟兴宝搀扶宋庆龄去卫生间的时候，俩人不慎双双滑倒在卫生间，钟兴宝赶紧拉响了这只警铃，向楼下发出紧急求援。

---

[1]《宋庆龄书信集·续编》，第 459 页，人民出版社 2004 年版。

与毛泽东的
礼尚往来

　　其实，早在 1937 年，宋庆龄就曾向毛泽东送过礼，那是一笔厚礼——五万元美金！

　　来而不往非礼也。何况毛泽东对宋庆龄一向是非常尊重的。

　　新中国成立不久，王震从新疆给毛泽东送了一大一小两只熊掌。机要秘书向毛泽东报告此事，毛泽东道：把大的那个给孙夫人送去。

　　在他心目中，宋庆龄是位高贵的夫人，她应该享用这种珍贵稀罕的食物。

　　1949 年 10 月初，宋庆龄委托罗叔章向毛泽东赠送了礼物。

　　1952 年 12 月，宋庆龄访苏时，在莫斯科商场里，看到一种旅行闹钟。这闹钟外面套着皮盒子，即使放在枕边也听不见指针走动声，到点闹起来声音也不大。宋庆龄对此钟很感兴趣，指示随从买了两只，一只自己用，一只送给了毛泽东。

　　1957 年冬，北京特别冷，寒冷而干燥的气候让宋庆龄很不适应。刚从苏联访问归国的毛泽东得知宋庆龄想吃些蔬菜补充营养后，即派人给宋庆龄转送了两棵山东胶县农民送给他的新鲜的大白菜。其中一棵大白菜特别大，足有二十七八斤重。宋庆龄见了非常高兴，当即复信向毛泽东致谢说："敬爱的毛主席：承惠赠山东大白菜已收领。这样大的白菜是我出生后头一次看到的。十分感谢！您回来后一定很忙，希望您好好休息。致以敬礼！

宋庆龄 一九五七年十二月一日"[1]

1961 年毛泽东到上海视察时，特意到淮海中路 1843 号探望宋庆龄。毛泽东见宋庆龄的卧室在楼上，客厅在楼下，上下楼梯不便，便指令上海方面向宋庆龄送去了一条绣有梅花图案的红地毯，铺在楼梯上。

这里有段小插曲，据宋庆龄上海寓所的管理员周和康回忆：每年梅雨季节，工作人员都要及时开窗通风，以避免室内家具发霉，同时把地毯卷起来洗晒一番。宋庆龄曾对周和康说："这些地毯都是毛主席送的，若有损坏不仅可惜，我们也负不了这个责任。"可见，宋庆龄对毛泽东送她的礼物，有着另一层理解。

直到今天，这条已有些褪色的红地毯依旧铺在上海宋庆龄故居的楼梯上，向瞻仰故居的人们讲述着这两位伟人之间的交往。

宋庆龄也非常敬仰毛泽东，这倒不是因为毛泽东向她送了珍贵的礼品，而是她从毛泽东所送的礼品上，看到了毛泽东善解人意、细腻体贴的一面。所以，当她收到礼物之后，一面表示感谢，一面不时选一些礼物回赠毛泽东，以示敬意。

在她送给毛泽东的礼物中，有一件是一个高级鸭绒大枕头。

宋庆龄何以送毛泽东这样一个枕头呢？原来，她了解到毛泽东有喜欢斜倚在床上批阅文件和看书的习惯。同时，她在好几个到过毛泽东卧室去的人那里得知，毛泽东睡的是一张宽大的木板床，一边高一边低，低的一边放满了书，高的一边睡人。床上的用品更是简单：被褥是里外白布，睡衣、毛巾被破了，补了又补。那枕头是一个用荞麦皮塞满了的白布包！一床旧军毯搭在床栏上，那只荞麦皮枕头就塞在军毯下。

宋庆龄听到这样的描绘后，很惊讶：一位共和国的领袖，竟过着如此清贫、简朴的生活。她亲自上街去大商场里买回了一个鸭绒大枕头，托人送给了毛泽东。

毛泽东起初婉言谢绝了，但他又想到这

[1]《宋庆龄书信集·下》，第 538 页，人民出版社 1999 年版。

样做不合适，又叫人收下了枕头。

　　但是，枕头收下后，只在床头摆了两天，就被收藏起来了。毛泽东一生戎马倥偬，生活简单，他睡不惯这样蓬松绵软的高级枕头。

　　事后，这事给宋庆龄知道了，虽有点遗憾，但她很快就理解了。

1953 年 >>>

宋庆龄常幽默地把到北京去说是上班，回上海来说是下班。

在上海的两处主要寓所

　　1953 年 10 月中旬，宋庆龄带着秘书卢季卿、保姆钟兴宝、警卫干事隋学芳、卫士长靳山旺、参谋刘作鸿一行回到上海淮海中路 1843 号寓所。每年的国际儿童节至中华人民共和国国庆节前后，是宋庆龄最繁忙的一段时间，过了"十一"，她的工作就相对少些了。她可以"下班回家"，回到她钟情的上海了。宋庆龄常幽默地把到北京去说是上班，回上海来说是下班。

　　淮海中路的宋庆龄寓所院落占地面积四千三百三十平方米，主楼为砖木混凝土结构，建筑面积七百余平方米，是一幢掩映在绿树丛中的二层楼房。正门前有一个小门廊，进门有过道厅，俗称电话间，其于有客厅、餐厅、东西两个书房、一个厨房。朝南前面，有一个大阳台，面积为十二平方米。每间房里都有壁炉和取暖用的水汀设备。据说该房屋原为希腊船主所有，为了纪念那劈波斩浪的航海生涯，他把自己的住宅设计成船形模样，一眼望去，整幢建筑宛如停泊在碧波中的一艘轮船。楼房上下，都装有绿色木质百叶窗，上面刻有小巧精致的航船。屋顶装有一个烟囱，好似迎风傲立的桅杆，杆顶安着一条"鱼"，可以迎风转动，指示风的方向。

　　主楼后门出门处，有一个汽车间，停放着 1952 年斯大林赠送的小轿车。汽车间旁是鸽子棚，养着宋庆龄最喜欢的鸽子。

◇宋庆龄在上海的寓所，位于淮海中路
1843号

在主楼前的大草坪上，宋庆龄会见和宴请过二十二批国际友人和中外贵宾，其中曾有来自二十四个国家的妇女朋友欢聚在这里。

淮海中路 1843 号寓所，是 1948 年在蒋介石的授意下，由国民党中央信托局在 1949 年拨给宋庆龄住的。1945 年底至入住 1843 号前，宋庆龄住在上海靖江路（今桃江路）45 号。

抗日战争爆发后，宋庆龄离开上海赴香港。日伪占据上海期间，宋庆龄和孙中山婚后定居的莫利爱路 29 号寓所遭到严重破坏，一些设备被日军掠走。抗战胜利时，此宅已不堪居住。抗战胜利后，宋庆龄将莫利爱路 29 号（其时已更名为香山路 7 号）故居捐献给国家，作为纪念孙中山之用。蒋介石谕令拨靖江路 45 号交宋庆龄使用。

1946 年 5 月初至 11 月，国共双方代表在南京举行和平谈判，作为共产党代表的周恩来除了出席和平谈判以外，还经常奔波于南京和上海之间，在各民主党派和社会各界人士中游说，争取他们的理解和支持。周恩来在上海期间，曾多次安排和宋庆龄见面，商谈国事。周恩来也曾亲自前往靖江路 45 号住宅，拜访宋庆龄。

1946 年 2 月初，蒋介石在宋美龄的陪同下，专程前往靖江路 45 号拜访宋庆龄，宋美龄非常关心姐姐的新寓所，从楼下到楼上都认真地细细看了一遍，离开时，宋庆龄把他们夫妇送到门口。蒋介石和宋美龄私下感觉宋庆龄居住的地方稍显小了一点，遂萌动把林森中路 1803 号调拨为宋庆龄寓所的想法。但宋庆龄直到 1949 年 4、5 月间才搬迁入内。这便是今日的淮海中路 1843 号，如今的宋庆龄上海故居纪念馆。

宋庆龄的这两处寓所都地处上海市徐汇区。

地处上海市静安区西摩路 30 号（后改为西摩路 130 号，今陕西北路 369 号）房子，是宋庆龄父母的家，是宋庆龄的父亲宋耀如在 1918 年前买下的。之前，宋耀如一家住在宝昌路（今淮海中路）491 号。1927 年 12 月 1 日，蒋介石和宋美龄在上海举行婚礼，他们在西摩路 30 号举行了简短的基督教礼仪式。1931 年 7 月，宋庆龄的母亲倪桂珍在青岛病逝，遗体运回上海，在西摩路宋宅花园中举行了隆重的宗教告别仪式。远在德国的宋庆龄接到噩耗，日夜兼程赶回上海，为母亲送行。此后，西摩路宋宅多由宋庆龄保管使用。上海临近解放时，宋庆龄将此处辟为收容难童的场所。1949年7月，宋庆龄在此创办了中国福利基金会托儿所（后改为中国福利会托儿园）。托儿所迁出后，中国福利基金会于同年12月移至该处办公，宋庆龄将该处房屋提供给身边的工作人员如黎沛华、耿丽淑、沈粹缜、张珏、陈维博等居住使用。

1981年宋庆龄逝世后，这座饱经沧桑的花园洋房仍由中国福利会代管，并作为上海宋庆龄基金会办公地点和中福会老干部活动室。1994年，陕西北路369号宋宅被列为上海市近代优秀保护建筑。1996年5月，中国福利会将入住人员全部迁出，宋宅被全面修复，恢复了原貌。如今，这里是上海宋庆龄基金会爱心会所。

1953 年 11 月，正在中央公安学院学习的十九岁的靳山旺被公安部选派到宋庆龄身边担任卫士长。当时担任宋庆龄身边警卫秘书的是隋学芳。他俩一文一武，负责宋庆龄的日常安全保卫工作。

　　宋庆龄称靳山旺是"大炮"，因为靳山旺当时血气方刚，活力四射，不管是在陪宋庆龄打康乐棋还是受命回复时，总是高门大嗓、声震瓦宇，宋庆龄忍不住对这位陕西娃娃兵嗔爱，说了句："大炮！侬真是一门大炮呀。"

　　靳山旺听宋庆龄这样说，认为是批评、嘲讽。心中充满不安，宋庆龄补充道："大炮好，将来解放台湾，就要靠侬这种大炮呢！"

　　事后，宋庆龄还向靳山旺解释说："侬不要为我叫你大炮而不高兴。侬勿晓得，这个外号，一般人还没有资格得到呢。当年，有些民主革命的保守派和改良派，也曾嘲称孙中山为'孙大炮'的。但我却认为这个'孙大炮'的外号起得好，因为一个革命者，一个全心全意为人民利益奋斗的人，总应该是不知疲倦的，总应该是把未来看作是光明的。而这些人为伊（指孙中山）起这个外号，恰恰说明了他们自家鼠目寸光，缺乏勇气和信心，缺乏对永远要求进步的人民的同情。"

　　宋庆龄恐靳山旺不信，又解释说："侬勿要勿相信，可以去看一篇我

◇图1：年轻时代的靳山旺
◇图2：1953年，宋庆龄身边的工作人员合
　　影于方巾巷。左起：马副处长、韩
　　松涛、靳山旺、刘仲明、潘厨师、
　　刘作鸿

◆图1

◆图2

写的回忆文章，就是写到伊最亲密的两位同志陆皓东、朱贵全遇难的那一篇。"

靳山旺当真找来了这篇文章。读后，他知道陆皓东和孙中山是同村人，从小在一起玩耍，后来又一起砸村庙里的神像，再后来就成了政治活动中的同志——起先一同北上给李鸿章上书，后来一同在香港做地下革命工作。广州起事，陆是前线指挥，他成了第一位为革命斗争牺牲的孙中山的密友。每次有战友牺牲，孙中山都要加强一次自己的革命决心，使这些战友的鲜血不至于白流。他不屈不挠胸怀大无畏的坚定革命的理想。所以，把孙中山称之为孙大炮，是名副其实的。

从此，靳山旺也接受了"大炮"这个称号

宋庆龄还为靳山旺改了名字。

靳山旺原名靳三旺。1955年11月底，宋庆龄率团出访印度前夕，靳山旺与隋学芳趴在桌上填写《出国人员审查鉴定表》，一边的宋庆龄忽然提议道："三旺，侬这个三旺的名字有点意义，但其中那个一二三的三字却不妥帖，如果改为山旺就更好了。"说着，宋庆龄拿起一片纸，用笔在纸上写了个"山"字，解释道，"改成大山的山，这含意就更好了。侬想，山的生命有多长，山上常年绿树青坡、鸟语花香的，永远旺盛着。改成山旺，意义就比原来更大了。"

"好哇！"靳山旺一听就叫起了好。于是，他在《出国人员审查鉴定表》的姓名栏上，端端正正地写下了"靳山旺"三字。

见靳山旺接受她的建议，宋庆龄也高兴地笑了，她当即拿过一张纸，在上面写下：

　　山旺同志纪念

　　　　　　　　　　　　　　　　　　　　　　宋庆龄

然后，宋庆龄把纸推到靳山旺面前，风趣地笑道："过去测字先生给人家起名字，也得这样写下字据的。今天，这几个字就算我给侬改名的证据吧。"

靳山旺与隋学芳都笑了起来。

靳山旺始终珍藏着宋庆龄当年为他改名的纸条。

1954 年 >>>

"侬授衔升官，我掏钱请客。"

1954 年春季里的一天，宋庆龄的卫士长靳山旺光荣地出席了由中央警卫师主持的，以彭德怀元帅名义举行的授衔仪式。靳山旺被授予少尉军官衔。

靳山旺喜出望外，当他一身戎装雄赳赳地回到方巾巷家中时，发现家中楼下的小餐厅里，已摆开了一桌丰盛的宴席，餐桌上除了有平时不多见的鱼肉，还有几瓶殷红剔透的红葡萄酒！原来，宋庆龄已经知道了这个好消息，竟亲自指挥着办事老练的"两口钟"（指钟松年与钟兴宝），置办了庆功宴，为靳山旺荣受军衔而庆贺！见到靳山旺意气风发地回家，宋庆龄满面喜悦地走下楼，来到餐厅，招呼全家人员围坐一起，下令开席。

宋庆龄举起一杯葡萄酒，说：

"各位，今天是靳山旺同志的喜庆之日，刚才，他已去警卫师参加了授衔仪式，现在开始，不，应该说从刚才他佩上这枚少尉军衔开始，他就是中国人民解放军的一名少尉军官了。这是党和人民对靳山旺同志努力工作的认可，也是我家从来没有过的一件喜事，我家出了一位中国人民解放军的军官了。为此，我建议大家一起举起杯，为靳山旺同志的进步干杯！"

这可真是喜上加喜，中央警卫师忽然向自己授衔已是大喜，现在，身为国家副主席的宋庆龄又亲自置办与主持了这顿庆贺宴，这更是喜上加喜呀！靳山旺激动得视线都模糊了。据他所知，宋庆龄还从来没有以家宴这样的形式，亲自为身边工作人员庆过功呢。

靳山旺握着酒杯的手颤抖了，一仰脖，喝下了满满一杯酒。

席散人尽，靳山旺红着脸、搓着双手来到宋庆龄面前致谢，刚问了一句"今晚这顿宴席共花了多少钱"，宋庆龄就笑了，调皮地说："少尉同志，侬放心，今朝侬授衔升官，我掏钱请客。"又说，"别跟我客气了，侬晓得伐？我今天特别高兴，因为侬在我的身边进步了呀。要放别人呀，或许人家办了酒席用五花大轿抬我去，我也懒得动身呢！大炮呀，好好干，前途无量呀！"

"是！宋副主席！"靳山旺再也说不出别的话了，他把对宋庆龄所有的爱戴与敬仰，全放在那个标准的军礼上了。是的，还有什么话能表示此时此刻靳山旺心中的那片感激之情呢？一切的感谢都放到今后的实际行动中去吧，只有更出色地工作，才是对老太太最好的回报。

宋庆龄出钱帮助的下属，不止靳山旺一个人。

1959年，北京寓所的张友准备结婚了，但没钱办婚事。宋庆龄知道后，出钱在北京寓所办了两桌喜酒，并邀请他俩的亲属一起来家中参加宴会。席间，宋庆龄亲自向新郎新娘敬酒，还作为证婚人，为这对新人赠上了"团结互助，共同前进；友爱甜蜜，白头到老"四句祝贺词。

散席时，宋庆龄向新郎新娘赠送了一条印有鸳鸯图案的床单。孩子出生后，又送给张友小孩衣物等。张友的老父亲病故时，宋庆龄特意让秘书带着司机赶去张友家慰问，还送去了三十元钱。张友在四川上大学的儿子回北京，带了一些四川红橘送给宋庆龄品尝。宋庆龄收下这些橘子后，一定要给孩子十元钱。

就在宋庆龄去世的前一年，工作人员刘玉宝的爱人生了女儿，秘书给她写条说："报首长知道一下即可"。但宋庆龄看了条子后，特地在条子边上写道："请代我祝贺她，并代送她这条小毯。宋。"

◇图1：宋庆龄摄于五十年代初期
◇图2：1949年9月，宋庆龄在北京
　　　出席中国人民政治协商会议
　　　第一届全体会议

◆图1

◆图2

◇图1：1951年国庆节，宋庆龄在天安门城楼上
◇图2：宋庆龄在托儿所看望孩子

◆图1

◆图2

◇图1：1955年12月，宋庆龄访问印度时拜谒
　　甘地墓
◇图2：1956年宋庆龄在上海家中设宴款待苏联
　　最高苏维埃主席伏罗希洛夫

◆图1

◆图2

1955 年 >>>

她把自己的坚强与整个中华民族的坚强始终紧紧地联系在一起。

　　1955 年初夏，宋庆龄分别视察了上海国营第一棉纺厂、公私合营仁德纱厂、江苏省松江专区"联民农业生产合作社"和邻近的"联盟农业生产合作社"、扬州瘦西湖畔的农业水利工程等。卫士长靳山旺始终紧随在宋庆龄身边，密切观察着四周的动静。

　　靳山旺寸步不离宋庆龄左右还有一个原因，那就是不能让宋庆龄踩空了或磕绊了！旁人不知道，但靳山旺他们这些警卫人员清楚得很：长期颠沛的视察生活，已使宋庆龄的身体吃不消：关节炎、坐骨神经痛、荨麻疹、麦粒肿等，在这两年她几乎被折磨得坐卧不安。

　　然而，六十二岁的宋庆龄在公众面前仍坚持要自己走，不让靳山旺搀扶。在视察松江专区的农作物时，她沿着农村田埂或土路高一脚、低一步地缓慢而又艰难地向前行进。宋庆龄一向把自己的公众形象看作是国家的对外形象，她把自己的坚强与整个中华民族的坚强始终紧紧地联系在一起，在照相机和摄影机前她要留给公众一个健康乐观、永远年轻的完美形象。

　　靳山旺只能趁四周没有镜头的时候，快速地把右手插进老太太的左胳肢窝，恰到好处地帮助她一把，等闪光灯闪烁的时候，尽快退出自己的手。

　　宋庆龄对靳山旺善解人意的举动十分感激，没人时，她会转过脸给靳山旺一个心领神会的微笑。

视察中，宋庆龄听取了该专区的党政负责人对当地工作情况的介绍和全国水稻丰产模范陈永康的汇报，又同合作社干部以及老年、青年、妇女社员进行了座谈，详细了解这个合作社的组织过程和生产情况，了解中农参加合作社时的思想顾虑，合作社内经济利益的处理，新式农具的推广，如何帮助周围新的合作社、互助组和单干户，共青团在合作社里的作用，妇女参加劳动生产后家庭地位的变化，统购统销和"三定"政策的执行情况，以及农民文化学习和卫生保健等各个方面的情况，并征求农民对政府的意见和要求。真的是面面俱到。

宋庆龄每到一处农家时，从四面八方赶来的农民，便把小屋挤得水泄不通。靳山旺担心，当地农村干部端上来的茶碗或茶杯不卫生，而且可能有敌特分子混杂其间。

但宋庆龄似乎并不担心，极力与广大劳动人民打成一片：一碗大麦茶上来，她眉头也不皱地就端起往唇边沾。

靳山旺担心宋庆龄的安全，情急中他很快想出了一个对策！

当一碗冒着热气的茶水放到宋庆龄面前时，靳山旺便装作一副马大哈的样子，伸手就端起那碗水，也不顾茶水烫嘴，先"咕咚"喝了一口。等他那碗茶端上来时，他又端起来喝一口。这才装作自己喝错了茶碗的样子，"恍然大悟"地把第一碗茶水放回宋庆龄面前。

宋庆龄看他奇怪，什么也没说，继续与周围的人们聊天。直到完成视察任务回到住地，她才问靳山旺："我说大炮，侬今朝哪能连着几次喝错了我的茶杯呢？"

靳山旺连忙如实说："没喝错，我是担心有坏人在您的茶杯里下毒呢。"

"下毒？那可是要毒煞人的呀。怎么，侬就不怕死吗？"宋庆龄追问道。

"我不怕，我怕个啥？"

"咦？我这就不明白了，都是一样的人，而且侬格年纪又迭那轻，侬哪能就勿怕死了呢？"

◇靳山旺、隋学芳（左一）、刘作鸿（右一）
合影于北京方巾巷

"因为……因为……"这下，靳山旺不知该怎么回答才好，他只好说，"我才不怕死呢，当年与胡宗南部队血战，子弹呼呼地像蝗虫一样乱飞，我都没怕过死，现在和平年代，我更不怕了。"

宋庆龄很感动，说道："侬迭个人哪，让我哪能说侬呢？要是侬万一真的倒在我的身边了，叫我怎么向侬格家人交代？侬还年轻，连老婆还没讨呢！"

于是，靳山旺与宋庆龄约定：凡是到环境不佳、秩序混乱、人员拥挤的地方视察，宋庆龄尽量不动用人家送来的饮食。如果必须动的话，当由靳山旺先检验，待确认安全后，才可入口，而且必须过五分钟后才可以。

"不来事格，不来事格，我是人，侬也是人；我有一条命，侬也有一条命，而且还是一朵鲜花蓓蕾样的年轻的命，我绝对不能让侬去做迭种事体的。"不等靳山旺把话说完，宋庆龄就连连摇头，坚决不答应，并神情严肃地表示，她决不同意靳山旺的这种几近搏命的冒险行为。

"不，您必须答应我，必须！您也不要有顾虑，这是只有我们两人之间才知道的秘密。这样做不但是为了您的个人安全，也是为了国家、为了人民呀。再说，万一出了事，我这辈子也就完了。上级撤我的职还是轻的，闹不好关进牢房吃官司也说不定。""大炮"就是"大炮"，心直口快，把心里想说的话，毫无保留地全部倒了出来。

就这样，在靳山旺与宋庆龄之间，达成了这样一个约定，这个约定直到靳山旺离开宋庆龄，一直有效，包括宋庆龄出访印度、缅甸、巴基斯坦等国时，也有效。

1956 年 >>>

"这个铜像不像孙先生，不要摆。"

空中历险记

　　1956 年初，宋庆龄一行在拉达克里希南副总统的护送下，乘坐飞机离开印度新德里，前往缅甸首都仰光。

　　在飞往缅甸的途中，宋庆龄遇到了一场又惊又险的意外飞行事故。

　　这天，宋庆龄一行乘坐的仍是荷兰产的名为"空中霸王"的载客飞机。那天，飞行到中途的时候，靳山旺闻到机舱里似乎有一股异样的臭味，仔细一闻，原来竟是一股从机舱前面散发出来的橡胶焚烧味，而且这味道随着机身的颠簸正越来越浓烈。

　　"什么味道？"

　　"好像是橡皮烧焦了的味道嘛！"当时，代表团成员中有人脸都白了。宋庆龄的双眉也明显地皱了起来。与此同时，他们听到飞机的引擎发出了异样的轰响声，感到机身也剧烈地颤抖起来。

　　靳山旺的心一下子吊到了嗓子眼，他知道，上次失事的"克什米尔公主号"，就是这种"空中霸王"机型！难道类似的灾难要发生到宋庆龄的身上吗？

　　在代表团出访前，国家公安部对缅甸境内的情况十分重视，公安部工作人员作了全面的了解，得知台湾的国民党机关向缅甸境内派遣了不少特务和情报人员，此外，缅甸还驻有国民党残余军队。公安部通过外交途径，请缅甸方面在我方代表团访问期间，将具有危险性和重大嫌疑的国民党特务逮捕和清理。事后，靳山旺得知，缅甸警方确实做了不少的安全保卫工作，据说在首都仰光，缅甸方面就逮捕了二百多名国民党特务和嫌疑人。

靳山旺走进驾驶舱，看到正副驾驶正忙成一团，紧张地寻找事故的源头呢。

"出什么事了？"靳山旺压低声音，急促地向驾驶员们发问。

"正在检查中。不知怎么搞的，飞机只能平飞，不能上升了。"副驾驶员双眉紧锁、头也不抬地回答道。

"那，能否降落呢？"

"降落没问题。只是不知怎么烧起来了，得迅速排除。"

这时，橡胶焚烧味越来越浓了，但机舱里却越来越寂静了，静得能听见大家急促的呼吸声。全体代表团成员的紧张的目光，齐刷刷地投向一帘之隔的驾驶舱。

靳山旺踱出驾驶舱，退到走廊中："不要急，不要急，飞机出了点小毛病，马上就排除。"

"哪里出了毛病？"有人追问道。

"小毛病，小毛病。"靳山旺一边回答那人，一边笑着对宋庆龄说道，"首长侬不要怕，现在飞机正好在大海上，飞得也不高，下去正好浮在海面上，就是到时候要沉下去，侬也不要急，到时候，侬只要憋住气，我揪住侬，就什么问题都解决了，再也不怕沉下去……"

故障的根源很快找出来了，原来是飞机的两只螺旋桨烧起来了。但有一点是肯定的，那绝对不是老蒋的特务捣的鬼，而是这架号称"空中霸王"的飞机螺旋桨中的橡胶垫圈老化了，干硬了，摩擦中冒出了火星，最终引起了焚烧。

故障的根源一找到，机长立即作出了就近降落、紧急抢修的决定，直到"空中霸王"在加尔各答市的机场上停稳，大家才长长地松了口气。

印度、缅甸
与巴基斯坦

　　1955 年与 1956 年新旧之交，宋庆龄带领着中国代表团访问了印度、缅甸、巴基斯坦。

　　在告别缅甸仰光前往巴基斯坦的途中，宋庆龄问靳山旺："大炮，侬晓得巴基斯坦是什么意思吗？"

　　靳山旺自是不知所云。

　　"巴基斯坦是一个按宗教特征建立起来的国家，在历史上它是印度的一部分，在过去的两个世纪中，曾遭受英国的殖民统治。巴基斯坦是清真国的意思。1947 年，印度和巴基斯坦同时摆脱了英国统治宣布独立。巴基斯坦立国后，还是英联邦范围内的一个自治领地，总督由英王任命……"

　　老太太娓娓道来，靳山旺安静地听。

　　宋庆龄一行在卡拉奇机场受到了穆罕默德·阿里总理及其他官员的热烈欢迎。

　　下午，宋庆龄下榻在巴基斯坦的伊斯兰堡市国家公寓。当时，伊斯兰堡市还不是巴基斯坦的首都。

　　访问巴基斯坦前首都卡拉奇时，宋庆龄全身的荨麻疹发作，像千万条细小的毛毛虫在那里蠕动，她浑身痒得难以自持，恨不能马上躲起来在周身涂上药膏，但是，面对公众，她始终记着自己此时此刻的身份，千方百计地保持着自己的形象。尤其使宋庆龄痛苦的是，她的这种恶劣的疾病，还使她羞于启齿，不能轻易对身边的男同胞们诉说呢！

宋庆龄忍着痒，坚持着访问了巴基斯坦的卡拉奇和拉合尔，接受了两个城市的市长的招待与宴请。

卡拉奇是 1959 年迁都之前的巴基斯坦的首都，也是全国经济、贸易、金融中心和重要的国际航空交通站及海运港口，是亚、非、欧三洲的交通要冲。

1956 年 1 月 29 日，宋庆龄出席了卡拉奇市市长举行的全市欢迎会。

席间卡拉奇市市长特别热情，亲自为宋庆龄布菜。

"请孙夫人品尝，这是巴基斯坦用来招待最高贵与亲密朋友的一道名菜。"市长不但亲自布菜，还笑容可掬地劝菜呢。

这可使宋庆龄感到为难了，因为她此时一身通红奇痒的疹子正在做怪，已开始向颈部蔓延了，她有些坐立不安了，担心这种菜肴会导致她身上的疾病发作得更严重！

这可怎么办？不吃肯定不行！如何婉拒才能不影响中巴两国人民友谊呢？在这进退两难的尴尬时刻，宋庆龄向一边的靳山旺甩去一个眼色。

始终密切关注着宋庆龄的神情的靳山旺，立即领会了宋庆龄的意思，变戏法似的从身边掏出一个药瓶子，当众摆到宋庆龄的餐桌上，然后捋起左手袖管看了看手表，对宋庆龄说道："副委员长，您到了该服药的时候了。"

"是吗？"宋庆龄不由心中释然。一边的翻译林德彬也立即对卡拉奇市市长翻译道："尊敬的市长先生，真对不起，孙夫人已过了规定的服药时间了，她得马上服药。"

"孙夫人身体有恙，那就赶快服药吧。"卡拉奇市市长一听，连忙不安地表示道。

"这可不礼貌呀。"宋庆龄忍着满身的奇痒，从餐桌前欠了欠身，歉疚地向卡拉奇市市长建议道，"如此美妙的食物，我还没品尝呢。市长先生是否同意让我的侍从坐在这里代表我呢?"

"同意同意。"卡拉奇市市长连连点头,"孙夫人治疗要紧,就请便吧。"

就这样,靳山旺机智巧妙地帮助宋庆龄渡过了一个难关。

巧换茅台酒

　　1956年2月12日，宋庆龄率领中华人民共和国高级代表团结束了对印度、巴基斯坦、缅甸等国的访问后，回到了祖国。飞机降落在云南昆明机场，代表团一行下榻新卢公馆（著名抗日爱国将领卢汉的别墅）。稍作休息，第二天宋庆龄就带领代表团的全体成员，对云南省晋宁县、阿拉乡、云南纸烟厂等十个地方进行视察。

　　宋庆龄对云南省的特别关注，令云南省党政领导十分感动。在结束考察准备回北京的前夜，云南省党政方面发出邀请，希望能表达他们的谢意。但是，由于身体的原因，宋庆龄没有赴宴，她让代表团全体成员出席了宴会，同时指名让靳山旺代表她在宴会上致词（在结束对印度的访问时，靳山旺曾根据宋庆龄的临时指示，代表宋庆龄在印度新德里举行的欢送宴会上作了即兴发言），表示她对云南省委、省人民委员会的答谢之意。

　　但是，这次靳山旺可不敢接受了，因为上次他奉命代表宋庆龄在印度新德里举行的欢送宴会上即兴发表了几句答谢词后，受到了印度方面的特别注意，大家轮番向他敬酒致谢，结果，致使本来酒量就不大的靳山旺酩酊大醉，第二天还头昏脑涨。他毕竟与警卫秘书隋学芳和警卫干事梁慰慈他们不一样，肩头担负着周恩来总理与罗瑞卿部长的重托，要时刻保护宋庆龄的安全。

面对宋庆龄的委托，靳山旺没有立刻反对，等梁慰慈他们出去后，他才向宋庆龄推辞道："副委员长，侬让我代表侬讲几句答谢的话，没问题；但侬要我代表侬喝酒，这可不行。我还要保卫侬呢！如果我喝醉了，我还能保卫侬吗？"

宋庆龄笑了："看我，忘记侬的职责了。"

靳山旺连忙建议道："不要紧，侬可以马上换代表。"

"换隋干事？"

"对。只有隋干事最合适，他酒量大，口才也好，应该换他去的。要不要我现在去把他请来？"

"不来事格。"宋庆龄刚想同意靳山旺的建议，又面露难色地说，"因为刚才我已当着大家的面下了命令了，现在再换隋干事，他要不高兴的。"

"这有啥不高兴的？我马上去请他来。"

"不来事，不来事的。"宋庆龄左思右想总觉得不合适，"这样，就算隋干事没意见，人家也要说我朝令夕改的。朝令夕改侬懂吗？"

靳山旺不懂朝令夕改是什么意思，估计是与军中无戏言的意思差不多。他有些着急："那，我真要喝醉了怎么办呀？"

"侬少喝点，控制一点。"又说，"这个我就不管了，反正，外事访问已结束了，在外国这四五十天里，你也够辛苦了，喝得高兴一点也是应该的。"说完，宋庆龄戴上老花眼镜，审阅一份刚才廖承志送来的文件，不再理靳山旺了。

靳山旺只得硬着头皮去。这晚，云南省和昆明市的主要领导都来出席晚宴了，大餐厅里的餐桌上，每桌都摆着几瓶高度茅台酒。

宴会开始前，是欢迎仪式。靳山旺代表宋庆龄上台致答谢词。是梁慰慈帮他写的发言稿。

欢迎仪式过后，酒宴就正式开始了。

云南省的省长副省长已挨桌开始轮番敬酒来了。靳山旺正在心里打鼓。

"咕咚咚——"，梁慰慈一侧手，就给靳山旺的高脚小酒杯倒满了，气得靳山旺在桌底下用脚直踢他。

省领导敬酒，靳山旺不好推辞一仰脖子把杯里的液体一饮而尽，他的两眼直了：白开水？原来自己酒杯里倒的都是凉白开！不知什么时候，梁慰慈把一瓶装满白开水的茅台酒放到了自己的面前！

待首长们敬完这桌转到别桌去的时候，靳山旺不无感激地在梁慰慈的耳边轻声说道："慰慈，我真心地佩服你，什么时候练得像魔术师一样的本事了？"

梁慰慈低声道："你应该说感谢才对呀，要不是我帮你换了这瓶白开水，你今晚可就又得牺牲啦！"

"要谢也得谢老太太，如果不是她的命令，你敢这样帮着我吗？"靳山旺心明如镜：如果不是宋庆龄的特别关照，梁慰慈说什么也不敢在这种场合弄虚作假的。

第二天早上，宋庆龄见到靳山旺后的第一句话就是："大炮，昨晚你没喝醉吧？"靳山旺心头一热，不无感激地"啪"的一个立正，回话说："报告委员长，没喝醉！"话音刚落，宋庆龄就和他一起不约而同地笑了起来。

抽烟

不是原则性错误

刚到宋庆龄身边工作时，年轻的靳山旺还没学会抽烟。

在跟随宋庆龄出访期间，听说抽烟可以抵制瞌睡虫的侵扰，靳山旺在通宵值班时，就试着抽上一两支烟。打从回国后，靳山旺就有了烟瘾，一俟闲下无事时，就想抽一支烟解解无聊了。这天，靳山旺的烟瘾上来了，他就到方巾巷寓所的花园里点上一支烟过过瘾。

这一幕刚好被楼上的宋庆龄看到了。

宋庆龄把靳山旺叫到楼上。

"大炮，侬勿是不会抽烟的吗？"宋庆龄望着靳山旺，有点玩笑的意思。

"我没有哇。"靳山旺还不想承认。

"侬哪能勿老实呢？刚才我在阳台上，亲眼看到侬把烟头扔掉的。"

"我、我只是偶尔抽一支，是好白相随便抽抽的。"靳山旺慌忙地回答，之前宋庆龄曾敬过他烟，但他都推说不会，谢绝了。

"我又呒没批评侬，侬慌什么？会抽烟也不是原则性错误，侬没看见我平时经常也要抽烟的吗？"宋庆龄望着靳山旺的尴尬忍不住笑了。

1975年，靳山旺从江西的"五七干校"获准回家探亲。他在中途路过上海时，特意下了火车，专程前往淮海中路1843号去看望宋庆龄。

辞别时，宋庆龄还送了他两条"熊猫"牌香烟。靳山旺一直还记忆忧新：一条是长包装的，一条是方盒子包装的。靳山旺与宋庆龄客气推让，反被老太太笑着嗔怪道："勿要和我假客气了，这么多年，侬这根烟枪呀，早变成老枪了！"

1956 年 5 月 1 日那天，周和康怀揣着组织开的介绍信，前往上海淮海中路上的宋庆龄寓所报到，从此开始了他二十多年的上海寓所管理员工作。

　　在他之前，宋庆龄家中共用过四任生活管理员。

　　第一任名叫谭明德，是孙中山家中早年的广州籍女佣谭老太的儿子，当时俗称"跟班"。他自从 1942 年春天起到宋庆龄身边工作，宋庆龄有外出活动时，他大多跟随在左右；1945 年抗战胜利后，谭明德跟随宋庆龄从重庆回到上海，住在靖江路 45 号；中华人民共和国成立后，谭明德因患肺病，离开宋庆龄，由政府调到上海市政府大礼堂任服务员。

　　谭明德调离后，中央信托局地产处调来原任孙中山副官的陆天麟为"跟班"。新中国成立后，"跟班"一词不合适新时代，所以，陆天麟到宋家后，上上下下都习惯地称他"陆副官"或"陆管家"。遗憾的是，陆天麟做了没几年，也患上了肺结核。于是，陆天麟回家治病，介绍他的亲弟弟陆志辉前来顶替。

　　但是，陆志辉不是共产党员，不适合在国家副主席的身边从事如此重要的工作。几年后，经考虑，宋庆龄向党组织提出要求，请组织上再委派一位更为合适的人来寓所配合李燕娥，全面负责家中内务管理的工作。陆志辉离开宋庆龄，调到上海市房产系统去工作了。

根据宋庆龄的要求，上海市人民政府办公厅行政处调派曾在解放军某部担任首长警卫员的戴秉书前往宋庆龄上海寓所任管家。有关戴秉书的记录很少。

然而没多久，戴秉书也因病离开了淮海中路宋庆龄寓所。

就这样，周和康成了宋宅的第五任管家。

周和康，一个浓眉大眼、英姿勃发、中等身材的小伙子。他 1925 年农历十月十五日出生于浙江宁波鄞县（现鄞州区）钟公庙镇傅家耷周家村的一个职员家庭；十岁时，其父逝世，顶梁柱倒塌，全家陷入了贫困窘迫之境。周和康共有四个兄弟姐妹，最大的阿姐十四岁，最小的阿妹与阿弟才分别为五岁与两岁！在舅舅的资助下，母亲硬撑着把周和康抚养到十四岁，就再也无以为继了。无奈，年仅十四岁的周和康只得忍痛割爱，从他就读的宁波市四眼碶初级中学肄业，在亲戚的帮助下，只身来到上海，进入地处上海建国中路 326 号的一家南货店当学徒。学徒期满后，当了名"跑街"（即如今的推销员），专为南货店推销瓜子小吃等炒货食品。

1946 年 3 月，机敏能干的周和康被美国人开的万国转运公司经理看中，进公司当了名外勤理货员，专事报关、运输与仓储。

1954 年 10 月，这家外商企业歇业，周和康协助公司完成清理工作后，来到黄浦区运报行业委员会工作，任组员。但只干了三个月，他那忠诚踏实的工作作风、勤快熟练的业务能力，就引起了黄浦区运报行业委员会党组织的注意。1955 年 1 月至 1956 年 2 月，他被组织上任命为中苏友好大厦经保处纠察科小队长。

这时，周和康的人生又进入了一个崭新的阶段：1955 年 5 月 26 日，他光荣地加入了中国共产党……

周和康在宋庆龄上海寓所的内务管理工作二十多年，承担了大大小小的事务。包括：安全保卫、食物采购、为首长送信、财务记账、房屋修缮、收发信件、寓所内部人员协调、清洁卫生等。由于他吃苦耐劳、勤恳踏实，每一件工作都完成得非常好，宋庆龄由衷地信任他，二十多年中，宋庆龄先后向周和康寄送了七十多封亲笔信和便函，1969 年她把孙中山先生生前穿过的两件中山装赠送给周和康作为纪念，又把一些极为私密的心事，写信向周和康诉说，还对周和康说"我当你为我自己的亲人"。

1985 年，周和康调任上海孙中山故居接待科，直到退休。

从 1956 年开始，宋庆龄就开始利用每次回上海的机会，分批清理与上交孙中山的遗物了。

　　上海的管理员周和康至今仍保留着每一次清理与上交物品的清单。

　　1956 年 11 月，宋庆龄在上海寓所里整理出一批珍藏了三十多年的孙中山的手稿。她把这些文献寄给北京的孙中山先生诞辰九十周年筹备委员会。在这批送往北京的重要文献中，有孙中山执笔的《建国大纲》的手稿；另有，孙中山手札墨迹一本六十页、以前革命活动的珍贵照片一百多张、孙中山和宋庆龄合拍的照片等物，整整装了一个大木箱。

　　在整理文物的同时，宋庆龄还指导孙中山故居的修缮和陈设布置工作，使客厅、餐厅、办公室、寝室保持着原来的风格和形式。

　　1958 年 5 月，宋庆龄将一把整理出来的孙中山任大元帅时的指挥刀交给周和康，并嘱咐他说："周同志，请你将这把刀送到故居去陈列。这把刀是孙先生在 1922 年北伐时任大元帅的指挥刀，要陈列在故居餐厅里壁炉架右侧长茶桌中间。"

　　1958 年 12 月 3 日，朝鲜国家主席金日成参观孙中山故居。宋庆龄指示警卫秘书隋学芳和周和康一起去故居，由隋学芳担任讲解。

1965 年 3 月 12 日，是孙中山先生逝世四十周年纪念日。宋庆龄指示周和康和警卫秘书孙国印一起去孙中山故居接待客人，由周和康讲解。

8 月 10 日，宋庆龄指示周和康，把在孙中山故居客厅、餐厅壁炉架上面的孙中山先生的照片，连同镜框一起拿到淮海中路寓所给她看，然后让他根据原样，各翻印两张；镜框按原样各做一个，准备带到北京使用。

在北京期间，她也经常向上海寓所的李燕娥与周和康询问、关心孙中山故居的接待情况，并叮嘱周和康要经常去故居看看，注意那边的清洁工作。尤其是每年的 3 月 12 日与 11 月 12 日，这两天是孙中山逝世与诞辰纪念日，宋庆龄若不在上海，周和康会及时地写信给她，向她汇报这两天中的纪念活动的情况。

1980 年 10 月，美国的伊罗生夫妇要到上海参观孙中山的故居，周和康接连收到张珏执笔的宋庆龄的来信，告知"美国伊罗生夫妇是首长很亲近的朋友，三五日内到沪参观中山故居。过去他们常到故居看望首长。请即通知看管故居的同志进行一次彻底的清洁卫生"。接着，她又在另一封来信中告知周和康说："这封信写好后，首长又有一指示如后：'请你为伊罗生夫妇找一个好的摄影者，在他们参观时（指参观故居时）拍照，一张寄给首长留作纪念；另一张给伊罗生夫妇。'"

周和康即遵照宋庆龄的来信指示，通知孙中山故居的杨永禧，立即进行清洁卫生大扫除，全面做好各项准备工作，欢迎伊罗生夫妇到故居来参观。10 月 29 日上午，伊罗生夫妇在市外事办公室的同志陪同下，前往孙中山故居参观，由周和康作了详细的讲解，并一起拍照合影留念。当时共拍了十四张，印了四套：一套寄送北京宋庆龄，一套送给伊罗生夫妇，一套留在孙中山故居，一套送给周和康自己留念。

那么，宋庆龄何以对这对来自美国的伊罗生夫妇给予如此特别的关注呢？这里有个历史渊源。

抗日战争时期，伊罗生曾在上海主编《中国呼声》杂志，进行抗日宣传，对宋庆龄的各个方面帮助都很大，并经常到香山路 7 号去看望宋庆龄。

在 1933 年春天，宋庆龄亲自到外滩码头迎接诺贝尔文学奖获得者萧伯纳，并设家宴招待。那天，接待萧伯纳的还有鲁迅、蔡元培、伊罗生、史沫特莱和林语堂。

在整理孙中山遗物的过程中，宋庆龄都没提出任何反对意见，唯有那尊孙中山的铜像，使她感到不满意。

周和康清晰地记得，这尊铜像是在 1956 年底，从余庆路 80 号内院子里（据说该处原是国民党区党部）装运到香山路 7 号的孙中山故居存放的。

1957 年春天，宋庆龄来到故居视察这尊铜像。

那天，宋庆龄先到故居看了看楼上楼下的各个房间，然后就来到汽车间视察这尊孙中山铜像。宋庆龄站在铜像前，左看右看了一番，摇摇头，只说了一句"这个铜像不像孙先生，不要摆"，然后就回头上车回淮海中路寓所去了。

后来这尊铜像被运到了荣昌路 60 号的汽车间存放。1985 年后从荣昌路 60 号搬回故居汽车间内存放。

1976 年，宋庆龄将孙中山遗物中有价值的部分上交国家，分别送往了中国福利会、上海市文物保管委员会、上海博物馆。现在，这批文物都珍藏在上海博物馆。

1977 年宋庆龄把剩余下来的最后一批文物清理完毕，封存在新楼里。

1979 年 1 月，宋庆龄把广州中山大学孙中山纪念馆精装画册一本交给周和康，嘱周送交上海孙中山故居存放。该画册是红色丝绒面的，是中山大学献给宋庆龄作留念的。

维护孙中山故居，清理孙中山遗物，这个过程前后持续了二十一年。

1957 年 >>>

"我这里再不方便，也会自己克服的。"

　　1957 年秋末，靳山旺打算离开宋庆龄，一则他与隋学芳有矛盾，不便继续合作。二则他想在政治上争取到更大的进步。为了既能不伤了宋庆龄的心，又能如愿以偿地离开，靳山旺以上军校为名，请宋庆龄放他走。

　　平时只要宋庆龄身边的人有进步的机会，她都会忍痛割爱、予以放行的，她决不会因为个人私利，而影响了人家的进步。不巧，上个月军校报名已经结束。靳山旺就编了军校破例招生的谎话。

　　1957 年年底的一天，靳山旺怀着愧疚的心情，来到宋庆龄面前，鼓足勇气地开了口："宋副主席，最近，组织上找我谈了，打算把我送到军校去学习……"

　　"这是好事呀，大炮。"果然，宋庆龄一听就高兴了，"你在我身边提了职，还从我身边送出去读书深造，这也是我宋庆龄的光荣呀！"宋庆龄信以为真。

　　"可是、可是这样，我就得、就得暂时、暂时离开侬了。"

　　这倒是一个棘手的问题。宋庆龄刚才光顾着为靳山旺高兴，一时没想到这个问题，不由陷入困惑中。但是，很快她就说服了自己，说："那又怎么办呢？侬还年轻，前途远大着呢，我总不能因此而成为侬前进的绊脚石呀。好在读书只不过两三年的时间，是暂时的。"接着，宋庆龄反过来劝慰靳山旺，"大炮呀，侬就安心地去深造读书吧。我这里再不方便，也会自己克服的。只是侬毕业后，就马上回来，我等侬。"

"谢谢宋副主席。"听到这里，靳山旺感动得眼眶都湿润了。

宋庆龄十分不舍得"大炮"离开自己，为此，那天她特意吩咐厨房的温师傅做了几个拿手菜，在家中摆了一桌丰盛的酒宴，欢送靳山旺上军校深造。当时，隋学芳等几位年轻人，都出席了欢送宴。

遗憾的是，军校没有破例，毛泽东、周恩来等书记的身边也不缺人，靳山旺被安排到沈钧儒身边担任卫士长。

一次国务院在中南海勤政殿召开国务会议，靳山旺护送沈钧儒去了中南海。在勤政殿门口，一手搀扶着沈钧儒的靳山旺，与刚走下吉斯轿车的宋庆龄撞了个正着。宋庆龄看见他后，惊奇地问道："呀，大炮，侬勿是上军校去了吗？怎么在沈老身边工作了呀？"

靳山旺一边上前向宋庆龄请安，一边答道："军校暂时不去了，领导让我先在沈老身边帮几天忙后再去。"

"原来是这样。"宋庆龄并不怀疑，笑着对沈钧儒介绍道："沈老，小靳同志是个非常好的同志，当时放他走，我还真不舍得呢。"

"是的是的。"沈钧儒一边捋着他那把飘拂的大胡子，一边满意地点头笑道。

就在这一年，刘伯承元帅的原副官汪耀华有病不能工作，靳山旺被组织调配到刘伯承元帅的身边任副官。当时，刘伯承住在南京玄武湖的鸡鸣寺畔，兼任中国人民解放军军事学院的院长。

一到南京，靳山旺就给宋庆龄去了一封信，在信中说"我现在在刘伯承元帅的身边任副官"。

信是南京寄出的，刘伯承元帅又时任军事学院的院长，靳山旺在南京读书深造的假象更逼真了。宋庆龄见信后，从心底里为"大炮"的进步而高兴。

从此，靳山旺上南京军校深造的事，就永远地留在了宋庆龄的印象中，直到她过世，仍这么认为。

1958 年 >>>

寓所里的炼钢时间，从每天早上 8 时开始，一直到下午 6 时
结束，中间不休息，午饭轮流吃。

1958 年下半年，党中央发动了"以钢为纲，以粮为纲"的"大跃进"运动。上海市各单位各部门也与全国各地一样，掀起了土法上马、大炼钢铁的热潮。这年 10 月上旬，为响应党中央"以钢为纲"的号召，时任全国人民代表大会常务委员会副委员长的宋庆龄几经思考，决定在上海寓所中土法上马、炼造钢铁了。她认为炼钢的同时也是在炼人，所以她建议并鼓励她的秘书、花匠、厨师、管理员和其他工作人员一起参加。

　　锻炼钢铁需要场地。为了保护寓所庭院的草地和树木，大家一致选择后花园靠近辅楼秘书室楼下、西北方向的一个犄角处，作为炼钢场地。宋庆龄说："这个地方，作为炼钢场地很好，既能保护好庭院绿化和树木，又能使群众看到我们炼钢铁的劳动场面，现在你们可以立即行动起来，做好一切准备工作。"

　　锻炼钢铁需要原材料。周和康清晰地记得，当时所有的炼钢原料，包括废钢铁、工具设备、耐火砖等物，都是由隋学芳和他一起从市机关事务管理局设在中苏友好大厦的炼钢基地直接领取的。只有块煤是从寓所烧水汀炉用的煤炭中选来的。炼好后的钢材，都要及时送到基地登记存放。

　　此外，经宋庆龄同意，家中仓库里的一些废铜烂铁与闲置不用的铁锅、

◇ 1958 年 10 月，宋庆龄带领工作人员在上海寓所"大炼钢铁"。左一为宋庆龄，左二为隋学芳，右二为周和康，右一为韩松涛

勺子等都作为原料，家在上海的工作人员把各自家中的可回炉的金属，也拿来寓所，作为锻炼钢铁的原材料。

准备工作就绪，大家立即动手，搭建起一座简易竹棚，又用耐火砖砌起一个土炉灶。炉灶由绿化工王宝兴主要负责，其他人作为助手帮忙，花了两个多小时就砌完了。

第二天，大家开始土法炼钢。大家把煤块点燃后，发现火力不够旺，就把木风箱装在旁边，接上一根铁管，轮流去拉风箱。烧了一会儿等废钢铁烧红变软，马上拿出来，抢起铁锤，敲敲打打一番，这就算是土法炼钢了。

1958年11月5日，深秋的午后，天高云淡，阳光明媚，整个后花园，沐浴在金色的光辉中。宋庆龄神采奕奕，身着深色风衣，由李燕娥陪着，健步来到炼钢场地——简易竹棚下，她亲切地对工作人员说道："同志们好，你们辛苦了。"工作人员不约而同齐声说："首长好，欢迎您亲临现场指导炼钢工作。"

话音落，宋庆龄从风衣口袋里取出一副太阳眼镜和一双纱手套，分别戴上了，道："同志们，为了响应毛主席大炼钢铁的号召，今天我要和同志们一起来参加土法上马的大炼钢铁劳动，请大家注意安全生产，做好防火工作和劳动保护。"说着，她就上前一步，从一位警卫秘书手中接过一把大铁钳，亲自在炉前掌钳。但见她用双手紧握大铁钳，夹住钢块，任凭韩松涛和周和康的两把铁榔头，上下挥舞，不断敲打在通红的钢块上。随着一锤锤的锻打，钢花四溅，闪闪发光。

在叮叮当当的锤打声中，宋庆龄全神贯注，双手紧握铁钳，钳住钢材，毫无半点惧色，坚持到最后锻打完工。在高温的灼烤下，她的额头上已是细汗涔涔。宋庆龄从口袋里取出手帕，在额头上轻轻擦拭一下后，这才笑容满面地和大家挥手道别。

宋庆龄以一个普通劳动者的身份和工作人员一起参加大炼钢铁的动人情景，被人用照相机拍了下来。这张黑白照片，周和康视若家珍，笔者在他家进行采访时，还在他家客厅的墙壁上，看见了这幅放大了的照片呢！

据周和康回忆，当时和宋庆龄一起参与土法锻炼钢铁的是隋学芳、韩松涛、王岳、张建俊、程瑞庭、刘春林、王宝兴和他自己。

大炼钢铁运动开展一段时间后，中央提出新的指示——需要提高炼钢产品的质量。由于家中的工作人员长期在机关工作，对炼钢实在是一窍不通。为此，市机关事务管理局特地选派诸根生同志前往宋庆龄寓所现场指导工作，开始坩埚炼钢。为了适应坩埚炼钢场地的需要，宋庆龄嘱咐绿化工王宝兴想办法，把后花园西北角靠近垃圾箱旁原来种植花苗的一块土地腾出来，平整一下，作为坩埚炼钢的场地，再把原有的简易竹棚拆迁到该处，重新砌好坩埚炼钢的炉灶，开始炼钢。

所谓坩埚炼钢，就是把碎钢块放在坩埚内，加入一定比例的化工原料，紧紧盖上后，移放在炉灶里，烧煤炭，接通鼓风机，吹旺火力，等坩埚内的碎钢块熔化为炽白的钢水，然后将钢水倒入预先翻砂好的模具里，铸浇成小钢锭就完成了。诸根生现场指导，大家努力工作，浇铸出来的钢锭，质量较好，每日产量在一百五十公斤至二百公斤。

寓所里的炼钢时间，从每天早上 8 时开始，一直到下午 6 时结束，中间不休息，午饭轮流吃。炼钢工作很累，大家手上都磨出了血泡，腰也累得直不起来了，但是大家始终热情高涨，全心全意地投入到了大炼钢铁运动中。

值得一提的是在结束炼钢的前几天，大家用坩埚炼出的钢水，浇铸出二十多把小榔头，然后配上自制的木柄，系上红绸带。他们选择质量最好的一把小榔头，由警卫秘书代表大家赠送给宋庆龄，作为大炼钢铁的纪念品，宋庆龄十分高兴地收下了这件礼物。参加大炼钢铁的工作人员，每人都分到一把小榔头，留作纪念。

寓所中的炼钢运动，持续有两个月之久。遵照宋庆龄的指示，运动结束后，大家一起动手，拆除简易竹棚和炉灶，平整土地，恢复原状，并将剩余下来的原材料和工具设备等物，全部退回给中苏友好大厦炼钢基地。

最珍贵的
三张老唱片

　　上海寓所的主楼客厅里，摆放着一套组合音响，那是 1958 年 6 月 20 日中国福利会成立二十周年之际，上海市委、市人民委员会赠送的。礼物共计七件，还有放在卧室茶几上的一台收音机、上海试制成功的第一只手表等。宋庆龄收到礼物后，于当天就指示周和康代为执笔，复信上海市委、市人委，表示她的感谢。

　　这套组合音响在当时还不多见，宋庆龄将它摆放在客厅里。在紧邻客厅的西书房，放置有一张单人木床。宋庆龄中午休息或等候医生时，就躺在西书房内单人床上，静静地享受着美妙的音乐。

　　每当这时，周和康就根据宋庆龄的喜爱，操作音响，播放诸如《蓝色安琪儿》《你的眼睛告诉我》《今夜梦中相会》《漫漫乡间路，蜿蜒向前行》等音乐。

　　在上海寓所，共有一千多张胶木质地的老唱片，都放在书橱里。其中有一套三张老唱片并不是音乐，而是孙中山的原声演讲录音。当年孙中山邀请日本人铿尾庆在上海的大中华留声唱片公司灌制的。历经半个世纪的沧桑，这三张胶木质地的老唱片完好地保存着，就连印着"胜利唱片"四个美术字的专门装唱片的纸袋，也没有破损。这是宋庆龄所有唱片中最珍贵的，但周和康从没听她播放过。宋庆龄逝世后，这套珍贵的老唱片由上海宋庆龄故居翻制成录音带。

此外，还有一张意义非凡的老唱片是美国黑人歌唱家保罗·罗伯逊演唱的。1940 年，在中国人民抗日战争的艰苦岁月里，罗伯逊曾在纽约一个露天音乐厅里用汉语演唱《义勇军进行曲》，次年又灌制包括这首歌曲在内的一套中国爱国歌曲唱片，总题为《起来》。宋庆龄亲自为她所敬重的这位美国黑人演唱家所演唱的这套唱片集写了序言。

每逢梅雨季节，周和康就会和李燕娥一起，把书橱里的所有藏书、唱片和照相簿等拿出来，先用鬃刷一件件一本本地轻轻刷掉浮尘，再用软布一件件一本本地擦拭干净，最后再夹着樟脑丸，按着原样放回书橱。

"文革"开始，宋庆龄将唱片关进书橱内，不再播放。

在北京寓所宋庆龄的卧室里，有一台 1952 年苏联政府送给她的落地式可放唱片的收音机。机旁的唱片盒里，也放着一大摞胶木质地的老唱片。其中《可怜的蝴蝶》《晚安》《当我们年轻的时候》《风流寡妇圆舞曲》等也是宋庆龄所喜欢的。"文革"开始后，这些唱片都被藏了起来。

1958 年 10 月 7 日，宋庆龄在好友沈粹缜、上海市纺织局局长张承宗等人的陪同下，前往上海国棉十七厂视察。

在国棉十七厂，宋庆龄听取了厂领导的汇报，询问工厂的生产、娱乐活动等情况；并在工人食堂同大家一起吃午饭。吃罢饭，她随即仔细阅读了反映工人们日常工作和生活中所发生的矛盾的大字报，并询问厂领导对大字报反映问题的解决情况。接着，她在工人们的簇拥下，前往各个车间参观，仔细看了工人们的新创造，并特别参观了劳动模范黄宝妹的车间，和黄宝妹紧紧握手，祝贺她为社会主义建设做出的卓越贡献。

宋庆龄还参观了工人保健站，关切地询问工人的福利情况。视察后，她又兴致勃勃地观看工人自编自演的影片《黄宝妹》。临别时，宋庆龄表示她在十七厂学到了很多东西，看到了工人们创造的奇迹。她热情赞扬工人们的创造，说他们不但是生产能手，又是文化的主人，是诗人，是演员。她鼓励工人们鼓起更大的干劲，创造更大的奇迹。

第二天，宋庆龄由上海市委书记处书记魏文伯和农村工作部部长马万杰陪同，前往上海"七一"人民公社视察。在"七一"人民公社，宋庆龄和社员说：知道你们生产干劲很大，很辛苦，特地跑来看看，一则表示慰问，再则是向农民们学习。宋庆龄听取了公社领导汇报公社的成立和生产情况，并询问公社炼钢的情形。她特别关心女社员的工作和生活，询问托儿所、幼儿园的情况和公社对怀孕妇女的照顾等。

时年六十五岁的宋庆龄还亲自到棉田参加劳动。当她见到上海第二医学院的女学生在那里帮助社员收棉花时，愉快地对她们说："我们一起来个比赛好吗？"说完就弯下身子去采摘棉花，动作很熟练。

中午，宋庆龄参观完农民食堂后，就在那里吃了午饭。午饭后，她又访问了公社的托儿所、幼儿园和保健站，观看幼儿园孩子唱歌、跳舞，还关心地询问孩子们的生活情况。临别时，她站在田头不无激动地对社员们说："今天虽然只看了公社的一部分，但已经看到人民公社的优越性，看到了共产主义的萌芽。看得出来，在党的领导下，农民的干劲和智慧是无穷无尽的。"

◇ 图1：1958年10月，宋庆龄视察上海国
　　　棉十七厂时，和工人一起在食堂
　　　进餐
◇ 图2：1958年10月，宋庆龄视察上海郊
　　　区"七一"人民公社

◆ 图1

◆ 图2

◇图1：1958年10月，宋庆龄视察人民公
　　社时和社员们在一起
◇图2：宋庆龄到上海农民家庭中访问

◆图1

◆图2

1959 年 >>>

这一年，宋庆龄的健康情况可谓是每况愈下。

毕竟是六十六岁的老人了，这一年，宋庆龄的健康情况可谓是每况愈下。因坐骨神经痛，她曾专门致信在香港中国旅行社工作的蔡福就，从香港购买了红花油，试图用涂抹红花油来减轻痛楚。

　　但红花油只是麻醉了皮肤的表层，暂时减轻涂抹之处的疼痛，用不了多久，药性过去，宋庆龄又浑身关节酸痛，坐卧不安了。她的首任保健医生力伯畏知道只有按摩，才能从根本上缓解宋庆龄的"全身关节疼痛"，但她只擅长西医内科。于是，她请了北京医院的一位女按摩师，来后海为宋庆龄做按摩。可是，那女按摩师的力气小了点，难以缓解宋庆龄的酸痛。后来，这事给王敏清知道了。

　　王敏清曾先后担任过邓小平、杨尚昆、江青等人的保健医生，他的父亲是 20 世纪 50 年代曾担任过山西省委书记的王世英。王敏清把这个情况告诉他的父亲，王世英就向力伯畏介绍了一位名叫杨青山的按摩医生。

　　与此同时，樊清江教授（山西省卫生厅原厅长）在得知宋庆龄的病情后，也把杨青山推荐给了宋庆龄。

　　杨青山是山西榆县人，是王世英父子的老乡，他自幼因家贫无钱上学，从小就随亲友到沈阳闯荡，学理发手艺。沈阳有一位按摩师，看到勤奋好学的杨青山非常喜爱，便收他为徒。从此，杨青山开始学习按摩技术。九一八事变后，东北沦陷，杨青山便回到家乡太原。

1952年，王世英患病，经樊清江教授介绍，杨青山给他做按摩，不久便随王世英一起到了北京。杨青山除了给王世英做按摩外，有时也给中央的一些领导做按摩。1957年前后，杨青山正式调到北京中央保健局工作。

据王敏清和樊清江介绍：杨青山医师为患者做按摩刚柔并济，其医术也很高超，他那手源自道教的"敲身振骨法"，科学而又有实效。其原理是通过骨的传导来通经活络（因经络是附在骨上的），经络是人体运行气血的通路，内部通向脏腑，外部通向全身体表，在体表则分布许多输穴，故通过敲击身体骨骼来震动经脉达到阴阳平衡、祛病强身的效果。杨青山的敲身振骨法还可增强免疫力，具有延年益寿的功效。

接受过杨青山按摩的领导们都认为杨青山的按摩法通用于身体各个部位，而且有意想不到的疗效。杨青山被称为"神槌"，病痛者被敲击完后会感到全身舒畅，精力旺盛。

两位省级领导都介绍这个人，而且他的技法很科学，宋庆龄心动了，决定试试。

由于杨青山是个男医生，宋庆龄有些忌讳，每次杨青山为她按摩时，她都让力伯畏或黎沛华等女秘书陪同在一边。

杨青山给宋庆龄做按摩，十分卖力，通常在做完按摩后，他自己已是大汗淋漓。

按摩的效果果然很显著。每次按摩下来，宋庆龄总会感到浑身轻松，身上的疼痛消失了，而且可以一连几天不感到那么强烈的疼痛。

宋庆龄非常感激杨青山这把"神槌"。

好几次治疗完，宋庆龄都热情地留杨青山与力伯畏在家中一起用餐。力伯畏清楚地记得，每次用餐时，宋庆龄都请力伯畏坐在她前方的第一个位子上，年长的黎沛华秘书则坐在右前方的第一个位子上。饭菜很简单，宋庆龄喜欢喝清淡的猪肺汤。夏天有西瓜的时候，宋庆龄还教大家把西瓜切成片，再往瓜瓤上面洒点盐，这样的西瓜吃起来，味道果然很好。

在陪宋庆龄做按摩治疗时，力伯畏发现由于宋庆龄个子矮，坐在椅子上接受按摩时，她的两脚不能着地借力，故而很不舒服。于是，力伯畏和杨青山一起，共同为宋庆龄设计制作了一把模样奇怪的椅子。

这把椅子前边宽，后边窄，这样宋庆龄面对椅背坐着时，比较舒服。同时，椅子的高度比普通椅子低，宋庆龄的两脚都可以着地。他们又在椅背上方裹上松软宽厚的海绵，以便宋庆龄把双臂搁在海绵椅背上做手臂治疗时能舒服些。

这把特制的椅子宋庆龄非常喜欢，后来她还专门仿制了一把，放在写字台前，她写字时就坐这把特殊的椅子。

1968 年至 1977 年期间，杨青山多次回山西。一方面进行实地按摩调查研究，收集资料，一方面培训按摩培训班的学员，同时，他还根据自己一生的按摩经验，编写了一部题为《杨青山按摩经验集》的专业书籍。1978 年 8 月，书稿完成后，他想请宋庆龄为此书题词。

宋庆龄欣然同意，亲笔为此书题写："按摩疗法是祖国的医学遗产，应努力发掘加以提高，更好地为人民服务。"

在宋庆龄进入晚年后，曾先后有八位按摩师与按摩医生（护士）为她做过按摩，保姆钟兴宝与顾金凤也无师自通地充当过她的按摩师。整整陪伴了宋庆龄九年的保姆顾金凤因年轻力气大，被宋庆龄誉为"大力士"，所以她为宋庆龄按摩的次数较多，除了洗澡、梳头时要按摩外，入睡前，每天也按摩一次，她深得宋庆龄的喜爱。

　　力伯畏之所以获得宋庆龄特别的信任，这与她坚守保健医生的保密纪律不无关系。

　　力伯畏是 1949 年新中国成立前夕从北京大学医学院毕业的。毕业后，她就被分配到了中央卫生部傅连暲副部长的办公室，开始了从事党和国家领导人的医疗保健工作的生涯，并亲历了中央保健委员会整个创始过程。中央保健局的前身是中央卫生部办公室，地点在北京城东弓弦胡同 2 号，直接受中央卫生部副部长傅连暲领导。外界不了解中央保健委员会，办公室为了工作方便，对外就称傅连暲办公室。

　　党和国家领导人保健工作的制度和规范，是在保健工作的实践过程中逐渐完善的。作为党和国家领导人的保健医生基地的中央保健委员会的第一任领导傅连暲，对医疗保健工作要求很严格，每当有新的医务人员来到中央保健委员会，他都要亲自与之谈话，把保健工作中的一些基本要求、保健对象的一些基本情况向对方认真地交代外，特别强调的就是保密纪律。例如担任首长医疗保健工作的医务人员，平时尽量不写信，更不允许在信件中提及自己的工作情况；不允许和与工作无关的人员来往；不允许私自到保健对象家去串门；保健对象改变后，不允许再私自与原保健对象联系；

不允许与首长照相。若是跟随首长外出,看见有人拿着相机给首长照相,就要及时地躲开镜头。保健医生到首长家探访、治疗等,保密纪律也有规定。首长家的住址、电话,只能记在脑子里,不能写下来;不许问任何与医疗无关的事;在首长家里听到的话,不许在外传播。在首长家进行治疗时,往往要摊开一些医疗器械,在摊摆这些物品时,作为保健医生与护士,必须离首长的办公桌远远的;不得已要放在首长的办公桌上时,不许偷看放在桌上的文稿、文件。

保健医生出诊回来,都要及时把出诊的情况,向傅连暲作汇报,他往往对汇报加以点评,提出哪件做得对,哪件做得不对。后来,中央保健局成立,力伯畏担任了中央保健局医疗科副科长,向新来的保健医护人员交代纪律的人,便由傅连暲换成了力伯畏。如果傅连暲抽不出身听取汇报,保健医生就将出诊的情况,先向力伯畏反映,再由她转告傅连暲。

通过这种不断的点评与汇报,保健医生们逐渐积累了为中央首长保健的工作经验,后经力伯畏整理后形成了比较完整的体系,再修订为健全的制度。

有时遇上一些疑难杂症,保健医生无法医治,就得请相关专家教授来为首长诊断。请专家或教授给中央首长看病的程序大致是这样的:由保健医生先向中央卫生部申请,中央卫生部认可后,保健医生根据这位领导人的症状,通过他们的个人关系,了解相关被请医疗专家或教授的医术及个人情况。经过了解,确定请某位专家或教授后,保健医生就向这位专家或教授预约门诊时间。但并不告知被诊治的人的姓名,通常预约的时间是在医院下班之后。了解专家或教授的情况时,最主要的一点,是要了解他们的政治立场和态度,如是否有违进步倾向等。为了中央领导人的安全,这方面的工作都进行得非常谨慎。

中央首长的保健医生有着严格的保密纪律,在特殊情况下(如必须使用大型医疗设备进行全身检查时),中央首长需要去医院就诊时,也都是使用假名与假单位的。

据力伯畏和顾承敏医生回忆，那时，党和国家领导人去得比较多的是北京医院或协和医院。确定就诊时间后，保健医生总是先到医院门诊大楼前的台阶那边等着，看见首长的汽车来了，就迎过去，然后带着来人就诊。后来，医院的门卫都认识她们了，一看见她们来了，就知道过一会儿准有首长坐车来看病。

中央首长到医院看病时，门口一般要填写"出入证"。保健医生只好填写"力伯畏等二人"或"顾承敏等二人"，以避免暴露首长的身份。

但在里面问诊治疗时，保健医生就无法代替了，因为无论是病历上还是在处方笺上，总得填写患者或检查者的姓名与工作单位。于是，在中央首长的病历上或处方笺上，姓名和单位这两栏里一般都填写假名。

据力伯畏回忆，像毛泽东的名字，沿用的是他在转战陕北时的假名"李得胜"，所在单位填写的是"劳动大学"；而像宋庆龄去北京医院就诊时，张珏为她填写的姓名是"林泰"，单位填写的是"北京市妇联"。

1964 年初，宋庆龄应锡兰（斯里兰卡）总理西丽玛沃·班达拉奈克夫人之邀前往该国访问。临行前，宋庆龄还主动提出要力伯畏和杨青山一起陪她出国。当时力伯畏不在北京，她陪着李富春、蔡畅去了广东。接到组织的通知后，力伯畏安排好广东的事情后，就赶到上海，与宋庆龄一同出发。

他们是先乘坐飞机到东巴基斯坦的达卡市，在那里与周恩来、陈毅会合，再一同飞向锡兰首都。力伯畏记得当时专机的客舱里有一张桌子，途中，周恩来总理就坐在桌子的一侧，与宋庆龄说话。宋庆龄则一直让力伯畏坐在她身边陪着。

当飞机要到达锡兰的首都科伦坡的时候，周恩来忽然想起了什么，就笑着对坐在宋庆龄身边的力伯畏建议道："小力，等会儿下飞机时，你搀一下宋副主席。"

力伯畏听了总理的建议后，竟想也没想地回答说："总理，我不能搀的。"

原来，力伯畏第一时间想到的是傅连暲让她谨记的那条"在公开场合下不能搀首长太近，不能被拍上镜头"的纪律。她知道首长们在下飞机时，记者肯定要给首长们拍照，她唯恐自己因此破坏了保密纪律，在一边搀扶时被人家装进镜头。

结果，飞机在科伦坡机场降落后，周恩来总理只好亲自搀扶着宋庆龄一起走下了飞机。

许多年以后，力伯畏回想起此事，仍深深自责，她埋怨自己做事太刻板："吴旭君担任毛主席的护士长和他老人家在一起的时候，不是也总搀扶着毛主席的吗？我那时怎么就那么笨呢？既然总理都这样要求你了，你还要一丝不苟地按规定做，这样实在是太死板、太教条了！"

直到如今，回忆起那段难忘的往事，力伯畏总为自己没有与宋庆龄合影而遗憾。

当然，力伯畏在担任中央首长保健医生期间，也有着难言的苦楚。因保密纪律需要，力伯畏把新家都搬进了中南海。与张履谦举办婚礼的那天，家人和亲友为他们在外面举行了婚礼。前来贺喜的家人和亲友们因都不知道他们的新房安在哪里。力伯畏每次回到新房时，总是静悄悄的，就连她的左邻右舍，也是在好久之后才知道她已结婚了。"知道我结婚的人不知道我住哪儿；知道我住哪儿的人，却不知道我已结婚了。"对此，力伯畏感叹不已。

直到后来搬出了中南海，家人和亲友也没能进入中南海看到她安在中南海中的新房。

第二章

1960 年—1966 年：

在现实和理想之间辗转

1960 年 >>>

"我这里正巧有一身衣裳,你拿去穿一穿,看看是不是合身。"

1960 年 9 月下旬，一日宋庆龄忽然问钟兴宝："兴宝，你的儿子到了北京，怎么也不到家里来看看你呀？"

"回太太，来过了。"钟兴宝连连点头答道。

"我怎么没看见他呢？"

"那天他来时，您正好在外面开会呢。"

"哦。那么，这个礼拜日，你叫他来一趟，我要见见他。"

"谢谢太太。我这就叫张秘书去打电话给他。"

原来，钟兴宝那二十四岁的儿子尤顺孚考取了北京工学院，进京求学来了。这事，宋庆龄是知道的。尤顺孚平时寄宿在学校里，只有星期六下午放学后，才来到妈妈身边住上一晚。当时，为庆祝建国十一周年，参加10 月 1 日在北京天安门举行的国庆大游行，北京工学院列编为"首都民兵师"第二方队（当时共有十个方队）。根据游行规定，凡参加游行的民兵，一律内穿白衬衣，外穿蓝色学生装。尤顺孚家庭生活并不富裕，眼看国庆节要到了，他那身参加游行时要穿的衣服还没落实，他悄悄地把这事告诉了妈妈，可是，妈妈也一时拿不出钱去购买。钟兴宝有些为难。那天她把这事告诉了宋庆龄。

◇左起：钟兴宝、周和康、李燕娥、
周玉龙1960年圣诞节合影于宋庆龄
上海寓所

星期日，尤顺孚应命匆匆来到北海西河沿8号。

北海西河沿即今北京西城区前海西街18号郭沫若纪念馆。它原是清朝年间恭王府的马号。民国初年，乐达仁堂购买了这片地产，修建了现在的庭院。宋庆龄寓所没搬进来前，它是蒙古人民共和国驻华大使馆馆舍。去年因方巾巷需要修缮，宋庆龄才根据周恩来的指示，把北京的寓所从方巾巷搬到这里。

尤顺孚到家的时候，钟兴宝正在楼下洗衣服。母子相见后，尤顺孚不知等下见了宋庆龄该怎么称呼，便求教于妈妈。钟兴宝想了想，就告诉儿子说，她一向称宋庆龄为"太太"的，儿子比她小一辈，应该称宋庆龄为"老太太"。所以，当尤顺孚在母亲的前引下上主楼见到宋庆龄后，就恭恭敬敬地向宋庆龄鞠了一躬，叫了一声"老太太"。

宋庆龄没吭声。钟兴宝母子成了摸不着头脑的丈二和尚。

事后，钟兴宝才知道，原来，宋庆龄最讨厌人家在她的称谓中加上一个"老"字了，她认为"老太太"称呼她的母亲才合适。

碰了这一次壁后，尤顺孚再见到宋庆龄时，也和妈妈一样称她为"太太"了。顺孚是个好孩子，他始终记着妈妈的嘱咐：他来后海的事，在外面谁也不得漏风，要绝对保密，就是最要好的学生与老师，也不得透露。顺孚记住了，也这么做了。所以，关于尤顺孚妈妈在宋庆龄身边工作的事情，直到毕业，学校也没有任何人知道。

这天宋庆龄见到尤顺孚后，只是简单地问了些学校里的事，随后开口道："顺孚，你参加首都民兵师游行没有衣服的事，为什么不早告诉我呀？"说着，她不等尤顺孚回答，就取来一身崭新的藏青色的青年装与一件雪白的衬衫，放到尤顺孚手中，道："来，我这里正巧有一身衣裳，你拿去穿一穿，看看是不是合身。"

顺孚接过衣服一比量，发现这身青年装完全合身，就好像按照着他的身材定做的。

钟兴宝看着儿子穿着这身珍贵的衣服，激动得一时不知说什么好。

事后，她才知道，原来这身衣服是宋庆龄派人专程去王府井大街买来的，哪里是什么"正巧有一身"呀！

"侬一个月的
助学金是多少"

　　也是这一年的深秋。一个星期日，尤顺孚与他的几个同学一起上紫竹院公园游玩。紫竹院里有个"活鱼食堂"，专门对外供应随要随杀的活鱼宴。也是巧，这天，郭沫若先生也去了那食堂，挑了一条活鱼现杀现烹并当场食用。那年月，正是"三年自然灾害"期间，肚皮都吃不饱，更何况尤顺孚他们都是些正在长身体的小伙子呢！他们看见活鱼不由馋得直咽口水。于是，几个年轻人一合计，当即以"劈硬柴"（即平均分摊钱款）的方式，合要了四条活鲫鱼，美美地打了次牙祭。吃是吃得很快活，但一结账，他们都傻了眼，食堂开价，每条鲫鱼二十五元，四条一共一百元！

　　无奈何，东西都吃下去了，怎能不付钱？几个小伙子只得硬硬头皮，你十元我二十元地凑足了这笔钱，才灰溜溜地走出了紫竹院。也是巧，这一幕，刚好被路过食堂的警卫员张友一撞见了。

　　张友一回家，就把这事向宋庆龄打了"小报告"。

　　这下可再也无密可保了，一向反对铺张浪费的宋庆龄很生气，她吩咐秘书：顺孚一来后海，就叫他马上来见我！

　　星期六，尤顺孚按例放学回家，来到后海。刚进门，他就被宋庆龄叫去。

　　这回，宋庆龄劈头就问："顺孚，我问侬，侬一个月的助学金是多少钱？"

顺孚知道是东窗事发了，低着头，喃喃道："十八元。"

"前天在紫竹院一顿一共吃掉了多少钱？"

"我们四个人一共吃掉了一百元。"

"我再问侬，侬把一个月的钱都放到一天吃了，还有二十九天怎么办？"

"太太，我错了。"尤顺孚的头低得更低了。

批评过后，尤顺孚临走时，宋庆龄让钟兴宝在他的书包里塞了满满一包的面包与水果。她语重心长地对尤顺孚说："顺孚啊顺孚，人要懂得勤俭节约过日子。我晓得你们吃不饱，也原谅你们年轻无头脑，但下不为例。以后，在学校里吃不饱，就回家来，我这里总有一点东西可以给侬吃的……"

太太一番知心着意的话，说得尤顺孚喉头直哽咽。

从此，每逢星期六下午，宋庆龄总要让钟兴宝为顺孚准备上满满一书包食物，让顺孚返校时带回学校去吃。有时赶上家里做了好吃的东西，宋庆龄也不忘记顺孚，让兴宝打电话到学校，把顺孚叫回家来，给他解馋。

宋庆龄无微不至地关心着尤顺孚，当她听说尤顺孚对文学写作感兴趣时，就把自己珍藏的一些文学书籍借给他阅读。每一期外文版的《中国建设》一出版，她也总要为尤顺孚留下一本。1970年，尤顺孚学业有成回到家乡苏州，在木渎镇人民医院放射科当医生。结婚生子后，宋庆龄还把每期最新出版的《儿童时代》等少儿读物寄给远在苏州木渎的尤顺孚，让他辅导孩子学习。

　　1960 年 3 月 15 日，宋庆龄在曹荻秋、沈粹缜的陪同下，视察了上海闵行工业区和吴淞工业区。为掌握更确切更真实的情况，她深入工人家庭、大队幼儿园、妇产院访问。她在吴淞口还视察了海军舰艇，亲切地询问了海军战士的生活、学习情况。在每次视察中，她始终轻车简从，平易近人，深得广大农民、工人、解放军的爱戴。

　　吴淞的张庙一条街，素有"社会主义大街"称谓。宋庆龄参观这条街的时候，顺便访问了街上的工人家庭，参观了路旁的瓷器商店、皮件商店和画廊，她高兴地说："现在工人们需要这样的商品，说明他们的生活水平是大大提高了。"她还对曹荻秋说，"这里是个工业区，但是环境很美、很安静，空气这样好，很像一个疗养区。"

　　接着，宋庆龄一行来到马陆公社。在马陆公社的会议室里，举办了一个小型社员座谈会。会上，有社员向她递上一杯茶。宋庆龄接过茶杯，欣然饮用了。

　　一边的警卫秘书隋学芳见了，担忧宋庆龄的安全，急忙悄悄地撞了撞周和康，暗示他赶快为首长换一杯水。周和康本有此意，又经隋学芳暗示，立即取出随身带来的热水瓶，走近前，欲为宋庆龄调换一杯水。然而，宋庆龄皱了皱眉头，暗暗向周和康使了个眼色，阻止了他。

事后回到家里，宋庆龄特意把周和康找去，郑重地吩咐道："周同志，以后不论到哪里，都请你不要再带任何东西，这样做法，影响不好，会拉开我与人民群众之间的距离。"

周和康听了不由羞愧满面，连连点头称是。

1961 年 >>>

"……我们不再叫她李妈，因为她的地位变了。我叫她李姐，现在作为我的管家和我住在一起。"

在宋庆龄上海淮海中路寓所的客厅正面墙上，挂着一幅大照片。那是1961年5月11日，毛泽东到上海寓所看望她，他俩相互热烈握手致意时拍摄的。照片中，宋庆龄穿的是一件典型的中式妇女传统的上衣——大襟衫！当时，宋庆龄已是六十八岁的老人了，可是从照片上看，她就像五十多岁的人。

其实，在宋庆龄奉命参加开国大典时，她那年轻美丽的容貌，就给人留下深刻而美好的印象，当人们得知她的真实年龄时，无不惊叹她的年轻。直到宋庆龄步入花甲之年，人们都不相信她的实际年龄。所以，她的真实年龄，一度成为不了解她的人们探索的话题。宋庆龄在世时始终不肯公开自己真实的出生年月，她的真实年龄，大概只有李燕娥才最清楚。

除了拥有天生丽质外，举止得体也是宋庆龄的特质。中国妇女那"笑不露齿"的传统训诫，在她身上得到了充分的体现。在她留下的照片里，极少能看见她露齿大笑的样子。庄重大方又略带几分腼腆的微微一笑，是她习惯的表情。她满腹的锦绣与才华，奠定了她胸有成竹、含蓄淡定的美丽的风度。正像有段文字对她的评价那样：她出身豪富，却又学识广博；她性格倔犟，却又温婉可人；她本自风华绝代，却又端庄持重。

注重仪表，也是宋庆龄得以保持年轻的一个方面。

平心而论，宋庆龄每天滋润粉饰面部与手上的化妆品，并不高档，甚至可以说是平民化的，这事，她身边的三位保姆最有发言权。50 年代，每天晨起洗漱，她刷牙用的是上海日化四厂生产的"宫灯"牌牙粉；洗脸用的毛巾，也是普通的"钟牌"丝光毛巾；涂在脸上、手上的也是普通的"雪花粉"与"百雀羚"。宋庆龄信奉她家乡上海生产的一切商品。这一点，卫士长靳山旺在他的回忆中，也有着相关的佐证，因为后来他也曾仿效着首长，用起这些价廉物美的上海货。

到了六七十年代，宋庆龄只是把牙粉换成了牙膏。一块毛巾要用到薄得快要破了，才舍得更换新的。洗澡更是从不用任何香皂、沐浴露，因为她有荨麻疹，禁止碰触这类有刺激的化学品，就用清清的温水。总之，她晨起所用的一切漱洗品，都是从上海一般百货公司的日用化妆品柜台里买来的，负责采购这些东西的管理员周和康对此最清楚。

她喜欢母亲从小教她梳理的中国妇女传统的发髻，直到终老也没改变。哪怕"文革"期间有人叫嚷着要她改变，她也坚持不改。苏州来的钟兴宝和顾金凤两个保姆，都擅长这种发髻的梳理：把头发梳理成一把发束后，就在后脑勺绾成一个团，套上发髻，再用发卡简单地一夹，就可以了。有时，也艺术一下，把发束绕成一个横过来的"S"样：这就是旧时苏浙沪人通常所说的"横 S"。

宋庆龄的眉毛也是自己描画的。她一辈子从没用过眉笔，采取的也是她母亲当年传授的土办法：先把宣纸烧成灰，然后再用湿润的细毛笔蘸着纸灰，描画在眉毛上。用宣纸灰代替眉笔，不浓又不淡，自然又大方。宋庆龄的这个生活小诀窍，隋永清在她的一篇回忆文章中也曾提及。

若有接待事宜或外事活动，宋庆龄的衣着就得讲究些了，款式与成色都要新一些。50 年代是以旗袍为多，60 年代开始，是对襟中式为多。西式服装是周和康委托友谊商店张师傅做的，中式衣服是上海服装商店周坤福师傅做的。

等活动结束回到家，她就马上把这些"出客衣裳"与鞋子换下来，换上家常的衣服与布鞋。宋庆龄平时居家，爱穿全棉的布衣布鞋，夏天爱穿香云纱衣服。在这些衣服中，有不少是保姆钟兴宝替她改做的，棉鞋是顾金凤为她做的。有的衣服由旧翻新，加宽时，从两侧夹缝中镶嵌长长的一条，一般来说是不易察觉的。

生命的最后几年，宋庆龄备受病魔折磨，但她仍十分注意自己的仪表，尽力保持着她在公众面前的美丽形象。八十六岁时，她还分别致函王安娜与高醇芳，要求她们帮助购买"脸上抹粉用的放大镜"和美国出产的"露本斯坦"牌的黑色"快速染发剂"。在 1979 年 3 月 3 日致王安娜信中她写道：

> 我匆匆忙忙地写这封短信是要告诉你，我需要的放大镜不是看书用的，而是脸上抹粉用的。……便于在梳妆台上放置。[1]

1978 年 3 月，宋庆龄参加全国人民代表大会。

此时，她已是八十五岁的老人，多次摔跤给宋庆龄带来腰背与腿骨上的伤痛，就是平时在家里，她也得扶着桌椅或墙壁才能慢慢地走上几步。如今要她参加这么多的国事活动，这实在是难为她了。会务组专门为年老有病的代表配备了轮椅。但是，宋庆龄坚决地拒绝了：

> 上个月我们的人民代表大会开会，有四千名代表出席。我参加了所有的会议，甚至还参加了两次在晚间举行的研讨会。所以我觉得筋疲力尽了。走廊很长，走起来很累，所以，年长的代表们都坐轮椅。但我坚决不坐，让一个年轻的姑娘詹尼特（我的'被保护人'）

用她有力的手臂支撑着我。[1]（摘自宋庆龄1978年4月7日致高醇芳信。詹尼特即隋永清。）

在她生命的最后几天，她时时昏睡，一旦苏醒，她总不忘关照身边的保姆："让我干干净净地走，体面些，不要邋里邋遢的。记住了！"如果她知道自己在弥留的时候鼻孔里插着氧气管、头发乱蓬蓬的，她是绝对不会同意卧室里出现那么多人，绝对不允许有人拍照的。

宋庆龄是个多才多艺的人，唱歌、跳舞、驾车、打枪、下棋、打康乐球、弹钢琴、绘画、书法，她几乎都喜欢。她又是个充满生活情趣的人，她的寓所里，不管是北京还是上海，一年四季里总盛放着鲜花，一年到头总豢养着可爱的鸽子，悦耳的鸽哨带给人宁静和平的氛围。这一切，也是减轻工作压力，舒缓情绪，使她快乐而年轻的一个原因。在她因身体原因而无法从事较强烈的运动时，康乐球、猜谜语与一些诸如找彩蛋之类的小游戏，是她寓所里经常开展的娱乐活动。

据说，早年国民党把恐吓信与子弹寄到她家中时，她不为所动，戴上墨镜，稍加修饰，便前往戏院观看演出与电影；在极"左"思潮最汹涌的时期，她也在家放映当时视为"禁片"的中外电影，不但自己欣赏，还请朋友战友一起看；而她自己则一看就是几个小时，最多时一次看了七个多小时！她爱弹钢琴，悦耳的钢琴弹奏声会越墙穿窗飘散到寓所外，"文革"时，"禁曲"不能弹，她就弹红色的革命音乐，如《兰花花》《白毛女》《黄河大合唱》等。

她还时时把全国的少年儿童放在心里，经常要前往幼儿园、托儿所探望孩子们，和孩子们一起度过一个个快乐的时光。她组建儿童剧团、设立儿童学校，创办儿童期刊，让自己的一颗心永远保持着童真。

可见，永远保持年轻乐观的心态，也是减缓衰老的关键。

---

[1]《宋庆龄书信集·续编》，第580页，人民出版社2004年版。

发生在厨房里的一桩血案

　　为筹备《中国建设》创刊十周年招待会与展览会，1962 年元旦，宋庆龄是在北京寓所度过的。在举办活动期间，宋庆龄总有种心神不安的感觉。她感到家中出什么事了。于是，在打电话和上海家中互致新年问好的时候，她特意问了周和康。但是，周和康却说没什么，一切正常，他让首长在北京安心工作。

　　然而，宋庆龄却越发感到家中出了什么事，因为在宋庆龄与李燕娥之间有条不成文的规定，每周互通信息。多少年来，双方从未间断过。这次宋庆龄多日没有接到李燕娥的信了。

　　1 月 6 日，宋庆龄与周恩来等出席了《中国建设》创刊十周年招待会，并参观了该杂志社举办的展览会。

　　活动结束后，宋庆龄再三询问警卫秘书隋学芳，隋秘书才不得不将情况如实向宋庆龄作了汇报。

　　原来，李燕娥竟差点被厨师何元光用刀砍死！

　　刻不容缓，宋庆龄于 1 月 11 日乘专机，直飞上海。

　　上海寓所的何元光，也算是宋庆龄家中的老厨师了。他是广东顺德县人，与李燕娥是广东老乡。由于乡情这层关系，平时他俩的话比较多，也比较随便。何元光长得瘦瘦的，从 1936 年算起，他在宋家已干了二十多年，是和李燕娥一起最早在宋家服务的人。

自 1956 年 4 月 28 日，周和康受命担任宋庆龄上海寓所的管理员，他每天早晨，前往四川中路的特种食品供应站采购寓所一天所需的菜与大米；购买回来后，就直接交给厨师何元光，由他验收合格后藏入冰箱里。

一转眼，已是国家发生严重饥馑的 1961 年了。这时，周和康发觉每天采购回来的食物，不管是荤还是素，端上餐桌都会少一些。

起先，他以为是特种食品供应公司的差错，所以回家后特意用秤称了一下，认定半两不差后，才交给厨师何元光。然而，饭菜接连减少，大家都喊吃不饱、没吃好，他困惑了。周和康弄不清问题出在哪里。

周和康悄悄地把心中的猜测告诉了李燕娥。

其实，李大姐也早就对每顿餐桌上饭菜减少的事情起疑，听了周和康汇报后，她略加思索，便与周和康一起找到了厨师何元光。

他俩找到何元光时，他正在厨房里忙碌。

淮海中路 1843 号寓所的厨房并不大，有两个灶，还有些可以做西餐的家什。此外，还有一台老式冰箱。

"何元光，问侬个事情。"因为李燕娥与何元光都在上海生活了十几年，所以他俩对话也习惯了用夹杂着广东话的上海方言。

"什么事？"

"不知怎么搞的，近来家里的饭菜总是少，总是不够吃。侬晓得是什么原因吗？"

"我怎么会知道呢？买菜的事情，我不是早就不管了吗？"

"肯定是少了嘛，昨天中饭时吃的那两碗猪肝的数量太少了，而周同志买回来的猪肝，有一斤半呢。"李燕娥盯着何元光。

何元光被李燕娥的目光盯得十分不自在，他一边手中忙碌着，一边随口回答道："这有什么大惊小怪的，猪肝放进冰箱里一冰冻，本来就是会缩水的嘛！"

"会缩水的？那么蔬菜也会缩水吗？"

何元光被李燕娥的紧追不放惹急了，顿时发起了脾气，嗓门也大了，冲着李燕娥嚷道："都问我，都问我，什么都问我，难道你就不问问负责采购米菜的人吗？"

无奈，周和康只好暗中拉了把李燕娥的衣角，回去了。

但是，李燕娥回到主楼后，依然难消疑窦。

何元光是家里的厨师，家中采购油盐酱醋米菜等事，本不是他管的。只因前管家陆志辉走后，采购这些事没人管，就由何元光暂时代管了，直到周和康来了，才由周和康主管。

李燕娥知道何元光是个贪小便宜的人。在重庆时，1944年，李燕娥陪伴宋庆龄出远门，把位处两路口3号的家委托何元光照看。没想到何元光利用宋庆龄和李燕娥不在家的时间，把小楼的底楼，擅自出租赚房租。宋庆龄批评教育后，仍然宽宏大度地把他留在家里。对于这个有"前科"的人，李燕娥愈想愈感到其中有问题，她要把事情弄个水落石出。

那天，周和康遵从李燕娥的嘱咐，特意从食品公司买来一斤半猪肝，并直接用纸包和绳子扎紧后，再交给何元光，放入冰箱里。第二天，趁何元光不在，拿出来一称，居然少了半斤！

李燕娥听了周和康的汇报后，令周和康明天再买些鲳鱼回家，对何元光作进一步试探。

这天，周和康遵嘱采购回食品后，仍直接交给了何元光处理。这批食品中，有几条鲳鱼。

第二天上午，趁何元光还没开锅烹饪，李燕娥与周和康忽然一起来到厨房。李燕娥以总管的身份，当着何元光的面，从冰箱里拿出昨天已洗干净、切成段的鲳鱼块，逐一摆放在案板上拼凑。然而任凭李燕娥怎样拼凑，这几条鲳鱼就是拼不拢。

何元光无法抵赖。

李燕娥当即把这个事情，向警卫秘书隋学芳作了汇报。

隋学芳听了，向宋庆龄汇报，并对何元光进行了严厉的批评教育。

李燕娥从此加强了对何元光的监督，一有空就往厨房跑，看着何元光把烹饪蒸煮的过程全部完成、饭菜端进餐厅后，才离开。

终于有一天，何元光心底的仇恨像火山一样喷发了，引发了一桩被视为国家一级机密的、近五十年后才公开的宋庆龄上海寓所血案。

这起血案，可以摘录周和康老人晚年提供给笔者的一段回忆录为证：

关于"宋庆龄始终称呼小了自己十几岁的燕娥为李姐"，这是不正确的。李燕娥是从1927年，经谭洁怀的母亲谭妈的介绍，来到宋庆龄上海寓所香山路7号当保姆的。一开始，宋庆龄就称呼李燕娥为李妈。按照当时上海人对保姆的称呼，都是姓氏下面加一个"妈"，姓李的称李妈，姓朱的称朱妈。一些老上海人对此都是一清二楚的。与宋庆龄关系密切、曾经长期担任中国福利会秘书长的李云，就知道宋庆龄曾称呼李燕娥为李妈的。

然而，宋庆龄改口李妈为李姐的称呼，则是鲜为人知。其中还有一个故事。过去由于保密纪律的约束，不能透露内情。现根据我的亲身经历，深感有叙述的必要，让事实不得误传。

详细过程叙述如下：

1961年11月25日早晨7时左右，当时，我正在小厨房前面走廊上扫地，突然听见李燕娥传来一声"啊唷呀"的尖锐的喊叫声。我回头一看，只见厨师何元光在厨房里，所以我起初以为李燕娥是在吃饭间呢，闻声即奔进吃饭间大声叫喊："李同志，李同志！"但是得不到一声回答。我情知不妙，就转身奔到厨房门口，责问何元光："何元光你在干什么？"可是，何元光非但没有理睬我，反而反手把厨房的门给关上了。我急忙推门进去，却没有想到何元光就隐藏在上楼梯旁的门后，见我进去，就举起一根铁棒（一根水汀炉子上的摇手柄），猛地朝我的头上打来。幸亏我反应快，举起双手往头上一挡，才没有击中要害，但亦被打得头破血流了。

我就意识到出了大事情，不顾一切，在小楼梯旁与何元光争夺起了铁棒。由于我年轻力大，何元光那时已四十开外，他夺不过我，我夺下了铁棒。何元光见丢了凶器，连忙逃进厨房，在里面把厨房门反锁上，并紧紧顶住不放。我虽用尽力气拼命推门，仍推不开。于是，我一边努力，一边连声大喊："王宝兴快来啊，出大事情啦——"同时，我连喊带跑奔到大门口传达室，对警卫张建俊说："何元光要打死李同志了，快进去捉呀！"

当我和张建俊一起奔到厨房门口时，绿化工王宝兴也闻声起来了，我们三人在吃饭间的窗口上连声向里面叫喊："何元光你快开门出来！"可是，何元光站在厨房里恶狠狠地威胁我们："你们谁敢进来，我就杀死谁！"

见状，我们三人齐心协力，奋力推门。破门而入后，张建俊首先冲进厨房。当时，只见何元光手中紧握一把菜刀，面目狰狞，眼露凶光。张建俊当机立断，拔出手枪，朝何元光的右手臂上开了一枪，顺势上前夺下了菜刀。

我们三人合力制服了何元光后，把他拖到传达室看管起来。同时把躺在厨房地上、已是浑身是血、奄奄一息的李燕娥用救护车急送华东医院抢救。

值得庆幸的是，由于抢救及时，李燕娥的生命保住了，但她的头部被何元光砍了又长又深的一条刀伤，医生给她缝了十几针；身上各部也不同程度地被何元光砍伤。

当时，宋庆龄正在北京开会，对家里发生的血案一概不知。圣诞节快要到了，宋庆龄打电话回来，要李燕娥寄取贺年卡，因为每年的贺年卡都是宋庆龄从自己家里取来分寄国内外亲友的。无奈，我只得把李燕娥从医院接回家中，取出贺年卡后，再把她送回华东医院继续治疗休养。

但是，纸总包不住火的。原来，宋庆龄与李燕娥之间有条不成文的规定，即宋庆龄一周一封信来，李燕娥一周一封信去，互通信息。多少年来，双方从未间断过。这次，宋庆龄多日没有接到李燕娥的信，宋庆龄感到十分不安，冥冥中，她总感到家中出了什么事。后经再三询问警卫秘书隋学芳，隋秘书才不得不将情况如实向宋庆龄作了汇报。

宋庆龄知悉李燕娥头部受伤住院，心急如焚，立即于1962年1月11日从北京乘飞机赶回上海。当宋庆龄步入家门，一眼看见站在大楼梯口迎接首长回来的、头上还缠着白纱布的李燕娥，当即上前紧紧拉着李燕娥的手，一边用手轻轻地抚摸着伤处，一边心疼得流下了眼泪。宋庆龄激动地表示："为了我，你受苦了。我在夜里梦见你满头是血，吓得我一夜难眠，这像是梦，亦真亦假，今天才算弄清楚了。"然后，俩人手挽着手，一起步上二楼。

当天中午，李燕娥把首长的一封亲笔信交给我，信中说："周同志，今天本来想下来和你谈谈家里的事，但因神经痛得厉害，只好写在信上讲几句。首先，我要对你表示我衷心的感谢。你自己亦受了伤。这次如果你不这样做，或许李同志的命就没有了。这里其他同志也很负责，有勇敢的表现，值得表扬。李同志的身体很虚弱，虽出了医院，但须要休息，精神上受了这样大的刺激，必须放弃一切，好好休养。因此我请你暂时掌握李同志平时的责任为荷。匆匆，并致敬礼。1962年1月11日。"

没多久，上海中级人民法院作出了判决：何元光因犯有故意杀人罪，被判处有期徒刑，至于到底判了多少年，周和康老人已记不得了，只知道何元光是1990年才获释的。

厨房血案发生后，宋庆龄开始对李燕娥由李妈改称李姐，并主动邀请和李燕娥一起用餐，让李燕娥坐在主位。

据周和康的书面回忆录（摘录）：

往常，首长总是在楼下餐厅用膳，有时遇到国事繁忙或身体不适时，就改在楼上兼作小餐室的办公室里用膳。小餐室里的中间，有一张小方桌，桌旁经常放着两把靠背椅，一把朝南，一把朝西。有一天用膳前，首长把朝南的一把椅子推开后，对站在一边的李燕娥说道："李姐，这边坐吧，一起来和我吃饭。"李燕娥在感到激动之余，心中还是明白的，她知道这朝南的是主座，几十年来，一向该是首长坐的；而我是为夫人服务的，怎能这样就座呢？所以，她当即怀着不安的心情回答首长说："夫人，您是主人，怎么能这样客气，叫我怎么坐得下去？还是请夫人自己坐主座吧。"首长抿着嘴笑道："李姐，别这么说，侬跟随我几十年了，工作勤奋，忠心耿耿。长期以来，我们相处得很好，早就像亲姐妹一样了。侬坐我坐还勿是一个样？"

首长的这番肺腑之言，亲切动人，暖意融融，当场感动得李燕娥眼眶都湿润了。

这就是宋庆龄何以改口称比自己小了十几岁的李燕娥为李姐的来龙去脉，是李燕娥后来私下里告诉我的。因为自从我拼死救下她以后，她也更是把我看作是她的亲人，基本上可以说是无话不谈的。

关于宋庆龄改口称李妈为"李姐"的事，宋庆龄在 1976 年 3 月 26 日写给杨孟东的信中也曾提及：

> ……我们不再叫她李妈，因为她的地位变了。我叫她李姐，现在作为我的管家和我住在一起。[1]

半个多世纪以来，有关宋庆龄何以称比自己小了十几岁的李燕娥为"李姐"的事，众说纷纭。现在，通过周和康老人的回忆，终于大白于天下了。

---

[1]《宋庆龄书信集·下》，第 740 页，

人民出版社 1999 年版。

1962 年 >>>

每逢过春节时，宋庆龄如果在上海，总是请下属单位的领导前往她的寓所聚餐。

特批的医院大楼

1957 年，党组织把王文瑞从上海市外事工作系统调来中国福利会国际和平妇幼保健院任党支部书记、副院长，当时王文瑞二十九岁。

1960 年的一天，时任中福会秘书长的李云同志给王文瑞打电话，说宋主席想见见她。

一路上王文瑞的心情忐忑不安，不知见面后应如何应对。当时，宋庆龄正微笑着端坐在客厅的沙发上，见到王文瑞，她一边请王文瑞坐下，一边让保姆递给王文瑞一杯茶，还亲手用叉子叉给王文瑞一块苹果，说："你吃吧，吃苹果不要削皮，皮有营养，已经消毒了。"

王文瑞紧张的心情一下子就缓和了下来。她向宋庆龄汇报了保健院收治产妇病人的情况。当她说到近年来医院一年要接生近万人，把行政办公室和职工食堂都让出来给产妇病人的情况时，宋庆龄真诚地感谢道："保健院的同仁们辛苦了，为妇女儿童保健事业做了大量工作。"

王文瑞告诉宋庆龄，张佩珠以及市里新调来的一批医技骨干力量和职工们不分昼夜地在医院工作，宋庆龄听后说："张佩珠是个好人，是个好医生。"王文瑞又说医院现在最大的困难是缺房子，最忙的时候虽然把职工食堂、办公室都让出来做病房，但容易发生交叉感染。宋庆龄脸上的笑容消失了，若有所思地点点头。

1961 年，国际和平医院被评为上海市医疗系统的先进集体。1962 年张佩珠代表王文瑞赴北京出席全国文教系统群英大会，接受锦旗，并受到刘少奇主席等中央领导的接见。宋庆龄特地在北京寓所接见了张佩珠，她开心地对张佩珠说，保健院的同仁们为中国福利会增了光，保健院今后要更好地实行"实验性、示范性和搞好科学研究"的方针，更好地为广大妇幼服务，再接再厉再创佳绩。

1962 年，中福会执行委员在宋庆龄的上海寓所召开执委会会议，到会的有时任中央政治局委员、上海市委书记柯庆施，书记处书记陈丕显，副市长及市教育、出版、文化、卫生等系统的领导。会议主要讨论中福会今后的工作。

讨论到保健院要扩建病房时，中福会领导的意见是盖四层楼，增加二百张床位。王文瑞一听急了，连手也没举就脱口道："根据医院的实际工作情况和今后的发展，二百张床位不够，四层楼不够，至少要六层楼三百张床位。"

王文瑞的这些要求，事先没向中福会领导汇报过，所以话音刚落，她心里就深为不安了。当时，她就与宋庆龄面对面地坐着，壮胆抬眼看去，但见宋庆龄不但没有嗔怪她的意思，反而还微笑着向她轻轻地点头。尽管当时会上未作结论，王文瑞心里还是很着急，只怕自己的意见领导不采纳。散会时各位领导向宋主席告别时，王文瑞急急地走到会场门外，待柯庆施、陈丕显两位出来上汽车前，连忙赶到他们前面。王文瑞对柯庆施书记说："柯老，四层楼、二百张床位确实不够，请批六层楼、三百张床位吧。"

柯庆施和陈丕显当时都没表态。

后来市领导当真采纳了王文瑞的要求，给妇幼保健医院特批盖了六层楼，增加了三百张床位，还有一个约七百多平方米的大地下室，外加一幢钴-60 镭锭放射治疗楼，购买了钴-60 治疗装置，配备了镭锭设备。

李云告诉她说：市委市政府的这个决定，是报宋庆龄批准的，因为宋庆龄认为王文瑞提的要求非常合理。

　　每逢过春节时，宋庆龄如果在上海，总是请下属单位的领导前往她的寓所聚餐，王文瑞也被邀过两次。每一次，宋庆龄总是邀王文瑞坐在她身旁，不时亲自为王文瑞布菜。这时的宋庆龄真像一位慈祥的母亲，王文瑞心中总是涌动着热流。

◇图1：1961年，毛泽东到上海寓所看望宋
　　庆龄
◇图2：1961年，宋庆龄与周恩来在北京

◆图1

◆图2

◇图 1、2、3：宋庆龄摄于寓所花园

◆图 1

◆图 2

◆图 3

◇图1、2：工作中的宋庆龄

◆图1

◆图2

◇ 图1：1965 年 1 月，宋庆龄出席第三届全国人民代表大会

◇ 图2：1964 年 2 月 26 日，宋庆龄、周恩来、陈毅在锡兰（现斯里兰卡）。前排右三为锡兰总理西丽玛沃·班达拉奈克夫人

◆ 图1

◆ 图2

◇图1：宋庆龄与工作人员和他们的孩子在上
    海寓所圣诞树前
◇图2：宋庆龄看望中国福利会妇幼保健院的
    孩子

◆图1

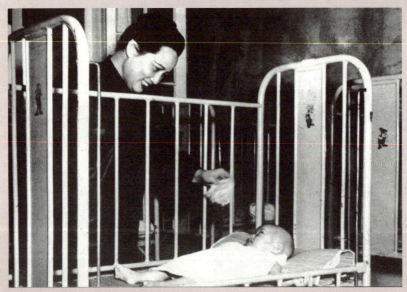

◆图2

◇图1："文革"前宋庆龄在上海寓所

◇图2：1960年4月，宋庆龄与邓颖超、蔡
　　　畅在一起

◆图1

◆图2

1963 年 >>>

　　宋庆龄决定从她每月的工资中留出一部分，用于照顾这两个孩子，直到她们双双完成学业，踏上工作岗位为止。

家中邮件的收发故事

在上海淮海中路 1843 号的宋庆龄寓所中，有一只铜铃放在主楼楼下电话间红木茶几的上端，这是专门用于家中邮件收发用的。每天上午邮政投递员把邮件送到寓所，门卫值班员逐一签收后，就得马上摇晃这只小铜铃，召唤周和康或李燕娥等前去领取，及时送上主楼，面呈宋庆龄，以免误事。周和康说："首长国内外往来的邮件都要登记，她写好信后交给李燕娥或钟兴宝送下楼，由我一一登记在簿子上后，再拿出去邮寄。寄往国外的信件多是英文的，也有俄文的。登记簿每个月都要交上去让首长查阅一次。首长家里购买东西所用的钱款则记在另一个记账簿子上，每一个月或两个月送交首长查阅一次，阅后签好名再送下来。

"首长平时工作很忙，每封来信先由钟兴宝将信封剪开，然后交首长亲阅。阅后交给秘书处理。若要复信，都是她亲自动手。那时首长的秘书是黎沛华，她写得一手好毛笔字。"

李燕娥事事以保护宋庆龄的安全为重，平日上午她从门卫值班员手中接过邮件后，总是亲自送上楼。每有大件的国际邮包寄来，她总是谨慎小心，总是把邮包捧到远远的、没有人的地方再拆封。经过仔细检查，确保安全无异后，才送上楼交给宋庆龄查收。当时国内外曾经发生过多起邮包拆封

◇ 图 1：1962 年 7 月，宋庆龄在上海
　　　　寓所中留影
◇ 图 2：宋庆龄在赠给周和康夫妇照
　　　　片后面的亲笔题签

◆ 图 1

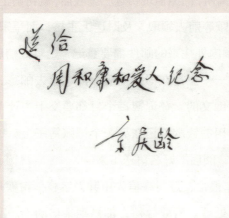

◆ 图 2

时突然爆炸的事件，为此，上海市公安部门为居住在上海的各位高级首长的家中配备了专门用来检测邮包安全的探测仪。

一次，从国外寄来了一个大的邮包。邮递员递交的邮件签收单上明确注明，里面是一盆名贵的花木。管理员周和康使用探测仪对它检测，探测仪发出了"呜呜"的蜂鸣声，这说明邮包里很可能还有金属之类的物品。顿时，大家紧张起来。周和康一边喝令大家迅速向后退，一边捧着这个可疑的邮包到一个安全的角落里，小心翼翼地一层层地打开。邮包打开后，却是虚惊一场：原来，那位外国友人在邮寄时，唯恐长途运送损坏了这盆名贵的花木，所以特意用几根铁丝对它进行了固定。这蜂鸣警报声，就是那几根铁丝引发的。

那时候的周和康，身强力壮，他从来不把当天要办的事放到明天去完成。有时候，哪怕宋庆龄是在晚上七八点钟写好的信件，保姆们拿下楼交给周和康后，他也要立即拿去分送。自从周和康来到上海寓所后，宋庆龄所有信件的邮寄、分发等工作，就基本上由周和康一个人负责完成了：寄往外地的邮件只要送往邮局里统一寄发就可以了，但有些需要及时寄给住在上海市内的领导与亲友如：柯庆施、陈丕显、曹荻秋、金仲华、王致中、耿丽淑、谭宁邦、陈维博、沈粹缜等的信件，则周和康就亲自送达了。近的，他可以骑着自行车送信上门；远的，周和康则与 1956 年从上海市政府车队调到宋庆龄上海寓所的专职司机刘春生一起，驾着家中那辆轿车专程分送。

对于一些特别紧急的信件，宋庆龄则委托当地政府机要部门，由机要部门专门指派机要员专程送达。

从 1966 年 9 月底至 1981 年，宋庆龄的大部分时间是在北京度过的。北京寓所的邮件签收与寄发，则主要由警卫秘书杜述周负责。那时的生活条件好多了，往外寄送邮件，除了有宋庆龄那辆"红旗"牌专用轿车外，还有警卫排的两辆吉普车。

警卫秘书突然中风

1963年9月底，隋学芳喜得一子。他大喜过望，回到上海，多喝了几杯，结果突发中风。幸亏及时送医抢救，他才脱离了生命危险。

第二天，周和康将此事告知李燕娥。李燕娥要周和康立即写信向远在北京的宋庆龄报告。1963年11月6日，周和康接到了宋庆龄的回信。信中写道："周同志，本月三日的来信收到。你将隋同志的详细病情告诉，你对病人的关心和尽心的帮助。我很感谢你。他得了严重的病，精神上一定很痛苦。我们都一定尽量地安慰他，让他减轻精神上的负担。如果他有什么要求，请通知我。上次李同志这次隋同志的急病，都是由你及时帮助送医院抢救，你对同志的热情帮助真是难得的。隋同志的病情，请你随时函知为盼，此致敬礼，宋庆龄。"[1]

按华东医院规定，在该院住院、保健的对象是14级以上的国家干部，隋学芳是行政18级，不属于这个级别，没有资格享受这个待遇。但是，院方还是看在宋庆龄的面子上，把他作为特殊照顾的病人，竭尽全力照顾他，把他长期留在了华东医院里住院治疗，以便他早日康复。

年仅三十九岁的隋学芳的一条命算是保

[1]《生活管理员眼中的宋庆龄·资料集》，第13页，上海孙中山故居纪念馆2015年编。

◇宋庆龄、沈粹缜和隋永清、隋永洁合影

住了，但中风后遗症使他半身瘫痪，从此卧床不起。

隋学芳没瘫痪前，经常在上班时将永清、永洁两个女儿带进寓所玩耍，宋庆龄非常喜欢这两个孩子。现在，隋学芳瘫痪了，家庭经济更加捉襟见肘了。为此，宋庆龄把隋永清、隋永洁两个女孩接到了自己的身边照顾，并分别给她们起了 Yolando（约兰旦）与 Jeannette（詹尼特）两个英文名字。

从此，宋庆龄决定从她每月的工资中留出一部分，用于照顾这两个孩子，直到她们双双完成学业，踏上工作岗位为止。当时宋庆龄每月只有五百多元的工资，她已经承担着李燕娥、钟兴宝两位保姆的工资，如今还要承担永清姐妹俩日常生活与求学的费用，经济之拮据，可想而知。

1969 年，瘫痪在床的隋学芳顽强地站起来了，并能挂着拐杖蹒跚走路了。他时常记挂着宋庆龄。好几次当他听说宋庆龄从北京回到上海家中时，他挂着拐杖，艰难地从自己家中步行着前往淮海中路 1843 号，试与宋庆龄见上一面，和宋庆龄说说自己的心里话。可是，宋庆龄不肯接见他。

这个谜底，在宋庆龄 1970 年 1 月 25 日写给廖梦醒的信中有披露：

> 我从没见到过隋学芳，虽然他来过几次，因为我不能忍受目睹一个年轻人成了离不开双拐的残疾者。但我见到了他的孩子们，她们长得好快。永清已经比我高了，穿着男人尺码的鞋子。她的脚真见长，吓了我一跳！她说，她穿的是她的母亲的鞋，但她母亲的裤子她不能穿了，太短，要不她也会穿上的！[1]

从此，隋氏两姐妹就在宋庆龄的照顾下，健康地成长起来了。

1991 年，隋学芳辞世。使他九泉下也感到欣慰的是，他的两个女儿在宋庆龄的照顾与培养下，都得到了茁壮地成长，并成为有用之材。

根据 1981 年"执行宋庆龄同志遗嘱"

[1]《宋庆龄书信集·续编》，第 395 页，人民出版社 2004 年版。

的八人临时小组成员之一，原上海市孙中山、宋庆龄文物管理委员会顾问李家炽先生提供资料，当时根据宋庆龄的遗嘱，隋永清与隋永洁姐妹俩分到了宋庆龄的部分遗产，除了宋庆龄的一些物品外，还有钱款：隋永清五千元，隋永洁一万元。据披露，宋庆龄去世后的赠款共分给十人，最少的五百元，隋学芳的两个女儿受赠最多。

简朴的三餐

　　在上海寓所里，宋庆龄先后会见过毛泽东、周恩来夫妇、刘少奇夫妇、朱德夫妇、陈毅夫妇、董必武夫妇，林伯渠、吴玉章、何香凝、陈赓、廖承志等党和国家领导人，接见过苏联最高苏维埃主席团主席伏罗希洛夫、朝鲜民主人民共和国首相金日成、印度尼西亚总统苏加诺和副总统阿尤布·汗和总理苏拉瓦底、锡兰总理班达拉奈克夫人、柬埔寨西哈努克亲王、尼泊尔王国首相阿查里亚、美国作家安娜·路易斯·斯特朗等。

　　会见宾客之前，宋庆龄都要作周密的安排，并亲自向周和康了解整个接待工作，例如开菜谱，用西餐还是中餐，上海菜还是广东菜，用什么饮料、点心与水果，各方面她都事先有指示，并一一审定。

　　随着宋庆龄年纪渐大、口味渐渐淡化，擅长烹饪江南菜肴的厨师唐江总变化着手法，想方设法烹饪出能使宋庆龄多尝几口的菜肴。细心的周和康，一直保存着1962年春节人年夜和年初一、年初二家里聚餐时用的菜单：

　　大年夜的菜单：

　　全鸭汤、水笋红烧肉、鱼、白斩鸡、家乡肉腊肠、辣白菜、炒菠菜。

◇ 图1：宋庆龄宴请西哈努克亲王夫妇
◇ 图2：1979年3月，宋庆龄宴请美国大百科
　　　全书主编泰勒。左三为路易·艾黎

◆ 图1

◆ 图2

年初一的菜单：

猪肉饺子、砂锅大鱼头、白斩鸡、水笋红烧肉、糖醋小排骨、辣白菜、炒青菜、糯米团子（每人两只）。

年初二的菜单：

火锅、鱼、水笋红烧肉、山鸡炒粉丝、炒绿豆芽、炒塔菜、炒年糕。

1979 年春节，过不惯北京生活的宋庆龄回到上海过年。这年春节年初一、初二的菜单，是她自己亲笔修改后定下的：

年初一的菜单：

鸭子汤、糖醋大黄鱼、红烧大明虾、水笋红烧肉、什锦冷盆、糖醋银丝茄（芥菜）、芝麻汤团。

年初二的菜单：

肉圆粉丝汤、咖喱鲳鱼、水笋红烧肉、白斩鸡、炒塔菜、芝麻汤团。

其实，宋庆龄平常的一日三餐相当简单：早餐是两片面包、一杯咖啡或一杯红茶，有时让周和康去买来大饼油条。午餐吃米饭，两荤一素一汤。因她喜欢吃鱼，两个荤菜中总有一个是清蒸或红烧鱼。下午的点心是一杯酸奶。晚餐仅小米粥或泡饭一小碗就可以了。

有时得空，她会亲自下厨烧菜，烹调京葱牛肉、豆腐以及由红菜头、洋葱、茄子、西红柿、青椒组合的素菜等。她的这些拿手菜美味可口，有时一出锅，她就要分送给工作人员品尝。

1963 年的一天，宋庆龄在北京寓所招待一批外国朋友。席间，有一道西餐点心。可是，家中的厨师擅长制作的只是中式菜肴，不会做点心，警卫秘书就从北京友谊饭店请来了一位名叫陈路的西餐厨师来帮忙。

陈厨师是个脑子灵活的人，那次，他一次做了六种西餐点心，完成后，让服务员端到了宋庆龄的面前。

宋庆龄在每种点心的盘沿上，用英文写下它们的各自的名称，然后让服务员端了下去。

陈路厨师看了六种点心上的宋庆龄的标注，不由钦佩得五体投地。

宋庆龄年轻时就熟悉西餐了，但她并不拘泥于西餐的礼仪，这里有一桩趣事。

1949 年 10 月初，中华人民共和国刚成立，苏联派出了第一个代表团访问中国。其间，苏联代表团的团长、副团长和几位主要演员应邀到宋庆龄上海寓所做客。宋庆龄准备了宴席招待远方的客人，宴席就摆在楼下的客厅里。宴会的场面较热闹，但是因为刚解放，接待工作还有很多不周之处，用餐时没有刀叉，只有筷子。宋庆龄对客人说："没有刀叉，筷子也可代替。"

说着，她亲自向客人作起了示范，但见她两只手分别拿着一根筷子，一根筷子叉住鱼，另一根筷子把它剖开。吃别的菜也是如此，如鸡、鸭、牛肉、猪肉等。客人见了，也模仿宋庆龄把筷子当刀叉。

1964 年 >>>

宋庆龄的右手一直没有力气，难以执笔写作，她在写给众多好友的信中，倾诉了她当时的痛苦心情。

1964 年 2 月 26 日，时年七十一岁的宋庆龄应锡兰总理班达拉奈克夫人的邀请，前去访问。

这是宋庆龄最后一次出国访问。

在锡兰访问期间，宋庆龄在锡兰财政部部长伊兰加拉特尼的陪同下，应邀前往锡兰斯里帕里学院参观，并发表《团结起来的人民是不可战胜的》的演讲。

当宋庆龄在锡兰东道主的陪同下登上学院大厅的讲台时，大厅里的人全场起立，发出经久不息的欢呼声。学院董事长威尔莫特·佩雷拉在欢迎词中，对宋庆龄作出了高度的评价，称赞宋庆龄"已经作出和继续在作出的巨大贡献"。

演讲毕，应威尔莫特·佩雷拉的邀请，宋庆龄宣布斯里帕里手工艺品展览会开幕。之后，宋庆龄还观看了学院学生的歌舞表演。威尔莫特·佩雷拉向宋庆龄和陈毅夫人张茜赠送了纪念品。

宋庆龄也回赠了纪念品。

她送给锡兰总理班达拉奈克夫人的是四副护膝套。

在当晚与周恩来、陈毅等出席锡兰总督威廉·高伯拉瓦和夫人在总督府举行的国宴上，宋庆龄又发表讲话，对锡兰的建设给予了高度的评价："使我感到高兴的是，这样一个花园一般的国家，在经过人民群众的长期英勇斗争之后，已经开始走上了独立发展的道路，开辟着自己美好的前程……"

锡兰访问，为期十天，从此以后，宋庆龄再未踏出国门。

◇ 1964 年 2 月宋庆龄出访锡兰前，在昆明
　　与工作人员合影

◇ 1964年2月，宋庆龄在锡兰访问

右手腕骨折风波

　　1964 年春夏交替之季，宋庆龄在上海的寓所里摔了一跤，以致右手腕骨折，急送医院救治，由于接骨偏移，手腕折断处有轻微错位。此后，宋庆龄的右手一直没有力气，难以执笔写作，她在写给众多好友的信中，倾诉了她当时的痛苦心情。

　　1964 年 6 月 9 日，宋庆龄在致爱泼斯坦的信中写道：

　　　我仍在治疗，因为我的腕骨尚未完全愈合，我的右肩也因此受到影响，所以我在做按摩和药液敷治。[1]

　　1964 年 10 月 2 日，宋庆龄在致黎照寰的信中写道：

　　　我的手腕仍在进行热敷，行动不便，深感痛苦。那位给我治疗的医生医术粗暴。他一点也不懂得像陈中伟以及其他一些当今我国的年轻医生那样进行技术革新。[2]

[1]《宋庆龄书信集·下》，第 635 页，人民出版社 1999 年版。

[2]《宋庆龄年谱（1893—1981）》（下），第 1676 页，广东人民出版社 2006 年版。

1965 年 4 月 1 日，宋庆龄在致王安娜的信中写道：

> 我不记得是否已经告诉过你，去年我跌了一交（跤），摔断了右腕骨，很长一段时期不能活动，一连几个星期生活不能自理，不得不让一位护士照料。骨折复位得很糟，我吃了很多苦，且诸多不便。朋友们力劝我做重接手术，但我没有接受劝告。我不愿再吃一次苦，再受一次罪。未复好位的尺骨像颗胡桃，怪难看的。我们缺少优秀的骨折复位医生。急急忙忙把我送到北京医院去的年轻医生太紧张了，她抓住了一个遇见的第一个外科医生，就让他给我做骨折重接手术。[1]

不只右手腕骨"复位得很差"，宋庆龄的右手食指也严重变形：

> 我的食指几乎不能握笔，这是几年前我的腰摔伤时受的伤，现在变得僵直，很难看了。（宋庆龄 1972 年 5 月 6 日致廖梦醒信。）[2]

在宋庆龄的秘书李云的《随宋庆龄走过最后三十年》的回忆文章中，有了更为具体详尽的描述：

> 宋庆龄随着年龄增加，身体越来越差。一天我接到她的电话，要我去她家，我以为可能对工作有什么指示或者有新的打算。不料是为了手伤问题。原来一个月前，不小心身体向左倾斜摔倒，她怕整个身体倒下去，用左手（应该是右手）在地上撑一下，造成骨折。经二医大专家接骨，虽然骨接好了，但手无力，手腕骨凸出，请原来的接骨医生来看，他说："你如果要漂亮，可以将凸出的骨头锯掉。"宋说："我主要是手无力，拿不起茶杯，不是要什么漂亮。"结果医生也没有办法。宋不满地

---

[1]《宋庆龄书信集·续编》，第 378 页，人民出版社 2004 年版。

[2]《宋庆龄书信集·续编》，第 422 页，人民出版社 2004 年版。

◇图1：宋庆龄和班达拉奈克夫人亲切交谈
◇图2：宋庆龄为锡兰朋友签名留念

◆图1

◆图2

对我说："你看气人不气人，说我要漂亮，可以将手腕骨凸出部分锯掉，这个人怎么会讲出这样的话来？"接着她又说："我因为手的问题，希望接骨专家陈中伟能给我会诊一下。为此事找到专管我保健的一位华东医院女院长，希望她能帮助我请一下陈中伟医生。不料这位院长对我说：此人社会关系复杂，不合适给首长看病。当时我未作声，你看，我能讲什么呢？我想想这个很可笑，我的社会关系不是更为复杂吗？"

宋主席想请陈中伟医生会诊，我还是应该想办法满足她的要求。我设法找市委统战部部长陈同生。听说他住院了，我直接到华东医院去看他，当时恰巧市委秘书长在座，他是探望陈同生的。我看到市委秘书长在，可能更为容易解决问题。我向陈同生汇报了宋主席的手伤情况，还未讲到一半，就被秘书长打断，他说："宋的医疗保健是由华东医院负责的，不要你来管，你只要做好自己的工作就可以了。"我看他的脸色那么严肃，不容我多说，只好走了。后来我碰到陈同生，他很诚恳地劝我，离开中福会。他说："你最好想办法调离中福会，外面风言风语太多，明明是宋的意见，却有人说是你出的点子，你夹在中间，有得苦啦！所以找机会就脱身。"不久，宣传部机关党委副书记向我宣布：中福会定为处级单位。我感到奇怪，我在商品检验局是局级干部。检验单上我的名字放在局长前面，因为我是军代表，现在成为处级干部。当然都是革命工作，也无所谓了，我从未对任何人谈及。后来我调走了，宋主席告诉我说，周总理来上海，去看她时，她将手伤的事告诉了总理，周总理马上通知卫生部领导来上海，坐镇为宋手伤进行会诊和治疗。

中央、毛主席得悉宋庆龄摔伤，立即将宋在北京和上海的住房全部铺上地毯，作为毛主席送的礼物。后来宋好多次摔跤，但未造成严重后果。

这年3月，秘书张珏回到生病需要照顾的父亲身边。宋庆龄身边就只剩下一个黎沛华了。增加一位新秘书十分必要。

4月初，宋庆龄前往中国福利基金会直属的国际和平保健医院视察工作，时任保健院副院长兼中国福利基金会人事秘书与办公室主任的刘一庸给她留下极好的印象。

刘一庸，1924年出生于河南省商丘地区一个破落地主家庭，曾就学于上海大夏大学教育系。

经调查，得知刘一庸在大学期间，就秘密地参加了中共地下党组织，积极参加党的地下工作。1949年10月，党组织把她调到中国福利基金会担任教育工作，她先后担任福利站文化"小先生"、人事干事、人事秘书与办公室主任等职。她出色的工作能力和成绩，获得了组织上下的一致好评与肯定。她当年尚未毕业就服从组织调动，投入到新中国的建设事业中，为此，经组织协调，大夏大学向她补发了毕业证书。

当时刘一庸与丈夫离婚不久，是个单身女子，正好符合宋庆龄选择秘书的标准之一！

于是，刘一庸就接替了张珏的工作。

危难之际，慷慨解囊

　　1964 年 7 月 29 日，宋庆龄叮嘱周和康汇款一百元，送给远在广州的冯道生老太太，作为医药费用与安葬费。冯老太太的丈夫韦某，原是上海某法国报馆的主编。1915 年，孙中山来到上海，曾秘密居住在韦某地处八仙桥的家里。韦某夫妇将自己的住房让给了孙中山，自己搬到其他地方去居住。为了纪念孙中山先生，冯老太太当时还保存着孙中山先生睡过的那张床。

　　宋庆龄对自己家里的工作人员，对早年伴随过孙中山的战友、朋友与亲戚，始终不忘旧情。每当他们遇到困难，宋庆龄总是有求必应，慷慨解囊，予以及时救济。身为家中管家的周和康，就好多次接办过宋庆龄嘱咐的任务。

　　1963 年 1 月 4 日，一位居住在上海永康路 191 号的波兰人王仕丹写信给宋庆龄，诉说他"患了肺病和糖尿病，因无钱而没能住进淮海医院治疗"，请求宋庆龄"协助解决"。

　　接信当天，宋庆龄就向周和康吩咐道："永康路 191 号里有一位名叫王仕丹的波兰人，中华人民共和国成立前，我在上海搞义卖捐款活动时，他曾帮助过我。现在他生病了，躺倒在床。吃过中饭，你就去那里实地看一看，到底是真还是假，然后回来告诉我。"

周和康当天下午就骑着自行车，来到了永康路王家。只见王家中又破又旧，凌乱不堪，而王仕丹更是衣着破旧，身体衰弱，卧床不起。周和康摸清情况后，当即回家向宋庆龄作了汇报。宋庆龄听了，没吱声。

第二天，周和康刚上班，宋庆龄就把他找去了，问："还有多少家底？"

作为家中兼管财务记账的周和康，自是心中有数。当时，家中刚发工资，账面上只剩下一百三十多元钱了。当宋庆龄听到账面上还有钱时，就吩咐周和康说："给我用信封装上一百元，辛苦你再跑一趟王家，给他送去，救救急。"

周和康临出门前，宋庆龄又关照他在外面买些水果和食品一起捎上。

周和康知道，这一下，家中可用的资金几近于零了！首长再要用钱，又要向他人借了。上次，宋庆龄就因为家中财政出现了赤字，向张珏秘书借了两百元。

第三天，受到及时接济的王仕丹就住进淮海医院，没多久，身体基本康复了。根据他的请求，宋庆龄后来又帮助他办理了出境回国的手续。

1965 年 >>>

　　逢年过节，她总要自己掏钱给工作人员添菜加餐，买些毛巾、袜子、手帕、围巾、衬衫等用品，分送给大家。

警卫秘书的
变相要挟

在造反有理的年代，宋庆龄也是无可奈何。

1965年2月24日下午，在上海寓所宋庆龄发下通知：下午3点30分，她将在寓所会见来访的刘少奇主席和夫人王光美、陈毅副总理。

宋庆龄安排得很细致，周和康与李燕娥早早备下了西点蛋糕，火腿三明治，红鱼子三明治，咖啡等茶点，就等重要的客人光临了。

下午3点30分，刘少奇主席和夫人王光美、陈毅副总理一行准时来到宋庆龄上海寓所主楼的大门口。这时，发生了一件令人匪夷所思的事情——警卫秘书孙国印居然没有开门迎客！

客人在大门口等候片刻后，只好亲自按响门铃。

楼上的李燕娥听到门铃响，急忙连声叫喊周和康和乐翠娣（上海锦江饭店服务员）快到客厅里叫孙警秘出去开门迎接客人。

按照规定，开门迎客，是警卫秘书的职责，可是他此时此刻，却在客厅里和宋庆龄讨价还价！孙警秘要求把装在辅楼上警卫秘书办公室的电话，拆装到他自己楼下的房间里去。

孙警秘这是故意的。刘少奇夫妇一行一离开锦江俱乐部前往宋庆龄寓所，警卫员程瑞庭就接到了电话通知，他立即把这信息通知周和康和乐翠娣。

周和康和乐翠娣就把孙警秘从客厅里叫出来，告知他客人已经动身出来了，请他在大门口等候迎接，孙警秘的回应是："好的，我就在大门口等候。"

可是一转身，孙警秘就又跑到客厅里继续去找宋庆龄谈拆移电话的事了。宋庆龄几次催促他说："时间已到，客人将要到达，快去门口等候开门。"孙警秘不听，继续赖在客厅里和宋庆龄商谈拆装电话之事。结果客人到达时，无人开门。

宋庆龄对孙警秘的这种变相要挟行为十分不满意。

熟悉宋庆龄的人都知道，她的时间观念很强，是个绝对遵守时间的示范者，无论是宴请或接待客人，到了约定的时间，她都要提前15分钟，安步下楼，进入客厅，静候客人的到来，从不耽误时间。

一次，她与爱泼斯坦约好在九龙码头迎接从美国回来的朋友。爱泼斯坦有事迟到了。当他赶到码头时，发现宋庆龄已站在码头工人当中。工人们正忙着准备缆绳、手推车以及其他停泊、卸货的设备。爱泼斯坦不好意思地上前对宋庆龄说道："没想到您一个人先到了。"接着，他又抱歉地补充道，"您自己在这里一定感到很不安。"宋庆龄听了，只是微笑着向爱泼斯坦问道："周围都是工人，怎么能说是我一个人呢？"

2月26日上午8点30分，孙警秘在工作人员吃饭间对周和康说："我已和首长讲过，把电话拆装到我的房间里来。"

根据纪律，家中电话的装移，都是市人委办公室决定的。为此，周和康向外滩市人委张秘书长作了汇报。

其实，孙警秘这是"假传圣旨"，周和康从李燕娥那里听说过。前几天，孙警秘对李燕娥说："李大姐，我和首长已经讲过，把电话拆装到我的房间里，首长也已同意，过去，隋同志早已叫我睡到他原住的房间里，那里有警铃，有电话，而我房间里没有这样的电话不保密，外面传达室打电话有人在，里面打电话也有人在，不保密。这事，我已和张秘书长讲过，他说从工作出发，同意我搬电话。"

李燕娥回答说："首长没有和我讲过，我也不知道搬电话之事。"

孙警秘说:"那请你请示一下。"

李燕娥只好立即上楼向宋庆龄作汇报。

不一会儿,李燕娥下楼对孙警秘说:"首长正在看文件,她看文件也来不及,这里的事,都是市人委张秘书长管的。"

最后,有关拆移电话之事,始终没有解决,就这样不了了之。

对「家人」的关怀与照顾

　　1965年7月2日，绿化工王宝兴搬竹扶梯到南面平台浇水，给室内降温时，竹扶梯不慎滑倒，王宝兴跌坐在阳台上，腰部受伤，被定为压缩性骨折。在回家养病的一个星期里，宋庆龄嘱周和康买些水果和其他食品，前往王家探望，王宝兴感动不已，提前两天，就回到上海寓所上班了。后经宋庆龄劝阻，要他务必遵守医嘱，把病治好，他才回家继续休息。

　　王宝兴是个身兼两职的工作人员，在孙中山故居与宋庆龄的寓所里，都有一只专门用来喂养鸽子的木制铅皮顶的鸽子棚。宋庆龄寓所内的鸽子棚，就放在汽车间前的小门旁。鸽棚每天的冲洗打扫，鸽子的喂食放飞等工作，都是由王宝兴兼任的。

　　李燕娥晚年时，身体发胖，体重增加，她的铁床较高，上下床不太方便。宋庆龄见了，就吩咐周和康到家具厂去，专门为李燕娥设计定做了一张低矮适宜、上下方便的床。

　　宋庆龄待李燕娥犹如姐妹，对自己家里的其他工作人员，也都是那么和蔼可亲，平易近人。

　　逢年过节，她总要自己掏钱给工作人员添菜加餐，买些毛巾、袜子、手帕、围巾、衬衫等用品，分送给大家。周和康家生第五个孩子时，宋庆龄送钱给他，

◇ 2016 年 3 月 19 日汤雄在周家与周
　和康合影

作为孩子添置衣服、增加营养的费用。

宋庆龄慈母般关怀与照顾家中工作人员的事例，在上海寓所生活中俯拾皆是：每年夏天，酷暑炎炎，宋庆龄嘱管理员购买了几百斤西瓜，放在家里备用。每当中午赤日炎炎似火烧的时候，她就让厨师唐江把一只大西瓜切成小块，然后由李燕娥敲大铜钟三响，召集所有工作人员前往小餐厅吃西瓜。整个寓所里，不论是首长、秘书、管理员，还是保姆、驾驶员、厨师、绿化工、警卫员，人手一块，在大汗涔涔中吃上一块沙瓤脆甜的西瓜，一直爽到心里头。

在宋庆龄北京寓所的庭院里，每逢时令，葡萄紫了，梨子熟了，苹果红了，石榴咧嘴了，刚开摘，宋庆龄就想到了身边的工作人员，安排人把它们捎回上海。然后按照她的意图，根据各家人口多少与孩子大小等情况，由李燕娥逐一分派给大家带回家去。

宋庆龄不但从生活上关怀与照顾工作人员，也关心他们的思想进步。

平时，宋庆龄总要在繁忙的工作之余，抽出一些时间，询问每个工作人员的工作、学习、思想和生活情况，勉励大家努力学习，好好工作，并多次强调"知识就是力量"。《毛泽东选集》《孙中山选集》《鲁迅全集》等著作出版后，她都要分送给全体工作人员，并用她喜爱的粗笔尖的毡头笔，在扉页上工整地题字签名。有时她在北京工作，会每月定期向大家寄来《人民画报》《中国妇女》《中国建设》《解放军报》等报刊。其中有些重要的文章，宋庆龄还特意在下面划上一条条红线，作为大家学习的重点。

直到如今，周和康老人还珍藏着当年宋庆龄赠送给他的亲笔题名签字的《孙中山选集》与《宋庆龄选集》。比其他工作人员荣幸的是，由于周和康老人懂英语，宋庆龄还专门赠送给他一本英文版的《宋庆龄选集》，扉页上那雄健有力的蓝色题签，至今赫然在目。

第三章

1966 年—1976 年：

柔美的花与无畏的狮子

1966 年 >>>

"很抱歉，我的手提包、鞋子和衣料都没有了，文化大革命迫使我毁掉了所有的东西，我把它们都送进火炉了！"

　　1966 年 8 月 25 日的凌晨，一群狂热的红卫兵包围了宋庆龄北京后海的家。一时间，口号声震天动地，要"打倒宋庆龄"，幸亏家中有荷枪实弹的警卫战士守卫着，红卫兵才未能冲进来。但是，情况仍十分紧急，到上午 10 时左右，红卫兵更是如潮涌至，近千人团团包围了住所，在围墙外架起了高音喇叭，狂吼大叫着革命造反的口号，甚至在围墙上涂写刷贴造反的标语。那种来势汹汹、杀气腾腾的气势，着实把钟兴宝等工作人员给吓坏了。宋庆龄却格外冷静，她安慰大家："你们别紧张，这些娃娃们不懂事，你们别当一回事。"

　　为防不测，宋庆龄命令警卫秘书封砌了大门，只在紧邻卫生部的围墙上，开了一个小门。

　　但是，家中依然难以获得片刻的安宁。从早到晚，口号声、批判声不绝于耳。到后来，那些幼稚无知的孩子也来参与了。每天总有不少孩子的来信送到宋庆龄的手中，"强烈要求宋奶奶不要再留那种资产阶级的发型了"。每每看着这些笔画稚嫩的来信，宋庆龄只会苦笑着摇摇头，长长叹着气说："唉——孩子们不懂事呀，傻孩子，这种发型实际上是我们中华民族的传统呀！"她小心翼翼地把孩子们的来信折叠起来，放在一边茶几上，并自言自语道："孩子们不懂事，他们可别害了我们可爱的下一代呀！"

1966 年 8 月 30 日，周恩来听说南京的红卫兵要毁掉孙中山铜像，北京的红卫兵要推倒天安门对面的孙中山画像的消息，他十分焦急。他向宋庆龄北京寓所派来了一个加强连（原只有一个警卫班），分为三班，日夜巡逻在大院里外，同时亲拟了一份应予保护的爱国民主人士的名单，排在第一位的就是宋庆龄。

第二天，周总理专门接见了北京市的部分红卫兵，在会议上明确说：

> 宋庆龄是孙中山的夫人。孙中山的功绩，毛主席在中华人民共和国成立后写的一篇重要文章《论人民民主专政》中就肯定了的。他的功绩也记在人民英雄纪念碑上。南京的同学一定要毁掉孙中山的铜像，我们决不赞成。每年"五一""十一"在天安门对面放孙中山的像是毛主席决定的。孙中山是资产阶级革命家，他有功绩，也有缺点。他的夫人自从和我们合作以后，从来没有向蒋介石低过头。大革命失败后她到了外国，营救过我党地下工作的同志，抗日战争时期和我们合作，解放战争时期也同情我们，她和共产党的长期合作是始终如一的。我们应当尊重她。她年纪很大了，今年还要纪念孙中山诞辰一百周年，她出面写文章，在国际上影响很大。到她家里贴大字报很不合适。她兄弟姐妹就出了她一个革命的，不能因为她妹妹是蒋介石的妻子就打倒她。她的房子是国家拨给她住的。有人说："我敢说敢闯，就要去。"这是不对的，我们无论如何要劝阻。[1]

在周恩来总理及时有力的保护下，宋庆龄北京寓所才避免了红卫兵和造反派们的冲击。

曾有媒体披露，说宋庆龄北京、上海两地的寓所在"文革"期间受到红卫兵、造反

[1]《周恩来选集》下卷，第 451 页，人民出版社 1984 年版。

派入内冲击。此说不确。笔者在采写《宋庆龄与她的三个女佣》长篇报告文学时，曾就此问题分别向北京寓所的杜述周警卫秘书与上海寓所的管理员周和康请教。

杜述周 2001 年 10 月 29 日亲笔向笔者复信，如下：

尊敬的崇敬宋庆龄同志的

汤雄同志：

您好！

10 月 22 日信收到，所询事，电话中均已告知，故再告知如下：

1. "文革"中军代表没有进驻后海，仅是因军代表进驻国务院机关事务管理局后，由他们直接向宋宅联系。有时也与宋主席会面。

2. 宋庆龄同志一共用过三任警卫秘书。我是第三任，即：从 1968 年 5 月 8 日至宋过世。

3. 钟松年是一位对宋很忠诚的老服务员，因年纪大了，于七○年退休，后病逝。

4. 我的经历即作罢，不提了。

5. "文革"中没有人受过冲击。至于那二位姑娘，是其父病后，家境经济不宽裕，由宋照顾的。没有他意。

致

敬礼

杜述周

01.10.29

就宋庆龄上海寓所有无受到入内冲击一事，周和康在采访中告诉笔者说："1966 年'文革'刚开始，周恩来总理到上海，打电话给宋庆龄，也跟上海市委打了招呼：一定要保护好寓所。还有，在'文革'期间，因武装保卫荷枪实弹站在大门口太显眼了，所以就搬进里面来了。警卫处还特派了两个海军的团级干部带班，是带枪的。这些都是周总理特别关照的。所以'文革'从头到末，也没有红卫兵和造反派冲进来抄家、冲击寓所。1965年，周恩来总理知道上海不安全，请宋庆龄到北京去了。"

面对政治的
高压态势

　　无产阶级文化大革命，是一场来势凶猛、铁面无情的全国性的政治运动。面对这种极"左"思潮控制下的高压态势，宋庆龄只得顺应天命，静观事态的发展。

　　这时，宋庆龄在上海的几位亲戚已受到江青集团的严重威胁：倪吉士、倪吉贞是宋庆龄嫡亲的表弟妹，而且关系密切，感情很好。宋庆龄曾写过很多信给他们，有时甚至一天写两封，关照他们要注意的问题。他们之间的通信主要用英文，有时宋庆龄故意用中文写信，目的是让红卫兵看到这是宋庆龄写来的信。依宋庆龄的脾气性格，她对上海江青集团的爪牙是不屑一顾的，但为了保护表弟妹的安全，宋庆龄向他们打招呼：我在上海有两个表弟妹，希望关照一下。

　　岂料，这反而提醒了江青集团在上海的爪牙们，第二天，他们就抄了表弟妹的家。其实，江青集团及其在上海的爪牙的矛头是指向宋庆龄的。

　　1966 年 11 月 12 日，北京人民大会堂。万人集会隆重纪念孙中山诞辰一百周年。除毛泽东之外的党和国家主要领导人全部莅会。让宋庆龄感到意外惊喜的是，大会还特制了一枚孙中山纪念章，与会者每人可得到一枚。当时，人人胸前都佩戴着毛主席纪念章，现在又多发了一枚纪念章，就有了如何同时佩戴两枚像章的棘手问题。

宋庆龄清醒得很，在步入大会堂时，她领到了孙中山的纪念章，但她未假思索，就把它佩戴到左胸上那枚毛泽东纪念章的旁边。但在佩戴时，她把孙中山的纪念章佩得明显要比毛泽东像章低一些。忙着与周围的中央领导打招呼，宋庆龄一时没有注意跟随她参加大会的英文秘书黎沛华是如何佩戴两枚像章的。直到进入会场，双双入座，她才发现黎沛华佩戴的两枚像章的位置与自己不一样：黎沛华把两枚像章佩得一样高低了。

宋庆龄盯着秘书，平静地提醒对方道："像章位置佩得不对，至少在今天，你这样做不对。"

有着高度政治敏感的宋庆龄，就从那时起，不得不顺应天命，掩饰起自己真正的性格，静观事态发展。顺应天命不是低头屈服，在国民党白色恐怖下，蒋介石把恐吓信与手枪子弹送上家门，她都从没向杀气腾腾的敌人低过一次头！她只是观望着，犹豫着，分析着：自己究竟应该怎么办？

她在家里开展了"文化大革命"，要求李燕娥和钟兴宝不再称她为"太太"，一律称她为"首长"。她让秘书把家中悬挂、摆放着的一些塑像艺术品与画像，主动地收起来；把挂在北京家中客厅墙上的刘少奇的照片与相关的著作，也都悄悄地收藏了起来，把放在她卧室唱片盒里的那摞她喜欢的如《可怜的蝴蝶》《晚安》《当我们年轻的时候》与《风流寡妇圆舞曲》等唱片塞到了床底下。同时，在她的卧室里与床头上，摆上了《毛泽东选集》与大红塑料封面的《毛主席语录》。

她不顾张珏的劝阻，把自己的手提包、鞋子和衣料等被视为"四旧"的生活物品，交给警卫秘书，扔进了厨房中的火炉里！宋庆龄1980年3月19日写给廖梦醒的信中说：

> 很抱歉，我的手提包、鞋子和衣料都没有了，文化大革命迫使我毁掉了所有的东西，我把它们都送进火炉了！

李云在《随宋庆龄走过最后三十年》的回忆文章中，这样写道：

> 文化大革命开始，宋主席对此很不理解。1966 年 9、10 月间接到她的来信，她告诉我："本来我要刘某某（中福会派给她的一位秘书，主要处理中文信件，英文信件等宋自己处理）写信，不料她拒绝，我不得不自己写信了……"

这里的"刘某某"就是宋庆龄生前的文字秘书刘一庸。有关这段"拒写书信"的往事，因多种版本史料的渲染，读者已对当事人刘一庸鄙夷不已。

然而，笔者却因此产生了种种疑问：据考证，刘一庸乃 40 年代就入党的老党员，有一定的政治思想觉悟，她共在宋庆龄身边工作了近三年的时间，何以忽然拒绝为宋庆龄执笔写信了呢？为什么其他的文字工作她没拒绝，而唯独这次拒绝了呢？为什么在其他文字记载中，从没见到她与宋庆龄之间产生过任何矛盾冲突呢？刘一庸拒写的这封信，究竟是什么内容呢？她又为什么要拒写呢？

要解开这众多疑问，只能找当事人刘一庸一问究竟！为此，笔者想方设法地找到了刘一庸，并向她追索这个事情的真相。2006 年秋天，笔者在上海青松城采访了时年八十三岁的刘一庸。刘一庸思维敏捷、口齿清晰、声音洪亮；她的回忆客观具体，真实地还原了那个特定环境下所衍生的特别事件，从而帮助笔者解开了这段历史中的误会。

1964 年的 9 月 1 日，时任国际和平保健医院人事秘书的刘一庸受组织的委派，来到宋庆龄身边工作。

1966 年初，宋庆龄很忙碌，她除了要频繁地参加国务外事活动外，还要每天至少花八九个小时阅读大量的文件与报刊，以跟上瞬息万变得令她都看不明白的政治形势。

1966 年 8 月 8 日，"文化大革命"彻底揭开了序幕。面对汹涌而至的红色革命造反，宋庆龄从困惑到不解，从不解到担忧，又把担忧变成了紧张与惊恐，每天天刚一黑，她就吩咐刘一庸通知警卫排，把北京寓所中的楼上楼下仔细检查一遍，并务必把前后门关闭好，确保不让红卫兵与造反派冲进来。有时半夜，外面偶有动静，患有严重失眠症的宋庆龄也要叫醒刘一庸，令她下楼去察看。

宋庆龄最担心、最牵挂的是那场开始向她蔓延的烈火。她常吩咐刘一庸前往国务院机关事务管理局去看大字报，尤其是看造反派们张贴的有关她的大字报的内容。她要刘一庸一一如实汇报。

那天，宋庆龄忧心忡忡地把刘一庸召去，皱着眉头说道："小庸呀，你替我执笔写一封信给国务院办公室，上海 369 号的房子，再也不能让他们住了，再住就完全破损了，不能修复了。得让他们全部搬出去。"

刘一庸一听，当时心里就一怔。宋庆龄所说的上海 369 号房子，就是坐落在上海陕西北路北京西路路口的宋家花园，是宋庆龄的父亲宋耀如买下的（也有人说这幢别墅是宋氏姐妹共同出资购买送给母亲安度晚年的）。它是一幢西欧乡村别墅风格的建筑，在这座花园别墅里，曾住过宋庆龄的父母亲，也曾住过宋美龄与宋子文、宋子良姐弟们。1927 年初，蒋介石就是在这里向宋美龄求婚的，并于当年底在这里把"蒋宋联姻"的梦想变成真。1931 年 7 月，倪太夫人逝世，在这里举行隆重的告别仪式。1949 年 7 月，宋庆龄在这里创办了上海第一个新型托儿所——中国福利基金会托儿所。1952 年 1 月，宋庆龄又在这里收留著名国际友人耿丽淑。

刘一庸清楚，宋庆龄所说的"他们"都是谁。此时，369 号里，住着国际和平保健医院院长张佩珠、主任陈维博、处长邹尚录等四五位领导和他们的家人，李云及她的女儿徐平梅一家也住在那里。

这信不能写！当时，刘一庸在思想上展开了激烈的斗争，她想：这封信写给国务院办公室，就是告中福会党政领导的状，合适吗？而且此时此刻，住在里面的张佩珠院长、陈维博主任、邹尚录处长及李云秘书长，正接受着单位造反派们的审查，均已"靠边站"了！我若在此时写这封信，岂不是往他们的伤口上再撒把盐吗？让他们往哪里搬、住哪里去呀？再说，宋庆龄的这个意见国务院办公室会批准吗？如果自己就这样贸然行事，既是对自己的不负责任，也是对首长的不负责任呀！

略一愣怔后，刘一庸马上有了主意，她笑着向宋庆龄建议道："首长，这封信直接写给国务院办公室不太好，也太突然了一些，我们何不换一种方式来表达呢？例如直接向上海中福会反映。这样，既不伤害同志之间的感情，也好让组织上有所准备呀。这封信，我看这时可不能写，还是稍微等等再说吧。"

没想到宋庆龄一听，当即误会了，眉宇间的皱纹也更深了，她道："由我签字，你怕什么？我叫你写，你写就是嘛。"

但是，天性直爽的刘一庸，还是坚持自己的看法，继续摇头进言，劝宋庆龄再等一等，不肯代她写这封信。

宋庆龄见状，更加生气了，说了句"你不写，那我写"，就再也不理会刘一庸了。

宋庆龄与刘一庸之间的这段历史性的误会，就此种下了根。宋庆龄后来余怒未息，又亲笔写了封信，向李云（时任中福会秘书长，1978 年 5 月任上海市政协副秘书长）告了刘一庸一"状"，同时又在信中天真地嘱咐正在接受单位造反派审查的李云说："你赶紧检查工作，作自我批评，就可以很快地恢复工作。"

事后不久，宋庆龄又委托黎沛华打电话给李云说："夫人非常挂念你，要我转告你，你快快检查工作，主要检查工作中的缺点或者错误，就没事了。"

其实，刘一庸秘书自调到宋庆龄身边工作后，从来没有违背过宋庆龄的任何工作上的要求与指示。坚强的党性与对党的忠诚，使她在工作中，处处小心谨慎，以党的利益为重。但是，宋庆龄当时尚不是中共党员，所以在遇到原则问题上，是听党的还是听宋庆龄的呢？刘一庸经常会为此感到为难与困惑。

有一次宋庆龄要送一双高跟鞋给刘一庸，刘一庸婉言谢绝了，刘一庸谢绝的理由很简单：我是中国共产党员，谁见过共产党员穿这种高跟皮鞋呢？再说，来宋庆龄身边工作时，国务院秘书办公室早已立下纪律：作为宋庆龄身边的工作人员，绝对不能私下随便接受宋副主席馈赠的礼物。恪守党的纪律的刘一庸，怎么能把这些话都如实向宋庆龄汇报呢！

1966 年 11 月 12 日，孙中山诞辰百年纪念日的前夜，宋庆龄向刘一庸与黎沛华每人赠送过一件新棉衣。黎沛华不是共产党员，所以她和以往一样毫无顾忌地收下了；但当宋庆龄把这件新棉衣递到刘一庸的手中时，却又被她婉言谢绝了。宋庆龄难以理解刘一庸内心的苦衷，不高兴了好几天。

平时宋庆龄要刘一庸陪她一起散散步、打打康乐球，宴请来宾时坐在她身边陪客敬一杯等小事，刘一庸也都严格按照组织原则决断。因为宋庆龄所出席的场合大都是公开的，这一切表面上看似小事，实际上事关着国家的形象与声誉！遗憾的是这一切，直到宋庆龄终老都没知道。国务院秘书办公室的领导们曾单独向刘一庸他们表示：你们所受的委屈，组织上都知道，也都理解。

有关刘一庸在这个特定的环境下所受到的委屈，远在上海的李云也明白：刘一庸是共产党员，宋庆龄是党外民主人士；但刘一庸是宋庆龄亲自点名后再由党组织决定调到她身边去工作的。按规定，她的一切行动都得听从宋庆龄的指挥与调动。在这对矛盾面前，刘一庸始终处在一种两难的境地。李云后来与刘一庸单独通过电话，悄悄地把宋庆龄向她告状的事透露给了刘一庸。在电话中，李云安慰刘一庸，鼓励她打消顾虑，放心工作，力争把工作做得更好，让宋庆龄副主席满意。

环境恶劣，警卫秘书孙国印逼着宋庆龄和大家一起去食堂排队吃大锅饭，为了保护宋庆龄，刘一庸放弃了陪伴宋庆龄共进午餐的规矩，并动员宋庆龄一个人回到楼上卧室用餐。

不久，孙警秘赶走了黎沛华，之后就开始向刘一庸下手了。

从上海传来消息，保健院造反派们给保健院几位领导的"论资排辈"：院总支书记是第一号走资本主义道路的当权派，院长是第二号走资派，保留着中福会办公室主任职务的刘一庸则是第三号走资派。孙警秘得到消息，组织人在北京家中开会，向刘一庸施压，给刘一庸戴上了一顶"阶级异己分子"的帽子，要她"自觉地揭发领导和检查自己"，要她"坚定地站在毛主席的革命路线上"等。

这时，上海的中福会里也同时传来了令人担忧的消息：中福会在职的几位领导，先后成了"运动"冲击的对象。这个消息传来后，刘一庸更加坐卧不安了。如果被打倒，她的晓布、晓援两个女儿由谁管呢？

刘一庸越想越害怕，整夜整夜难以成眠，她急切想回上海保护女儿，但她不能违背党的组织纪律原则，更不能在宋庆龄患难之际甩手一走了之：两年多的朝夕相处，她与宋庆龄已结下了深厚的感情，她已把宋庆龄看作自己的长辈了。权宜之下，她与时任浙江大学教师的张珏通了几次电话，向张珏提出了请她尽快来北京接替她工作的建议。刘一庸知道，张珏自1964年12月回杭州后不久，她的父亲张宗祥就过世了，而且她至今仍独身一人，在大学英语系任教，完全可以在没有任何后顾之忧的情况下，重新回到宋庆龄的身边来工作。特别是张珏的中文基础与英文基础都比她好，而宋庆龄也多次有意无意地在刘一庸面前提到过张珏，希望她早日回到她身边来工作，并多次让刘一庸主动联系张珏，请她尽快处置好杭州的工作，返京回到她身边。

　　1967 年 5 月初，张珏从杭州打来电话，决定近日动身赴京。刘一庸怀着悲喜交集的心情，正式向宋庆龄提出了返沪的要求。

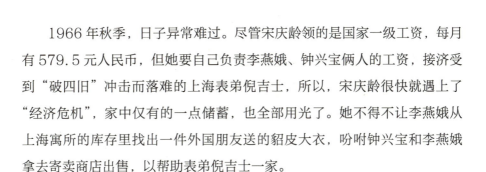

寄卖衣物

　　1966 年秋季，日子异常难过。尽管宋庆龄领的是国家一级工资，每月有 579.5 元人民币，但她要自己负责李燕娥、钟兴宝俩人的工资，接济受到"破四旧"冲击而落难的上海表弟倪吉士，所以，宋庆龄很快就遇上了"经济危机"，家中仅有的一点储蓄，也全部用光了。她不得不让李燕娥从上海寓所的库存里找出一件外国朋友送的貂皮大衣，吩咐钟兴宝和李燕娥拿去寄卖商店出售，以帮助表弟倪吉士一家。

　　宋庆龄的表弟倪吉士，被扣上莫须有的"国际三K党"的罪名，隔离审查。宋庆龄知道后，写信给他，要他相信"事情终究会弄清楚的"，并肯定表弟是个"诚实而且值得信赖的人"；又整理了两大包西装、大衣、旗袍之类的衣服，送给表弟一家御寒过冬。宋庆龄怕表弟没钱改衣服，又附上了二百元钱作为改衣服的费用。

　　倪吉士一家被赶到上海市延安西路一条小弄堂里的一个破旧又狭小的平房里居住，每月只发给十五元的生活费，生活非常艰难。

　　于是，钟兴宝和李燕娥根据宋庆龄的指示，带着这件上海滩上也不多见的貂皮大衣，向上海市中心而去。

　　钟兴宝与李燕娥虽说在宋庆龄家中生活了那么多年，但依然保留着农村妇女朴实拘谨的气质，走在大街上，谁也看不出她们竟是来自国家副主席家的保姆的样子。很快，她俩就来到南京路上一家最大的老牌寄卖行。然而，当时的寄卖行已今非昔比，四壁贴满了革命造反的标语口号与毛泽东画像，店堂里的工作人员也都臂缠红袖章，腰挎印着毛主席语录的包，虎视眈眈，杀气腾腾。

钟兴宝把这只大包裹递到了柜台上。

岂料，那几个臂缠"造反"字样红袖章的男女一打开包裹，见到里面那件贵重的东西，就走出柜台，把钟兴宝与李燕娥两人围了起来。

原来，他们认定面前这两个身上无任何革命造反标志的半老太婆，不是流亡地主便是资本家的妻妾，想偷偷变卖当年从劳动人民身上剥削来的财物呢！

钟兴宝与李燕娥由于保密纪律所限，任凭对方如何盘问，就是不肯说出自己的真实身份。她俩的言行，使得那些造反队员更生疑窦，他们扬言要把她俩关押到群众专政指挥部里去审问。李燕娥见状，急了，果断地向对方报出一个电话号码，说她们是军代表派来执行公务的"当差"，有事请直接去问军代表。

对方将信将疑地拨通了淮海中路1843号的警卫室。

于是，钟兴宝和李燕娥俩人被囚南京路的消息很快传到军代表（警卫秘书）孙国印的耳朵里。孙国印当即带上单位证明，驾上吉普车，直接赶到南京路上的那家寄卖商行，把钟兴宝与李燕娥给保了出来。

这件昂贵的貂皮大衣只当了三百元钱。

钱刚到手，宋庆龄就马上派人送到了表弟的手中。

第二任保健医生

　　1966 年，宋庆龄的首任保健医生力伯畏的第二个孩子的产期快到了。可宋庆龄那里离不开保健医生，由谁来接替自己的工作呢？力伯畏经过认真筛选与反复斟酌，终于选中了早在 1952 年就调到中央保健委员会工作，并先后担任过聂荣臻、刘少奇、朱德、罗荣桓等中央首长保健医生的时为北京医院内科副主任的时年四十岁的顾承敏。

　　顾承敏是位很有工作经验也很敬业的医生，力伯畏觉得她们两个在对待事业的态度上有点相像。于是，大腹便便的她就马上找到顾承敏，把自己的想法告诉了顾承敏。在征得顾承敏医生本人的同意后，她才向中央保健局的领导作了汇报。

　　从此，顾承敏接替了力伯畏的岗位，在宋庆龄身边担任了长达十五年的保健医生的工作。

　　顾承敏 1926 年生，于 1945 年考入北京大学医学院（即后来的北京医科大学）医疗系（六年制），于 1951 年毕业。其时，新中国刚成立，国家急需大批优秀的人才。早在 1946 年在校时就秘密加入了中共地下党的顾承敏很快就成了党和国家培养的对象。1952 年底，经过组织考查与锻炼后的顾承敏即被卫生部调到中央保健委员会，安排在傅连暲部长的办公

◇ 图 1：2011 年 85 岁的顾承敏在家中
　　　　留影
◇ 图 2：顾承敏回忆录手稿封面

◆ 图 1

◆ 图 2

室工作。从此，开始了她长达三十五年的中央首长的医疗保健工作。当时，傅连暲部长向她交代的作为一名中央高级首长的保健医生所必须谨记与遵守的工作性质、任务及应有的保健规则、注意事项等纪律，使她至今仍记忆犹新，尤其是傅连暲部长关于保密纪律的强调。当时，作为新中国第一代负有特殊使命的医务工作者，顾承敏的心中只感到无比的神圣与庄严，她暗暗发誓一定要恪尽职守，全力以赴地为那些新中国的奠基人做出自己应有的贡献，尽自己最大的力量，减少与减轻病魔对他们健康的侵扰与损害。

后来的事实也证明，顾承敏不但这么想了，还用自己行动去努力实践了。

这一个个戎马一生的开国元老们，成为她人生前进道路上的动力与楷模。她恪尽职守，先后在两个孩子满月不久的时候，就把孩子都全天寄养在托儿所、幼儿园，等她抽空去托儿所看望女儿时，女儿竟不认识她这个做妈妈的了，哭着连连后退，不要她这个"陌生人"抱！后来，孩子长大了，上小学了，他们夫妇俩就干脆把两个孩子全托在北京医院下属的育英小学。

在担任宋庆龄保健医生期间，顾承敏曾多次陪伴宋庆龄外出活动，有时是出国访问，一去就是十天半月。因保密纪律所围，顾承敏没有告诉丈夫。

宋庆龄从北京回上海时，作为保健医生与护士的顾承敏与吴庆年，要根据规定，一路上护送宋庆龄同行，在抵达上海后，与上海的同行们进行交接班。同样，当宋庆龄从上海返回北京时，上海的保健医护人员也要随机一路护送，在北京机场与顾承敏等医护保健人员作交接班。交接班后，交班的一方还得根据规定，须在接班一方的城市再住上几天。例如 1969 年 10 月 16 日上午，顾承敏与吴庆年护送宋庆龄乘坐周恩来的专机抵达上海后，直到当月 25 日返回北京。返京时，宋庆龄曾"请回京的保健医生、护士长带给邓颖超一封信、一百只螃蟹、一包紫苏；带给军代表一封信、三十只螃蟹及一架从隋家取回的照相机"[1]。

保密工作是所有中央首长的保健医护人员必须遵守的最为重要的纪律，除了保健对

[1]《宋庆龄年谱（1893—1981）》（下），第 1729 页，广东人民出版社 2006 年版。

象的健康情况,只能以单线的形式向主管领导单独汇报外,就连两地的保健医护人员交接班时,也都得严守保密纪律,互不通气。当然,更不能向家属与亲人泄露。

在担任宋庆龄专职保健医生时,顾承敏医生始终牢记着"低调做事,不事张扬"与"不得与中央首长合影"的纪律。但顾承敏既有着她的原则性,也有着一定的灵活性,好几次在宋庆龄的邀请下,她还是非常幸运地与宋庆龄一起合影,从而留下了几张珍贵的照片。不过,照片到手后,她还是秘密地珍藏在家中,从不敢出示给外人看,不让人家知道她违反了保健医生的保密纪律。

确实,作为一名党和国家的保健医生,她要为保健对象保密的事情还真不少,尤其是当她充分获得了保健对象的信任之后。

2011年底,时年八十五岁的顾承敏仍顾虑于当年的保密纪律,始终不写回忆录,拒绝任何人采访,在笔者长达一年的动员与鼓励下,她才接受了采访。

1967 年 >>>

"请你把家里养的鸽子，拣十只最好的送去给陈丕显同志，送六只给沈粹缜大姐，其余的留下来，全部杀光。"

指令花匠
追讨名花珍卉

文化大革命开始后，北京寓所中的绿化工也盲目地跟着孙国印一起起来造宋庆龄的反了，他不但借故停止了正常的工作，还擅自把家中大量宋庆龄所喜欢的花卉盆景拿走了。愤怒而又无奈的宋庆龄只得通知国家机关事务管理局把他调走，另外选派老实可靠的绿化工来寓所。

1967年4月6日，时年二十三岁的绿化工安茂成被调到后海宋庆龄寓所。

安茂成是回族人，1943年9月出生于北京市一个小业主家庭，他从小受家庭熏陶，为人处世憨厚又善良，待人接物忠诚又老实。他到宋庆龄北京寓所，担任绿化工，兼管鸽舍的清洁工作。后来因专职饲养鸽子的那个工作人员被辞退，他就又接管了寓所中所有鸽子的饲养工作。

以往安茂成每周都要来宋庆龄家换送花草，这时他发现北京寓所的院中空空落落的，就连草坪上的花草也无精打采的，给人一种异样的感觉。

不等安茂成把寓所中所有花卉盆景的情况了解清楚，秘书张珏就把一张宋庆龄亲手写的纸条交到了安茂成的手中，张钰说："小安同志，这是首长亲手写的一张单子，上面的花卉盆景，都是你的前任搞掉的。也不知他都送哪去了。现在，首长想请你帮帮忙，把它们尽快地追回来。你看怎么样？"

安茂成接过清单一看：这两盆石榴花，是周总理送的；这兰花，是朱德元帅送的；这蓬莱松，是彭真副委员长送的；这株罗汉松，是陈毅元帅送的；这凤尾竹，是廖承志、廖梦醒送的；还有这十棵大石榴树、八棵大白兰树……

见安茂成略有踌躇，张珏连忙表态道："小安，你放心，办这件事，要车有车，要人有人，都会派给你调配。只是你大约什么时候能够办完呢？"

由于安茂成之前每天奔波于几大公园和旅游局，对这些花卉盆景目前的所在位置都大致有印象，为尽量满足宋庆龄的要求，让她尽快从不愉快的阴影中摆脱出来，他当即就坚定地表态："后天早上，全部追回。"

当天，安茂成就打电话给国家事务管理局，向侯春怀局长汇报了此事，转达了宋庆龄副主席的要求。在电话线那端的侯局长一听，立即指示道："小安，你就放心大胆地追回吧。不要光拉这些，只要是漂亮的，也都拉，多拉一些。只要首长高兴，你只管拉就是！"

在那个视养植花草为资产阶级思想的年代里，安茂成能得到这样一位领导的大力支持，他的心里充满了感激与感动。

第二天，安茂成就起了个大早，带上侯局长特配的两辆大卡车与八位警卫战士，奔向几大公园开始了寻找。经过两天的努力，他终于把所有丢失的花卉盆景都找了回来。其中有宋庆龄喜爱的那棵已有二百多年历史的老石榴；朱德总司令赠送给她的兰花；彭真副委员长送给她的蓬莱松；斯诺送给她的梅花、碧桃、一品红等，整整装了两卡车，第三天上午，在警卫战士的护送下，这些花被运回了后海的家中。

安茂成不待片刻休息，与警卫战士们一起卸了车，然后根据原来摆放的位置，把这批花卉盆景逐一物归原处。北方初春的天气寒意十足，但汗水把安茂成的内衣都濡湿了。

下午，宋庆龄下楼来了，尽管她戴着一副墨镜，但仍遮掩不住她脸上那喜悦洋溢的欢笑。她逐株逐盆地观看着，欣赏着，气色特别好，脸上布满了微笑，好像在告诉大家：我胜利了！我并没有像外面传说的那样是在承受着政治上的软禁，而是仍像以往一样过着幸福的生活。

杀鸽子的风波

　　1967年5月1日，在宋庆龄的紧急召唤下，秘书张珏回到了宋庆龄身边。

　　回到北京寓所的第二天上午，偶然经过楼下的鸽棚，她发现几个工作人员正兴高采烈地在捕捉与宰杀鸽子，鲜血与羽毛飞洒了一地。张珏见状大惊，急上前阻止，责问道："谁让你们这样做的？"那几个工作人员竟理直气壮地回答说，是宋庆龄同意他们这样做的。张珏自是不相信。

　　张珏请工作人员暂时别杀鸽子，由她请示了宋庆龄再作决定。她在一张纸上写了这么几个字："首长，您说过鸽子象征和平，让它们在蓝天飞翔吧！让它们在您身边啄食吧！"便迅速奔上楼，来到正因病卧床的宋庆龄床前。

　　宋庆龄看过张珏递上的便条后，不由一声长叹："唉，连这可爱的小鸟也遭难了，真是在劫难逃呀！"

　　"不行，怎么可以这样做呢？"张珏一听就急了，她知道鸽子是宋庆龄最喜欢的小动物，在北京和上海两地的寓所里，都豢养着一批可爱的鸽子。十几年来，宋庆龄几乎每天都要前往鸽子棚前看望它们，亲自喂它们食物，和它们一起说着只有它们才听得懂的悄悄话。一向温和的张珏，这回却因忠诚与公正而变得执拗倔强了起来，她一边劝阻着宋庆龄，一边急忙奔下楼，不惜向那几个工作人员"假传圣旨"，说首长根本不同意宰杀鸽子，必须立即停止！这才制止了那几个工作人员的行为。

张珏的举动震怒了孙国印警秘，他看在眼里，恨在心头，寻思着怎样造反才能立功。

孙警秘在北京家中胡作非为，宋庆龄终于忍无可忍了，她亲自修书一封，把近来发生在家中的一系列令人不快的、有涉全家人安全的事情，向周恩来总理作了汇报。为确保此信能送到西花厅，她特地派人巧妙地冲破了大门口红卫兵的封锁。

周恩来当即作出了两条决定：一是加强对宋庆龄后海寓所周围的警卫，除了由部队担任执勤任务以外，还要公安部、北京市公安局、当地派出所三方密切配合，确保宋庆龄寓所免受外来的冲击；二是抱着惩前毖后、治病救人的态度，决定找孙警秘好好地谈一次，使之明白是非好坏，及时醒悟过来。

那个非常时期，苦撑危局的周恩来忙得马不停蹄、没日没夜，他一天至多只能睡上三四个小时，实在抽不出精力来亲自处理宋庆龄的这件棘手事，于是，把此事交给邓颖超全权处理，请她代表他们俩，与那孙警秘好好地谈一谈，务必请他悬崖勒马。

"小超，你顺便打个电话给宋副主席，是否请她考虑一下，干脆搬离后海北沿，搬到中南海里来住。这里毕竟比那里安全得多，也便于管理。此外，你提醒宋副主席一下，请她千万不要随便离开北京去上海……"

邓颖超清楚，现在的上海已完全控制在江青集团的手中，一旦宋庆龄回到上海，肯定会受到更大的安全威胁，到时候只怕党中央也鞭长莫及、爱莫能助。

邓颖超根据周恩来的指示，向后海北沿46号连打了两个电话，第一个是打给宋庆龄的，源源本本地传达了周恩来对宋庆龄的关怀与提醒；第二个电话是直接打到警卫秘书办公室的，叫孙警秘去西花厅。

因为邓颖超亲自接见谈话，当时孙警秘的心中有种受宠若惊的感觉。他静静地聆听着邓颖超的教诲与开导，不时点着头。邓颖超首先声明了她这次是代表周总理与对方谈话的，接着肯定了孙警秘忠于毛主席、积极投身文化大革命的态度，然后，邓颖超话锋一转，直言不讳地指出了孙警秘这样做是错误的，有把运动扩大化与敌我不分、是非不明的嫌疑。她要求孙警秘立即停止一切非职责权限内的做法，痛改前非，切实履行起他应该履行的职责与义务，绝对保护好宋庆龄的日常安全，确保宋庆龄能顺利地为党为人民工作，尽快恢复宋庆龄家中的安详与宁静。同时，她还要求孙警秘不但要做好周边工作人员的解释工作，团结大多数同志，恪尽职守，还要及时制止其他人的一切不利于宋庆龄工作与生活的言行举止，对党中央负责，对毛主席负责，也对他孙警秘自己负责。

"宋副主席是'文革'开始时我党第一个要保护的重要的国家领导人与民主人士，她曾经为我党和国家做出了巨大贡献。作为中国共产党，必须做好她的一切安全保卫工作。这也是周恩来与毛主席的愿望。我相信你会立即停止这种错误的做法，回到毛主席的无产阶级革命路线上来。"邓颖超如是说。

有关此事，在宋庆龄致罗叔章的信中有披露：

罗大姐：

前天听说你跌了一跤，我十分挂念。自己因脚痛不能去看你，就派钟同志来代我向你问候。我不知道她怎么样和你讲到家事，使你不能正确了解这里复杂的情况。并且从信上看起来，你一定误会些真情。就是×××那人不好，挑拨是非，鼓动服务员起来造反，不肯好好工作等！等你来这里时，我讲详情吧。暂时请不要再去为我麻烦邓大姐了，因为昨天她已叫×××去谈过话的。这次她费了许多精神来帮我解决一些麻烦事，我真对她不住，因她自己要管许多事，并身体不太好。

祝你身体好！

致

革命的敬礼！

林　泰

一九六七年五月五日 [1]

邓颖超开导与劝阻后，孙警秘果然规规矩矩、老老实实。

北京家中暂时回归平静了。

三个月后，从几家代表着中央权威的电台里与报纸上，连续地出现了几次批评饲养鸽子是"资产阶级的生活方式"，"要破除，要消灭"的文字，这下，宋庆龄又一次坐卧不安了。她分明感到这种批评是冲着她来的：在中央首长中，有谁家中豢养了那么多的鸽子呀？！

宋庆龄决定与她的爱鸽彻底诀别。

她打算先从上海动手，因为上海的革命造反形势，似乎比北京有过之而无不及，而北京家中的鸽子，已得到了张珏有力的保护，暂时没问题。

1967年8月下旬，宋庆龄嘱黎沛华执笔，向上海家中的李燕娥和周和康去信，请他们把家中豢养的鸽子全部分送他人或宰杀。

鸽子一向是宋庆龄最喜爱的小动物，因为它不但生性温驯善良又洁净，更象征着和平与友爱。一想到要亲手扼杀自己倾注深情的爱禽，宋庆龄心如刀割。黎沛华写好信后让她签名时，她连看都没看一遍，就在信下方一挥而就，写下了"林泰"两字。

1967年8月25日，黎沛华执笔代言的这封信，就寄到了上海家中的李燕娥和周和康的手中。在信中，黎秘书写道：

[1]《宋庆龄书信集·续编》，第387页，人民出版社2004年版。

你们致首长函及照片九张，昨晚收到了。兹遵首长嘱复函。这里的红卫兵天天各处去斗争，破四旧，立四新。居民家里有封建或资本主义色彩的东西要丢掉……以后不许养狗猫等。家里的鸽子是否可能继续保养，因伤粮食之故，请你们研究。如果不能做主，请同沈大姐商量，因首长一时不能回来。[1]

过了几天，又一封态度更加明确的信，寄到了上海家里。从笔迹上看得出，这回是宋庆龄的亲笔了：

周同志，请你把家里养的鸽子，拣十只最好的送去给陈丕显同志，送六只给沈粹缜大姐，其余留下来的，全部杀光。据说养鸽子是资产阶级的生活方式……[2]

一连两封信，传达了宋庆龄一个指示。周和康为难了，他怎忍心把首长最心爱的鸽子"全部杀光"呢？经与李燕娥反复商量，决定来个变相拖延的办法。

周和康只是将十六只鸽子分送给了陈丕显和沈粹缜，留下了其余的鸽子。然后写信向宋庆龄报告说："……寓所对面武康大楼上，有几户人家也养有鸽子。每天早晨，我看到有许多鸽子，在楼顶天空中飞来飞去。鸽子是和平的象征，您曾把一对象征和平的白鸽，赠送给印度尼西亚总统苏加诺，他十分高兴地收下了这一珍贵的礼物。鸽子也是通讯的小天使，您外出时，带上上海家里的鸽子几对，在北京放飞，千里迢迢，翱翔蓝天，飞回上海的家里，停在鸽棚上，咕咕叫着，似乎在告诉我们，它们已完成光荣的使命，自由自在地胜利而归了。为此，恳请首长考虑，同意我们把多余的鸽子留下，让它们自由飞翔在蓝天，让它们永远在您的身边……"

[1]《生活管理员眼中的宋庆龄·资料集》，第86页，上海孙中山故居纪念馆2015年编。

[2]《孙中山宋庆龄研究动态》2009年第3期《宋庆龄养鸽情趣》，上海孙中山宋庆龄研究会编印。

从上海传来的消息，尤其是周和康所说的寓所对面的武康大楼上，仍有几户人家养有鸽子的信息，让宋庆龄看到了希望，她连忙向上海周和康和李燕娥复信，收回了自己的决定，同意把其余的鸽子继续留养在家中。

送到陈丕显和沈粹缜家中的十六只鸽子，也被它们的临时主人放飞，鸽子们飞回了自己原来的家中。

1968 年 >>>

宋庆龄一改冬日送衣物给工作人员的习惯，送每人一本《毛泽东选集》合订本。

面对后院起火

非常时期宋庆龄自购一些学习材料，发放给寓所的工作人员。

1966年底，宋庆龄自费购买了一些《毛主席语录》，分送给工作人员。

1968年9月3日，宋庆龄将《毛主席的最高最新指示》《毛泽东论党的建设》《毛泽东论教育革命》等书分送给工作人员。

1968年10月4日，宋庆龄一改冬日送衣物给工作人员的习惯，送每人一本《毛泽东选集》合订本。

随着运动的深入，这位1964年4月由国家机关事务管理局调派来的孙警秘又坐不住了，带头发难。一天，他写了条子递上楼，要求宋庆龄跟大家一起吃大伙房的饭菜，甚至要求宋庆龄自己下楼到食堂排队就餐。

宋庆龄没有理睬。

孙警秘又要求李燕娥和钟兴宝在寓所里参与政治学习。

李燕娥与钟兴宝一向是宋庆龄私人聘用的保姆，本来就从不参加大院里的一切政治活动的。但随着文化大革命运动的深入开展。每当上海家中组织政治学习时，孙警秘就通知她俩前去参加。李燕娥不听那一套，不但不参加，还把来人骂了个狗血喷头。无奈，孙警秘只好亲自出马了。但他也不敢找李燕娥，李姐资格老，且性格刚烈，大家谁也不敢惹。他只好从钟兴宝开刀。

孙警秘想只要钟兴宝愿意参加学习,那么就有可能把李燕娥也一起争取过来了。可是,一向懦弱的钟兴宝这回却特别坚决,任凭孙警秘怎么说,就是一句话:"我不做主的,一切只听首长的。"

孙警秘见钟兴宝把事情往宋庆龄身上推,知道钟兴宝这是不愿意参加学习。于是,他采取迂回政策,向钟兴宝打起了心理战。

他抓住钟兴宝当时还不是国家正式机关工作人员编制的这一"心病",引诱道:"兴宝,只要你能参加我们的组织活动,我可以保证让你早日转正为国家正式机关工作人员。"

说实话,这是钟兴宝多年来梦寐以求的事情,她何尝不想早日转正为国家正式机关工作人员?面对如此强烈的诱惑,她犹豫了,吞吞吐吐地说了句"让我再想想",低头走开了。

这事被李燕娥知道了,李姐勃然大怒,她径直找到孙警秘,斥责道:"你好大的胆子,竟敢假传圣旨!我只问你一句话,如果兴宝真去参加你们的学习了,你是不是马上把她转正为国家干部?"

"我、我……"孙警秘望着李燕娥,无话可对。

孙警秘又去见宋庆龄。宋庆龄冷冷道:"对不起,李姐和兴宝是我私人聘用的,她们的工资是我个人支付的,谁也无权支配。"

事实也是这样,钟兴宝自从来到宋庆龄身边后,她的工资一直是宋庆龄私人支付的。直到1982年6月,才由国家机关事务局人事处专门发函苏州市吴县木渎已退休在家的钟兴宝:根据国务院"国发〔1982〕140号"文件的规定,将钟兴宝升定为行政二十一级。

周恩来出面阻止了红卫兵冲击后海宋宅,但上海宋宅仍不安宁。红卫兵在上海宋宅门外的围墙上大刷革命造反的标语,含沙射影地把矛头指向宋庆龄。

张珏,很快察觉到了宋庆龄心中的苦闷与烦恼,略一思索,便有了一条妙计,她电话通知上海寓所的警卫班,令他们先派人把两地的宋宅围墙粉刷一新，然后抓紧时间抢在红卫兵与造反派前面，刷写上鲜红美观的革命口号。于是，在张珏的亲自指挥下，上海寓所的围墙上，出现了"战无不胜的毛泽东思想万岁""敬祝伟大的领袖毛主席万寿无疆"等标语。此计甚妙，有了这两幅挡箭牌，红卫兵与造反派们果然再也不敢在上海寓所的围墙上乱涂乱写了。

"文革"期间，宋庆龄自觉学习《毛泽东选集》，她以为这样还可以促进中文学习，并要张珏做她的中文老师。张珏说："那时，她常有不明白的问题，句子、词语，尤其毛主席引用的典故、诗词等，叫我用英文予以解释。还有，她看内部的机密文件，有时也会上不着天，下不着地地摘下一个词，让我翻译成英文向她解释。因为常常是前不接句，后不续词，所以我不知此词上下文的意思，很难理解引用此词的意义，很难翻译。"

在邓颖超找孙国印谈话后的大约将近一年的时间里，孙警秘确实收敛了些，没在家中闹事造反，只是组织家中的工作人员学习政治，学习毛泽东思想。但随着江青集团的逐步登峰造极，潜埋在他心底的那种邀功取宠的私心再次爆发了。当他得知宋庆龄当年一手创办的位于上海的中国福利基金会中，有人明目张胆地悬挂出了"打倒宋庆龄"的标语，并把"宋庆龄"三字倒挂起来的消息后，他把邓颖超当时的忠告和周总理的警告抛到了脑后，变本加厉地恢复了迫害折磨宋庆龄的行径。他指示工作人员掀掉楼梯上的地毯；强迫宋庆龄与全体工作人员与警卫人员一样，在楼下大餐厅排队买饭用餐，"取消宋庆龄的一切资产阶级特权"。

为了息事宁人，也为了不至于使人家误认为她与毛主席相对抗，宋庆龄已够迁就孙国印了，但没想到这个孙警秘居然没完没了地胁迫她、折磨她，闹得家中鸡犬不宁。

1968年4月，由于部分工作人员的罢工，宋庆龄把二楼卧室隔壁的那间储藏室，改为临时小厨房，她和钟兴宝、张珏三人的一天三餐，都在楼上自理。

她没有了生活的乐趣，没有了行动的自由。白天，她整天与那三份她自费订阅的报纸为伍，整天翻阅那几本《毛主席语录》与《毛泽东选集》；入夜，她只能与钟兴宝与张珏三人一起待在卧室里看看电视、说说闲话。偌大的家中，冷冷清清、凄凄凉凉，只有她们三个遗孀形影相吊。

非
常
时
期
的
非
常
措
施

动乱期间宋宅的气氛很冷漠。

天性喜欢安静的宋庆龄，变得更加不喜欢与人亲近了，哪怕是朝夕相见的秘书张珏，有什么事需要商量，宋庆龄就走过走廊，往对门张珏卧室门缝里插一片英文写的字条。张珏的回复也是一片纸条，也是英文，也是插在宋庆龄卧室的门缝里。

"夫人一向是单线联系，也许是她当年做地下工作形成的习惯。"张珏在晚年回忆录中不无幽默地这样解释道，"她写给我的纸条，看完了都要交回去，再由夫人亲手烧毁。"

"夫人的个性强极了，不喜欢与人来往。"张珏回忆道，"夫人唯一有一次与我拉家常时，就是问我家里还有什么人，我回答有兄弟姐妹六个。夫人就说，我家也是六个兄弟姐妹。这是夫人唯一的一回。"

张珏所说的确如此。

1968 年，那是宋庆龄晚年中最黯然的时期。倪吉贞是她二舅倪锡纯的长女，一向与宋庆龄感情很好。红卫兵要倪家把房子让出来，倪吉贞被驱赶到住宅的汽车库里，后来跳楼自杀了。

噩耗传来的那天，宋庆龄在张珏的门缝里塞了张纸条，上面写着：

"Suicide is a crime."（自杀是一种罪行。）然后她坐在屋里半天没出来，也没说一句话。

"文革"中期，宋庆龄有一次单身外出时间较长，张珏与留在家里的人都等得有些焦急了。宋庆龄一回家，就给张珏写了英文便条，说明她外出是为了安慰一位死去的朋友，耽搁的时间久了。但在安慰朋友时，宋庆龄想起了孙中山先生逝世的情景，故在此便条中她还写道：

> 孙先生逝世后，我连太阳光都不愿见了。屋里放下窗帘。每年孙先生诞辰和忌日的场合，我都不愿去。那会使我回忆起许多过去的往事。这太悲伤了。想不到今天我要以自己悲伤的感受来劝慰朋友了！[1]

读了宋庆龄的这张便条，张珏才明白宋庆龄何以有时候要低垂着卧室里的厚厚的窗帘，一个人闷闷地坐在那里半天没有声音。

"文革"后期，有人利用宋庆龄的威望，在外面造谣行骗。面对种种不堪的传言，张珏曾试着劝阻宋庆龄注意。但宋庆龄根本听不进去，还在张珏的卧室门上插了一张纸条，上面写着："I don't mind."（我不介意。）

但宋庆龄对孙警秘的忍耐已到了极限，她把家中出现的危机密报给周恩来总理。

这天深夜，还在和秘书张珏一起伏案工作的她在办公室里拿起电话，亲自拨通了西花厅。

有关宋庆龄和周总理在电话里都说了些什么，张珏记不清了，只听见了其中的一句话："总理，您给我调走他吧！"

周恩来总理同意了！

第二天下午，结束全体工作人员的政治学习后，有警卫战士向孙国印报告，说警卫局刚打来电话，请他马上前去局办公室开会。孙警秘信以为真，连忙驱车直奔警卫局。岂料，他刚踏进警卫局办公室，

[1]《回忆宋庆龄》，第 704、705 页，东方出版中心 2013 年版。

◇北京宋庆龄寓所的工作人员在"文革"中合影，安茂成（后左一）、杜述周（前左三）

就从两边跃出两个人，不等他反应过来，那两人已一左一右紧紧地挽住了他的两条胳膊，同时，迅速地拔掉了他腰间的小手枪。

"你们想干什么？"孙警秘不由惊慌失措地叫了起来。

"对不起，孙国印同志，奉上级命令，对你采取非常措施，现在向你宣布以下两件事项。"警卫局的负责人神情严肃地从里屋走了出来。

"什么事？"

"一是从现在起，你所担任宋庆龄的警卫秘书的职务被解除了；二是请你立即离开那里，去国家机关事务管理局报到。"负责人不慌不忙地答道。

"这究竟是怎么一回事？"孙警秘的脸色苍白，愤怒与惊恐使他情不自禁地轻轻颤抖了起来。

"你去了那里就知道了。"

孙警秘被驱逐出后海北沿 46 号后，宋庆龄又撤换了那几个紧跟孙警秘造反的工作人员，公布了一系列新制定的内部管理规定与纪律，并把这事通知了国家机关事务管理局的军代表。

这在李云秘书那篇《随宋庆龄走过最后三十年》一文中有所披露：

> 幸亏警卫局知道后，很快解除了那个警卫员的工作。据说警卫局考虑到这个警卫员随身带枪，如铤而走险，危险性很大，为不出意外，他们通知警卫员去汇报工作，一到办公室门口，左右两旁出来两人，将他两手臂抓住，把他随身带的手枪摘下来，同时宣布撤销他的警卫员的职务，另派一位接替他的工作。宋家里的公务员也陆续换去，这样家中就平安了。

据钟兴宝回忆，撤换孙警秘是在张珏到任后的第二个月。

第二天，国家机关事务管理局另派军队出身的转业干部杜述周来到了后海，顶替警卫秘书孙国印。

杜述周，是建国之后由国家机关事务管理局指派到宋庆龄身边的第三任警卫秘书。他到任后,便再也没有离开宋庆龄,直到宋庆龄与世长辞后,才于1990年正式离休。孙国印在离开宋庆龄后,听说即由组织安排,去了北京郊区的"五七干校"。

1969 年 >>>

宋庆龄受到江青的排挤，被取消列席"九大"的资格，她此刻确实有点失落。

1969年4月中旬，靳山旺被抽借到中国共产党第九次代表大会会务组帮助工作。

在整理材料时，靳山旺惊讶地发现大会主席团乃至所有代表的名单中，都没有宋庆龄的名字！难道宋庆龄不是中共党员，她没有资格参加这个会议？不对呀！1956年，宋庆龄不但列席了中国共产党第八次代表大会，还以一个非党员与国家副主席的身份，在会议上讲话呢！

靳山旺在内心里为宋庆龄打抱不平，一个国家副主席，被排斥在党的政治生活之外。

5月25日傍晚，靳山旺把一大包装有"九大"的政治报告、党章、相关学习文件及十几枚发给会议代表的毛主席像章悄悄带出了会务组，同时还写了一份自己近阶段工作情况的汇报，一并交给了宋庆龄北京寓所的管理员张友，托他捎给宋庆龄。

其时，宋庆龄受到江青之流的排挤，被取消列席"九大"的资格，她此刻确实有点失落。收到珍贵的会议材料，宋庆龄不由得笑逐颜开，心里充满了对靳山旺的感激：还是这门"大炮"对我最忠诚，对我最了解。

她连夜全文仔细阅读了这批材料。

第二天刚吃过早饭，她就伏在案头，给靳山旺写了一封短信：

"大炮"同志：

昨晚你托张友捎来的政治报告、党章和学习文件、像章等收到了。十分谢谢你！

见信你为"九大"的准备工作忙了一个星期，一定很辛苦了。

送给我的小鸽子已经当了妈妈，过些日子，等我关节痛好些，请你带孩子来看那只鸽子，并且现在的园子有些桃花，树木都有叶子，好看些了。

祝

你和一家都身体健康！

林　泰

一九六九年五月二十六日 [1]

之后，靳山旺又接连几次把"九大"的文件悄悄地弄出来送到后海宋庆龄手中。

1973年至1978年，靳山旺到江西省进贤县中央办公厅"五七"干校"劳动改造"了整六年！

就在靳山旺最危难时刻，宋庆龄也不怕受牵连，一如既往地与他通信。

"大炮"同志：

谢谢你的信，昨天才收到的。因会[为。笔者注]我去年11月回上海来试打血管针，在1971年我发高烧，一个女大夫就给我服了二十四粒的过敏性药片，使我这两年痒得不能好好工作，每天要擦油膏，吃药都不能彻底治好这病，虽然看了许多医生。我吃尽了痒痒的痛苦！后来我决定回上海打血管针，让体内的余毒都排出。这种针

[1]《宋庆龄书信集·续编》，第393页，人民出版社2004年版。

每天要打二小时半，现在刚打了一疗程。皮肤虽然有些好转，但须要休息。针都打在两只手背上，所以筋都肿了，不能多写字。请原谅。

希望你一家都健康，新年快乐！

等我好些再给你信。

林　泰

1973 年 1 月 1 日 [1]

1978 年，靳山旺结束了"劳动改造"回到北京。这年 5 月，当他从中央警卫团转业时，中央办公厅政治部在他的转业证明上写上了"不准分配到党政机关，只能分配到工厂"的字样。于是，靳山旺携全家告别北京城，回到了家乡陕西。陕西省政府把他安排在西安新华印刷厂，任命为该厂的党委副书记、副厂长。

---

[1]《宋庆龄书信集·续编》，第 449 页，人民出版社 2004 年版。

1970 年 >>>

　　每年清明节前夕，宋庆龄总要写信给李同志，嘱我陪她到虹桥路的万国公墓宋庆龄父母的墓地去扫墓。

她的性别忌讳

孙中山逝世之后，宋庆龄就很谨慎自己与异性之间的接触与往来。

她绝不允许任何男性进入自己的卧室。

宋庆龄在上海与北京两地的寓所楼上，除了李燕娥、钟兴宝、顾金凤、黎沛华、张珏、刘一庸等女性保姆与秘书外，一般人都不能上去。没有宋庆龄的允许与召唤，她的卧室就连女性的保姆、秘书、保健医生也进不了。当然，在宋庆龄人生的最后几年中，为防止宋庆龄一人夜间发生意外，保姆顾金凤需夜间陪伴宋庆龄睡觉，这是例外。

宋庆龄身边的文字秘书，也都是女性：中华人民共和国成立前，先后是黎沛华、廖梦醒、柳无垢与李云；1950 年至 1958 年，是卢季卿；1958 年到 1981 年宋庆龄病逝前，是黎沛华、张珏。负责为宋庆龄递送一日三餐的工作人员，也至多把饭菜送到卧室门口的凳子上。

1957 年 4 月 25 日上午，宋庆龄同刘少奇、林彪、刘伯承及柯庆施、曹荻秋等到龙华机场，欢送伏罗希洛夫。伏罗希洛夫对宋庆龄行吻手礼，说："谢谢你们对我这样的欢迎！"

关于伏罗希洛夫对宋庆龄行吻手礼一事，据当时的记者徐行回忆说："伏氏当时只是象征性地行了一个吻手礼。"在场的记者也都当然知道这一礼节在西方很流行，因为它显示了对尊贵妇女的敬重。于是，记者们纷纷拍下了这珍贵的一幕。

但是，贵宾走后，宋庆龄的秘书却在上海市政府新闻处处长陪同会见记者前，转达了宋庆龄的意见："宋先生考虑，刚刚那个吻手礼在我国还少见，可能引起某些百姓的误解。是否可以请大家不要用那张照片，新闻界里也不必提到此事。"

和李燕娥
有个秘密约定

　　细心的读者不难发现，在周和康没到宋庆龄身边工作之前，李燕娥是很少与宋庆龄通信的，她不能识文断字，也没有她所信任的、能够为她执笔的人。在多年共同合作、亲密配合中，李燕娥与周和康成了无话不谈的挚友。尤其在周和康冒着生命危险，从何元光的菜刀下救下李燕娥之后。

　　据周和康回忆："每年清明节前夕，宋庆龄总要写信给李同志，嘱我陪她到虹桥路的万国公墓宋庆龄父母的墓地去扫墓。每次去扫墓，都是由刘春生驾驶吉姆车，带上六盆瓜叶菊盆花，放在坟墓的上首，以寄托宋庆龄对父母的怀念和哀思之情。这样年复一年，从未间断过。这六盆花象征着宋庆龄他们六个子女的亲情，一盆花就是一个子女的爱意。正像李同志所说的：'夫人曾经对我说，清明时节去扫墓，每年如此，不能忘记。我是代表兄弟姐妹去扫墓，他们都在国外，只有我一个亲人留在国内去完成扫墓任务，以表达子女对父母的孝心和敬意。'"

　　1970年的清明节前，周和康又和往年一样陪同李燕娥前往万国公墓扫墓。在墓地上，李燕娥忽然笑着问周和康："周同志，侬阿晓得我百年之后，安葬在哪里？"

　　周和康闻言一愣，误以为李燕娥在和他开玩笑，所以也笑着回答道："李同志，侬又要开玩笑了，侬不是说要活到九十九岁吗？今天谈此事，恐怕为时还早吧？"

李燕娥听了，笑着摇摇头，指了指面前的坟墓说道："喏，就在这里脚底下，葬在夫人父母的身旁。夫人早已给我安排好了，她在左边，我在右边，我俩生死永远不分离。周同志，侬看我的福气多好呀！"过了一会儿，李燕娥又接着说道，"我衷心希望夫人长命百岁，如果夫人百年之后，淮海中路家里的房屋，我不便住下去的话，夫人已经对我说过，决定把我安排到陕西北路 369 号（宋庆龄父母在上海的住宅）去住，住在二楼朝南的一大间内。这一间最好，阳光充足，煤气、卫生设备都独用，可好啦！到时候，周同志侬可要经常来看我，帮我买些东西……"

周和康听到李燕娥向他透露如此重大的私人秘密，十分震惊，但更多的是感动，为宋庆龄对一个保姆的深情厚谊，为李燕娥把他视为知己。

每次，有宋庆龄用粗粗的毡头笔写着"李燕娥收"或"周和康收"的信件寄到时，李燕娥总会欣喜得像个孩子，拿着信大声叫嚷着："周同志，首长来信了，你快上来呀，读给我听听！"

周和康也怀着和李燕娥一样欣喜的心情，把宋庆龄的来信一字一句读给她听，对李燕娥不太理解的地方，他还要解释与翻译。李燕娥听完信后，就请周和康代她写回信，及时地向宋庆龄汇报家中的情况，汇报宋庆龄想知道的事情。周和康每次为李燕娥代笔后，要一字一句地念上一遍，直到李燕娥满意了，看着她签上她唯一会写的自己的名字后，才送去邮寄。

1971 年 >>>

"这是给孩子的。"

1971 年 5 月，北京寓所花匠安茂成的第二个孩子出生了，是个儿子，乐得他整天笑眯眯地合不拢嘴。这消息传到了宋庆龄的耳朵里。于是，就在这一天，钟兴宝来到楼下，笑嘻嘻地把一个小包裹送给了安茂成，并叮嘱他回家再打开。

安茂成下班回家打开一看，原来里面包着一身婴儿穿的小衣服，一条小毯子，九尺给产妇用的花棉布。里面还夹着宋庆龄亲笔写的一张纸条：

小安同志：我恭喜你，又添了一个男孩！

宋庆龄

这一晚，安茂成全家凝视抚摸着宋庆龄送给他们的衣物，好久才入睡。宋庆龄的关怀，使他们全家人感动不已。

春节过后没几天。一天，安茂成正在浇灌那棵宋庆龄情有独钟的老石榴。忽然，钟兴宝笑嘻嘻地走了过来，操着一口南方口音对安茂成说道："小安哪，首长想给你养一个孩子，先叫我来问问你的意见。"

安茂成听了，不由吃了一惊：他知道宋庆龄欲帮他收养一个孩子，完全是想帮助他解决经济上的困难。当时他的月工资只有四十多元，上次加薪时为帮助宋庆龄解决家中的矛盾，他主动把一级工资让给了厨师黎传。有关这件事，宋庆龄完全清楚。

让宋庆龄花钱为自己养一个孩子？这怎么行呢？她老人家已经照顾隋家两姐妹了，并且负担了她们十几年来的全部费用，如今再给她增加经济负担，这可万万使不得呀！

宋庆龄的关心使安茂成的心头一阵阵发热，他抑制了一下自己的感情，对钟兴宝说道："兴宝阿姨，真对不起首长了，我的工资真的够用了。请你谢谢首长。"

兴宝看了看这个憨厚质朴的年轻人，笑着摇摇头，似乎对安茂成的谢绝不可理解。

宋庆龄听了兴宝的汇报，没多久便心事重重地下了楼，亲自来到安茂成的面前，她沉思着，并似乎有些不高兴地说道："你这个小安同志呀，要实事求是嘛。四十几元的工资，两个孩子，不好养呀。再说，还有老人，负担不轻呀！"见安茂成欲言又止，宋庆龄又道："你想说什么，这我懂，我懂！可我是中国福利会的呀！"

安茂成谢绝了宋庆龄的一片好意后，心里内疚了好几天，他实在不忍心让日夜为国家大事操劳的首长，为自己那区区小事而多操心。

星期六的傍晚，正当安茂成准备下班的时候，他发现情况有点不对。他的自行车一直是放在锅炉旁边的一个背静处的，谁也不知道，可今天挂在自行车车把上的书包里，塞了满满一包的东西。

纳闷的安茂成连忙打开书包，发现里面装着两袋"红星牌"奶粉和一斤白糖，还有张小纸条，打开一看，是宋庆龄的亲笔便条，上面用粗粗的蓝墨水笔写着：

这是给孩子的！

安茂成的视线顷刻模糊了，两滴豆大的泪珠，从他的眼睛里滴落了下来。

按纪律，工作人员是不能随便接受首长馈赠的一切东西的，所以安茂成连忙拿着书包，找到了秘书，向她请教这该怎么办。秘书听了安茂成的汇报，看了宋庆龄的便条，当场就笑着说道："给你的你就收下吧！"

这两袋奶粉与一斤白糖，又使安茂成全家激动了近半夜。安茂成的妻子杨翠玲激动地念叨着："这位老太太呀，真是菩萨心肠！"

不久，安茂成又把宋庆龄送给他儿子的一份礼品带回家，并向妻子表示了他不安的心情，夫妻俩想了个办法。

第二天，安茂成在南湖的小桥上遇到了兴宝，便拦住她说："兴宝阿姨，请您转告首长，我们非常感谢她老人家！可是，我家的孩子不能喝奶粉，一喝就吐，哇哇的，结果那奶粉都让我给喝了。以后请首长别再费心了。"

钟兴宝听了先是惊讶，后来就笑了，她指了指安茂成的鼻子，似乎说你在找借口呢，别当我猜不出来。

几天后，兴宝告诉安茂成说："首长听了你的话，只是说小安同志很有心，很有心哪！"

老的少的
都在她心上

　　1971 年 12 月 25 日圣诞节那天，宋庆龄按例在家中举办圣诞宴会，她请所有北京寓所的工作人员把自己家的孩子都带到寓所里来，做她的小客人。这一天宋庆龄还邀请了在京的艾黎、马海德、爱泼斯坦等外国友人，还有两位外国小朋友。

　　夜色降临了，所有客人都被刘凤山用汽车接来寓所了。宋庆龄在孩子群中寻找着，最后把目光落在秘书脸上："小安同志的儿子没有来吗？"

　　"哟，他的女儿来了。"

　　宋庆龄点点头，又转身特意关照一边的钟兴宝："明年六一国际儿童节，一定要请小安同志家的那个男孩子来，记住了。"

　　别看宋庆龄平时那么简朴节俭，可在请小客人们吃饭时，却全都是招待外宾的规格，连烤鸭都上了。孩子们一个个吃得满嘴淌油，笑得合不拢嘴。

　　宴会结束时，宋庆龄叫安茂成的女儿到她身边，亲自往小姑娘的口袋里塞满了糖果，还在她的小手里塞上了两块进口的宛如金镑似的巧克力，并特意关照道："这两块'金镑'带给你弟弟，好吗？"

　　"谢谢老奶奶！"安茂成的女儿礼貌地直点头。

　　第二年的"六一"儿童节一到，安茂成就早早地把小儿子安涛领到了寓所里。

秘书把安涛领到宋庆龄面前介绍说:"首长,这就是小安同志的儿子,您今天最小的小客人。"

老人家一听,高兴地把小安涛一把揽在怀抱里,在小安涛的小脸蛋上亲了又亲,还不住地说道:"好,好!你长得真漂亮!"

安茂成远远地望着这一幕,眼中热泪盈盈,千言万语难以言表……

1973 年 1 月 16 日,北京东城区南沟沿胡同的一座民房里,有位年逾八旬的老太太因病重已到了生命垂危的时刻,她就是安茂成的老祖母。安茂成是从小在祖母身边长大的,对祖母有着深厚的感情。这一点,宋庆龄都了解,她曾派秘书代表她专程前往南沟沿胡同,看望了老太太,请老太太好好养病。宋庆龄还特意叮嘱安茂成回家去照顾老祖母。

这天,宋庆龄把安茂成找去,亲手交给他一个包扎得很精致的大纸包,对安茂成说道:"小安,请你把这个带给老人家,到了家再打开。一定要替我好好看看你祖母。知道了吗?"

当安茂成赶到家里的时候,祖母已经处于昏迷状态,连睁开眼睛的力气也没有了。

知书明理的老祖母,一向是孩子们的引路人。那年,当她得知孙子安茂成被调到宋庆龄副主席身边工作时,她高兴而自豪地说道:"真想不到呀,我孙子要到国母身边去工作啦!孩子呀,你可得好好干,孙中山在世的时候,百姓谁不敬着他呀。这国母也不是凡人,你一定得干得漂漂亮亮的……"

安茂成凑在祖母的耳朵边说道:"奶奶,首长让我来看您,还给您带东西来啦。"

祖母听了这话,用尽力气把眼睛睁开了。

安茂成夫妇赶紧打开那大礼包,再打开里面的一层粉纸,露出许多上好的橘子和苹果。上面还放着一张纸条——

祝你祖母早日康复!

安茂成知道这是宋庆龄的亲笔。他凑到祖母面前说道："奶奶，您看，这是首长给您写的——祝祖母早日康复！"

老祖母费劲地望了望纸条，两滴泪珠终于夺眶而出，从她的眼角滚落下来。

孙媳杨翠玲端详着祖母的脸，轻声问道："奶奶，把首长送您的橘子捣成汁，喂您喝，好吗？"

老人合了下眼皮，表示同意。

安茂成夫妇见状赶紧动手，他们先把橘子剥开、捣碎，然后滤出橘汁，用小勺一口一口喂给祖母喝。说来也怪，多日滴水未进的老人，此刻却开了胃口，艰难地吮吸着那甜美的汁液。

喂了一半，孙媳犹豫地问丈夫："还给奶奶喝吗？"

安茂成看看祖母，见祖母竟主动张开了那张早已长满水疱的嘴巴，便放心地点点头："喂吧。"

就这样，橘汁被祖母全部喝了下去。老人家心满意足地闭上眼睛，嘴角露出了一丝满意的微笑。

祖母走了，但那张宋庆龄亲笔书写着"祝你祖母早日康复"的纸条却永远地留了下来，留在了安茂成全家人乃至子孙后代的心中。

送特供烟给花匠

北京寓所的花匠安茂成刚到宋庆龄北京寓所工作时，只有二十来岁。

一天，刘凤山忽然把安茂成叫到身边，指着远远的草坪里与树荫下，不好意思地说道："你能不能帮我拾一点烟屁股，给我过过瘾？唉，这没烟抽的日子可真难过。"

安茂成听了，没多想，就利用自己工作的便利，捡拾烟蒂，给刘凤山，乐得刘凤山直夸安茂成是好兄弟。

一天，宋庆龄在阳台上笑着对钟兴宝说："兴宝，你来看，小安他要抽烟了。"

钟兴宝定睛一看，可不是，楼下草坪上的小安，正埋着头、弯着腰，神情专注地寻找捡拾烟蒂呢！

于是，钟兴宝来到楼下院子里，把安茂成叫到楼下客厅里。

宋庆龄已坐在那里等着安茂成了："小安同志你好。"

"首长好。"安茂成估计自己捡拾烟蒂的事情被宋庆龄发现了。

果然，宋庆龄拿出了两包"熊猫"牌香烟，放到安茂成的面前："给，送你抽的。"

"不，不！"安茂成一下子慌了手脚，直往后躲，但被一边的兴宝阿姨挡住了。钟兴宝把两包烟放到安茂成的手中："首长给你,你就拿着吧。"

"抽吧,抽吧。也该会抽了。"宋庆龄补充道。

安茂成一时不知说什么好,他想向宋庆龄解释一下他为什么捡拾烟蒂,又怕就此"出卖"了刘凤山。无奈,他只好硬着头皮收下了宋庆龄送的这两包烟。

后来,安茂成把这两包特级烟,一包送给了刘凤山,一包转送给了自己的老岳父。

七十年代初,安茂成与张友的孩子在同一个幼儿园。每当家里有晚宴,而安茂成与张友等工作人员不能正常下班接孩子,宋庆龄总会派刘凤山开着吉斯车,前往幼儿园接送孩子们回家。这时,车上总会放着精心准备的面包、苹果、糖果等食物,有几个孩子,就有几份,谁也不多谁也不少。

1971年5月10日,宋庆龄得知警卫秘书杜述周三岁的儿子左眼球被碎玻璃划破,十分着急,即对杜述周说:"治疗好孩子的眼睛是件大事,如这里治不好,请告诉我,我去请周总理帮忙,不能让孩子痛苦一辈子。"后来,当她得知经过同仁医院大夫的精心治疗,孩子的眼球保住了后,她十分高兴,并不住地赞扬同仁医院的大夫医术高明。

1976年7月28日,当暂居北京饭店的宋庆龄获悉唐山发生了大地震并将影响北京时,她很担忧,指示北京寓所的工作人员,让他们的家属搬进其后海的寓所里居住。

同年9月2日,中秋佳节将至,宋庆龄又及时指示杜述周,给北京寓所中的工作人员每人送月饼和糖果。

就连北京市环保局派入寓所的清洁工人,也得到宋庆龄的善待。

北京寓所里的垃圾都是工人清除处理的。宋庆龄指令每次留清洁工人在家中吃一顿便饭,还要给每个清洁工人安排一包烟或一包茶叶,并且指示要让工人们吃饱吃好。在那个困难的年代里,清洁工人都特别高兴,他们无不感谢宋庆龄对他们这样普通的工人的关心与照顾。有时，宋庆龄还不放心，要问兴宝"（香烟或茶叶）都拿了吗"，听到兴宝回答说都拿了，她才放心。

特别年代的
电影招待会

1971 年年底，宋庆龄为调剂家中枯燥的文化生活，令工作人员从北京
寓所的仓库里翻出已尘封多年的一台电影放映机与近百部中外影片，恢复
了"文革"前逢年过节在寓所中播映电影的传统。

这年 12 月 28 日，宋庆龄邀请张福星等医护人员前往北京寓所共进晚
餐，并观看电影，对他们的工作表示感谢。

在张珏的记事本上，记录了 1974 年 1 月 19 日在北京寓所放映的电
影片名与数量。这是春节将至的时候，那天，宋庆龄在北京寓所宴请沈粹缜、
史良夫妇、保健医生和护士长等，餐后放映了电影《空中舞台》《天堂里的
笑声》《城市之光》，答谢医生和朋友们一年来的关照和帮助。警卫排战士
一起观看了电影。

据张珏、杜述周等人的记录与顾承敏等医护人员的回忆，从 1974 年
到 1977 年这四年中，北京寓所曾放映过《大独裁者》《悲惨世界》《大地》
《冲绳决战》《海军上将拉西莫夫》《卖花姑娘》《原形毕露》《雾都孤儿》《军
阀》《冷酷的心》《俄罗斯芭蕾舞大师》《康贝尔王国》《孟丽君》《红菱艳》
《翠堤春晓》《网》《海底擒敌》《心儿在歌唱》《斗牛》《勇士的奇遇》《三
剑客》《冰上的梦》《侠盗罗宾汉》《彼得大帝》《她在黑夜中》《黄河》《百

花争艳》《罗曼花》《攻克柏林》《追鱼》《虎穴追踪》《沉默的人》《三毛学生意》《鲁迅战斗的一生》《鸽子号》《魂断蓝桥》《王子复仇记》《罗密欧与朱丽叶》《西施》《美人计》《鬼魂西行》《路客与刀客》《天鹅湖》等电影。

每次的电影招待会，宋庆龄几乎都参加了。秘书张珏陪着她，坐在第一排，她始终精神抖擞，不见倦容。据说有一次她一连看了七部电影。

据《宋庆龄年谱（1893—1981）》记载，仅 1974 年一年中，宋庆龄就在家中的大客厅里举办过七次有医护保健人员参加的电影招待会。顾承敏医生回忆道："许多片子都是极有名的、当时在外很难看到的。通常是杜秘书送上影片目录，请首长圈定的。"

其中也有一部是当时属于红色革命电影并在全国热播的，名为《闪闪的红星》。宋庆龄看过这部电影后，对影片中的那两个天真可爱的小演员喜爱有加。1974 年 10 月 12 日，宋庆龄特别邀请扮演潘冬子的祝新运和扮演春芽子的刘继忠两个小演员到北京寓所吃螃蟹。

在那个政治挂帅、黑白混淆的年代里，能在宋庆龄的北京寓所里观看到这些当时被视为禁片的中外电影，确实是一种难得的享受。

粉碎"四人帮"后，政治空气日益宽松，这种特殊形式的电影招待会，就更加公开化了。1977 年 11 月 12 日，为纪念孙中山诞辰一百一十一周年，北京寓所放映了电影《女拳师》《灰姑娘》《阿里巴巴》《八仙过海》。电影放映后宋庆龄还设便餐招待了保健医生、护士与相关朋友。那天，邓颖超、罗叔章、廖梦醒还分别派人送去了花篮。但是，这天宋庆龄破例没有下楼陪伴客人，而是整天一个人在主楼卧室里。因为那天是孙中山的诞辰，她要用她的这种特殊方式怀念自己的丈夫。

1977 年以后，北京寓所举办的这种特殊形式的招待会，就逐渐减少了，因为国内的政治空气宽松了，影院也逐渐公开播映这些电影了。

1979 年上半年开始，宋庆龄的体力明显不行了，所以她再没出现在电影场里，但这种由她倡导的特殊的电影招待会，仍继续进行着。

1981 年 4 月 23 日与 4 月 26 日，在病床上的宋庆龄的授意下，北京寓所举办了两场电影晚会，一为庆祝五一国际劳动节，二为答谢所有为病危中的宋庆龄作出贡献的工作人员。

1972 年 >>>

在写一些重要的文件与信件时，宋庆龄总是先用英文起草，再由张珏翻译成中文，然后交宋庆龄签名审定。

毛泽东指令
江青搀扶宋庆龄

宋庆龄北京寓所的专职司机刘凤山曾亲眼目睹了毛泽东在陈毅元帅追悼会后，指令江青搀扶宋庆龄的事情经过，并把这事悄悄地告诉了安茂成。

1972年1月6日，宋庆龄接到了国家机关事务管理局打来的电话，要她马上赶往八宝山，参加陈毅元帅的追悼会。宋庆龄听后，草草地梳了下头发，就急急忙忙地坐上红旗牌轿车，急驰八宝山陵园。

陈毅元师因患不治之症，在痛苦中煎熬了一年多后，在北京逝世，终年七十一岁。追悼会上，周恩来代表党中央和国务院，高度评价了陈毅的一生。毛泽东参加了追悼大会，他说："陈毅同志是个好同志。"

追悼会结束后，众中央首长步出大厅。这时，毛泽东站了下来，谦让道："让宋副主席先走。"

"不，让主席先走。"宋庆龄不同意，停下了脚步。

后来，她才在毛泽东的一再谦让下，与毛泽东、周恩来一一握别，走向停在门外停车场上的红旗车。

周总理见宋庆龄走不稳，挽住了宋庆龄的右胳膊，送她上车。这时，毛泽东侧脸望了下身边的江青，当着众人的面说道："江青，你上去，搀扶宋副主席上车。"

江青忸忸怩怩地走上前，从左边挽住了宋庆龄的胳膊。

在周恩来与江青的搀扶下，宋庆龄坐进了轿车。

千把字的文章
一写就是一通宵

　　1972 年 2 月 15 日的夜晚，埃德加·斯诺因患胰腺癌不幸逝世的消息
传到北京寓所后，宋庆龄端坐在办公桌旁，一遍又一遍地凝视着瑞士发来
的电报，提笔欲写又止。当晚，她让钟兴宝传话张珏，要张珏等她的唁电
稿打字。然而，张珏整整等了一个通宵，才在天明后等到宋庆龄亲笔写成
的这封写给斯诺夫人的唁电稿。

　　她告诉张珏："由于拟电稿，勾起了我对许多往事的回忆，很难下笔。"

　　这份让宋庆龄写了整个通宵的唁电稿全文如下：

　　　适才接到来电，痛悉我们最诚挚的朋友不幸逝世，他在我们抗战
期间坚定地支持了我们反对国内法西斯反动派和日本军事侵略的斗争，
我们的坚强友谊象征着中美两国人民在正义事业中的互相支持。我确
信，你和你的子女将继续完成他的遗志，促进我们两国伟大人民之间
的了解和友谊。你可以感到宽慰的是，埃德加·斯诺在中国人民心中
的记忆将永葆常青。[1]

_____

[1]《回忆宋庆龄》，第 686 页，东
　方出版中心 2013 年版。

　　　　　　遵照斯诺的遗嘱，他的一半骨灰埋葬在

北京大学的未名湖畔。

他的骨灰安葬的那一天，宋庆龄由于健康关系不能参加，她给张珏写了一张便条，让张珏代表她前往。便条上用英文写道："请代向洛伊斯·斯诺表示慰问。我精神与他同在。"

由于当时还是"文革"期间,所以宋庆龄在把便条交给张珏时还叮嘱道：此事要保密，不要让别人知道。如要搭车，搭外国友人的车子去。

为了遵循宋庆龄的指示，张珏什么车都没搭，而是乘公共汽车去了北京大学。在北京大学的传达室，张珏与对外友协的同志通了电话，才被接进客厅，向斯诺夫人传达了宋庆龄的慰问。回程时，张珏搭坐了马海德的汽车。在车上，马海德对张珏说："请你把这儿的情况报告她好了。"

据张珏回忆:这几年中，宋庆龄有时为写信，经常是整夜整夜不睡觉的，她就陪着她，也整夜不睡觉。

以前，宋庆龄也经常半夜里或者凌晨起来办公。办公时，只是泡一杯龙井茶，抽几支长过滤嘴的香烟，从不吃夜宵。一般情况下，她要在夜间办公了，就在傍晚时吩咐一下钟兴宝或顾金凤："夜里我要办公，请替我把要办的东西放好。"

宋庆龄步入暮年后，常常写英语文章，写完初稿，再让张珏打字。打字时，张珏如果发现错误，向她提出，她便修改。初稿打出后，宋庆龄再修改。有些重要的文章，宋庆龄还要让张珏送去给专家润色。

张珏秘书精通英语，她把英语文章翻译成汉语时，考虑到宋庆龄年迈眼花，所以书写总是绝对保证清楚。在译文原件中，如发现错误，张珏也会及时提请宋庆龄在阅读时注意。在文章没发表前，宋庆龄要求严守机密。

1967 年，刘少奇、王光美夫妇被监禁后，他们的孩子千方百计地打听其父母的下落。在万般无奈的情况下，他们只得写信给宋庆龄，求助于"宋妈妈"。信中说，他们现在被迫搬家，天各一方，一点也不知道父母的情况，希望"宋妈妈"能帮助他们找到父母，并能让他们看一眼。

宋庆龄看到此信后，心中百感交集，她将此信并附上自己的亲笔信，关照张珏转呈毛泽东。

同时，她又让张珏代她另写了一封信，带上一些慰问品和几本《中国建设》杂志，代表她去看望刘少奇的孩子们。

就连这篇几百字的信，宋庆龄也要一稿又一稿地写一个通宵。

"文革"期间，宋庆龄得知她的外国好友路易·艾黎正面临着造反派们的威胁，她立即应路易·艾黎的请求，用英语为他写了一份"保证书"：

> 我从 1932 年起就认识路易·艾黎，他为中国革命做了贡献，帮助我们保卫国家，当日本帝国主义侵略中国的时候，是他在内地创办了工业合作社，帮助我们培养年轻一代，为了这项工作，他甚至牺牲了职业。当白色恐怖笼罩上海的时候，当中外特务追捕共产党的时候，是他把自己的家作为共产党员的避难所，当日本帝国主义占领中国的时候，是他在甘肃内地不怕任何艰苦的生活条件，为中国人民工作着。解放以前，他支持我们的文化革命运动，写了很多的书、诗与文章，当世界和平委员会派他去外国时，他为我们讲演和辩论，中华人民共和国成立前和解放时我都了解他。我觉得他是新中国的一位诚实忠诚、不屈不挠的朋友，我极端相信他，他如白求恩大夫一样，是国际主义、马克思、列宁的信徒。
>
> 宋庆龄
1969 年 8 月 31 日 [1]

信写好后，宋庆龄令张珏亲自送到路易·艾黎的家中去。这时，已是东方发白、晨曦初露了。张珏揣信临出门时，宋庆龄还再三叮嘱张珏说："路上要注意，你必须亲手交给路易·艾黎本人。"

[1]《回忆宋庆龄》，第 687、688 页，东方出版中心 2013 年版。

　　"文革"后，路易·艾黎对张珏说："在'文革'中，我亏得宋庆龄的这张护身符，才免遭冲击，免除厄运，安然地度过了这场浩劫。"

　　在写一些重要的文件与信件时，宋庆龄总是先用英文起草，再由张珏翻译成中文，然后交宋庆龄签名审定。

她要亲自
找姓孙的去解释

1972年4月初，断断续续担任了宋庆龄几十年秘书的黎沛华因脑血管出血，在上海猝然离世，享年七十三岁。

病中的宋庆龄没能出席黎沛华的追悼会，她只是痛心地把追悼会上的几张照片，寄给了远在北京的廖梦醒，并附函说：

寄给你几张我们的老朋友黎沛华同志的追悼会的照片。

今年噩耗一个接着一个！三个月内五位好朋友相继去世，一九七二年真是不吉之年！（1972年4月8日）[1]

黎沛华是广东番禺人，她是个聪颖能干、才华出众的女才子，才满十七岁，她就以优异的成绩毕业于广东省立女子师范大学。1924年第一次国共合作期间，她在国民党中央妇女部部长何香凝创办的武汉妇女党务训练班培养妇女干部，组织北伐红十字会、伤兵救护会和看护训练班，发动妇女参加国民革命，支援北伐战争。1927年蒋介石、汪精卫先后在上海、武汉发动反革命政变，她在武汉被列入黑名单，但受到

[1]《宋庆龄书信集·续编》，第417页，人民出版社2004年版。

了何香凝的保护。南昌起义后，她又陪同何香凝到广州，协助创办仲恺农工学校，并随何香凝赴菲律宾、新加坡筹募办校经费。一·二八事变后，她积极参加由宋庆龄、何香凝等共同筹办的国民伤兵医院的工作。后由何香凝推荐，担任宋庆龄的秘书。八一三日军进攻上海，她跟随宋庆龄、何香凝投入抗日救亡的工作。年底，宋庆龄、何香凝先后离沪去香港后，她前往兰溪。

抗战时期，黎沛华担任战时儿童保育会浙江分会副理事长，该会1938年6月成立，是一个公开合法的妇女工作机构，暗地里却受中共地下党的领导。

中华人民共和国成立前夕，黎沛华又应宋庆龄之召去上海，筹建中国福利基金会托儿所（中国福利会幼儿园前身），并任所长。1950年，她先后任中国福利基金会人事室秘书、中国福利会办公室秘书。她经常跟随宋庆龄来往于北京与上海两地，在两地寓所做秘书工作。她与张珏一样，终身是个单身女子，只是为排遣晚年的寂寞与孤独，才领养了一个孩子。

因为她在1924年第一次国共合作时期担任了国民党中央妇女部秘书的历史，所以她曾被北京寓所的孙国印列为第一个从宋庆龄身边驱逐出门的对象，成为北京家中逢会必批的"潜伏下来的历史反革命"。

1967年，黎沛华六十八岁，患有严重的高血压，动辄头晕目眩卧床不起，无论是精神上还是肉体上，都再也抵挡不住这样无休无止的折磨，她不想因此而牵连宋庆龄，无奈之下，她含着眼泪向宋庆龄提出了回上海养老的要求。

"可是侬回去也是一个人呀！"宋庆龄最担心的事情终于发生了。自从造反派们把批判斗争的矛头指向黎沛华那天起，宋庆龄就担心黎沛华抵不住这种莫须有的"罪名"，提出回上海的要求。

"那也总比待在这里强。再待下去，我只怕节外生枝，进一步连累了首长您。"黎沛华早就看透了孙警秘的意图，所以她也和宋庆龄说实话。

"不来事的，不来事的。"宋庆龄更急了，"黎秘书，沛华，你不能走，要走，也要等我和你一起走。何况你的历史别人不清楚，我可最清楚呢！过几天，等我身体好一点，就亲自找那姓孙的解释去！"

"不行不行！"黎沛华就怕因自己的事连累了宋庆龄，所以一听宋庆龄要亲自下楼去找孙警秘做解释，她就急得把手摇成了风车轮，"您可千万不要去，如果您这样做，那我明天就回上海了！"

"唉——"宋庆龄无可奈何，只好长长叹气。

第二天，黎沛华就一个人悄悄地整理好了简单的行装，不顾刘一庸的再三阻挡，走到了宋庆龄的面前。

"沛华……"一眼看见黎沛华手中的行李，宋庆龄就知道自己阻挡不住对方了，两行眼泪夺眶而出，千言万语哽塞在了嗓门眼，"那么，车票买了？"宋庆龄挣扎着想从床上欠起身。

"昨天就买了，首长您放心。"

宋庆龄听了，把钟兴宝召进屋，指示钟从书柜里取出两本书，交给黎沛华："回上海后，你把这两本书当面交给杨小佛。上次寄给他的那两本，不知他收到没有，没有回信。"

黎沛华频频点头。这两本书，一本是《孙中山选集》，一本是《宋庆龄选集》。

前来接送黎沛华的军用吉普车已等候在楼下大院里。孙警秘巴不得把宋庆龄身边的心腹一个个清除掉呢！所以这次他早早安排下了送黎沛华去火车站的吉普车。

宋庆龄与黎沛华的这次分别，竟成了诀别！

20世纪80年代初，黎沛华的亲友把黎沛华的骨灰迁移到了她的家乡，如今她长眠在广州的银河公墓。

1972 年秋天，有人代表组织找安茂成谈话，准备调安茂成去平罗县的"五七干校"劳动学习，而且马上就启程。

安茂成愣住了。当时他家中有两个齐桌沿高的孩子与一双年过六十的老父母，年逾八旬的祖父母，都需要他这个顶梁柱照顾呀！

然而组织的安排，谁敢不服从？就在安茂成满怀委屈与依恋地卷起宿舍里的被褥铺盖准备回家的时候，钟兴宝下楼找到了他："小安，首长找你。"

宋庆龄在楼下的客厅里见了安茂成，她示意安茂成坐下后，说道："小安，他们已取消了让你去'五七干校'的决定。你就放心吧，我不发话，他们谁也调不走你，好好工作！"

宋庆龄短短几句话，顿时使安茂成如释重负，感激得泪水在眼眶里直打转。他发誓一定要竭尽全力地做好工作，为首长服务好。

安茂成曾勇敢地在"文革"最狂热的时候，在公开场合表示他对宋庆龄的忠诚与敬仰，这事宋庆龄也知道。

那是北京寓所在驱走了孙警秘的第二天（1968 年 5 月 8 日），新任警卫秘书杜述周上任。当月 23 日，杜秘书便指挥工作人员把地毯重又全部铺展开来。宋庆龄很欣慰。

　　与此同时，国务院机关事务管理局召开了所有在京的"四副两高"（国家副主席、副总理、人大副委员长、政协副主席及最高人民法院院长、最高人民检察院检察长）家里的工作人员大会，传达了毛泽东的最高批示，要求每个工作人员对照自己的言行，作出检查、对照与改正。

　　安茂成是北城组的讨论组大组长，他首先表态："像我这样的人，能在宋副主席身边工作，是非常荣幸和值得骄傲的。要在旧社会，像我们这样的身份，只怕连门也踏不进。"

　　张珏秘书当场作了记录，并在事后向宋庆龄作了汇报。宋庆龄对安茂成的发言表示很满意。

1973 年 >>>

"侬要晓得，人世间，比金钱值钱的东西多着呢，是再多的钞票也买不到的呀！"

安茂成把他对宋庆龄的忠诚，体现在行动上。他除担任绿化工与鸽子饲养员、锅炉工外，有时寓所举行宴会、人手不够时，他还主动兼任端菜洗碗的服务员。其实，仅北京寓所里一百只鸽子和一千多盆花卉盆景的日常管理，就是不小的工作量了，一天下来，安茂成也是筋疲力竭。有时，他实在吃不消了，就躺在草坪上稍微休息一下。

这位忠诚勤奋而又憨厚老实的年轻人的工作态度，宋庆龄是看在眼里，记在心里，她曾在一次回上海前悄悄对安茂成说："小安呀，在上海我有李姐在，在北京有你在，我就放心了。"

那年，宋庆龄从上海回北京，给北京寓所的工作人员带来一批白色的进口洋布。在分配之前，她特意叮嘱兴宝把分配给安茂成的那份染成了蓝颜色。因为安茂成是回族人，她知道回族人不喜欢人家送给他们白色的布料。还有一次，宋庆龄悄悄地为自己过生日，给家里的工作人员吃生日面。她知道安茂成是回族人，不吃猪肉的，所以单独令厨师为安茂成做了一碗牛肉面。

一天上午，安茂成在院中干活累了，就轻声唱起了他最喜欢的电影《怒潮》中的插曲《送别》。

正当安茂成唱得投入的时候，身后传来一句"小安你唱得真好"的赞扬声。安茂成回头一看，不由吓了一跳，不知什么时候，宋庆龄竟已来到他的身后。

这首歌在当时被视为反动歌曲，自己居然忘乎所以地敢在北京寓所中哼唱，这还了得！

宋庆龄问他说："怎么不唱了？小安同志。"

"我是瞎唱……解解闷儿……这歌儿不让唱……是要挨批判的……"安茂成心中又惶惑又羞愧，一时不知说什么好。

宋庆龄摇摇头，肯定地说道："这是一支令人动情的歌儿，为什么不让唱？"接着，宋庆龄鼓励安茂成说，"唱吧！你接着唱吧！大声地唱。我在楼上听不见呢。"

面对宋庆龄真诚的鼓励，安茂成顿时感悟到了埋在她心底压抑的情绪，庄重地点了点头。

宋庆龄喜欢听安茂成唱歌，隋永清与隋永洁知道了她的心情后，就常趁安茂成边劳动边唱歌的时候，悄悄地来到花圃里，用录音机偷偷地录下来，然后再拿回去播放给宋庆龄欣赏。

宋庆龄选保姆和秘书,始终遵守一条标准:贴身工作人员(服务人员),最好是女性。特别是保姆,一定得是女性,而且最好是来自江南水乡心灵手巧的丧偶的女性。曾陪伴了宋庆龄整整五十三个年头的第一贴身女佣李燕娥,早年离婚,没有再嫁;曾陪伴宋庆龄二十七年的保姆钟兴宝早年丧夫,也是没有再嫁;1973年由钟兴宝亲自介绍来到宋庆龄身边工作的最后一个保姆顾金凤,也是青年丧夫。此外,她所选用的文字秘书也尽可能都是无牵无挂的单身女子,不是尚未结婚成家,便是因婚后变故独身一人。柳无垢年轻时遇人不淑未再成家,黎沛华丧偶后再未婚嫁,张珏终身未婚是个独身主义者,刘一庸早年离婚,始终未再嫁,与两个女儿相依为命。

　　宋庆龄在考查一个新来的保姆时,有她独特的"三步看":一看手脚重不重,二看嘴巴馋不馋,三看手脚干净不干净。

　　1973年5月,顾金凤刚来到上海宋庆龄寓所工作时,还没受到正式的考查,因为她那时还没近距离在宋庆龄的身边,只是专门负责家中洗涮的"洗衣工"。

　　她正式接受宋庆龄的"三步看",是在当年7月跟随宋庆龄来到北京寓所后。当时钟兴宝患高血压与肠粘连等病,经常卧床不起,所以不再适

◇ 1973年秋（左起）顾金凤、张钰、
李燕娥、钟兴宝合影于上海宋宅花
园

宜从事宋庆龄身边的贴身服务工作，就由顾金凤顶替了钟兴宝原来的工作。那时，李燕娥大姐留守在上海，没有一起跟到北京，所以这"三步看"的考查工作，就不得不由宋庆龄亲自进行了。

一看手脚重不重，就是看保姆在做家务时，动作是否轻巧熟练，工作是否粗枝大叶，对家具是否爱护与珍惜，具体地说，就是擦揩家具马虎不马虎，洗涮衣被干净不干净，整烫衣被平整不平整，乃至冲洗涮卫生间（兼浴室、盥洗室）里的洁具时，水溅不溅到外面地下。由于顾金凤本是苦出身，早在苏州乡下的家中做惯了，所以这第一关很快就过关了。

二看嘴巴馋不馋，就是看保姆贪吃不贪吃。说实话，在寓所里，不管是卧室里还是会客室里，都经常摆放着水果、糖果等用于接待客人的食物，在卧室的茶几上或圆桌上，还有橄榄、话梅。那是宋庆龄因荨麻疹而基本戒了香烟后，她用来替代香烟的零食。对此，为人老实不贪吃的顾金凤自是从不碰一下，桌子茶几揩抹干净后，仍按原样摆放在果盆里或原处。

三看手脚干净不干净，就是看保姆对金钱的态度了。顾金凤刚进入宋庆龄的房间里工作时，经常发现在宋庆龄卧室的床头柜上，门口的长条茶几上，甚至鞋肚里，有一角、两角的纸币。尽管当时顾金凤每月的工资只有三十元（每月寄回苏州乡下家中二十元，自己留下十元饭钱），但她从不私藏钱款。她把钱拾起来，当面交给宋庆龄。她怕这钱被他人拿去后，自己跳进黄河也洗不清。

就这样，顾金凤通过了宋庆龄"三步看"的特殊考查，正式顶替了钟兴宝，成了宋庆龄的贴身保姆。

1973年，钟兴宝因病回苏州老家休养，北京家中曾先后由机关事务管理局介绍来两个保姆：一个是说着一口山东话的老大娘，一个是缠过小脚的老太太。这两位都没有通过这"三看关"，被先后辞退了。

大信封里的小信封

1973年4月7日上午，一个厚厚的用牛皮纸自制的信封，由邮递员送到了苏州城西二十公里的吴县木渎镇西街尤顺孚的家中。尤顺孚是钟兴宝的儿子，在木渎人民医院放射科当医生。

这是谁来的信呢，怎么连落款也没有呢？信封上用粗壮的黑色水笔写道：

苏州　　吴县　　木渎镇

胥江居民委员会书弄街吴县公房2266号

尤顺孚同志启

翻过信封一看，邮戳上面隐隐约约有"上海"字样，信封里面还装着两个小信封，而且这两个小信封上都已分别写好了宋庆龄在上海与北京两地寓所的地址，收信人一栏都是写的"林泰收"的字样。

一看到"林泰"两字，钟兴宝母子俩什么都明白了："林泰"，正是宋庆龄的化名呀！外人通常是不知道的。

至于大信封中还夹着两个已写上通讯地址的小信封，肯定是宋庆龄为

◆图1

◆图2

了便于钟兴宝的回信顺利地到达她的手中特意安排的！

自从因肠粘连和高血压不能胜任工作后，钟兴宝就回到了苏州，定居在儿子的家中，她准备在儿子家中安享晚年了。

从字迹上看出，信是秘书张珏写的，但结尾的落款"林泰"这两个刚劲有力的加粗了笔迹的签名，一看就知道是宋庆龄的手迹。

信中写道：

> 兴宝：
>
> 你和顺孚的来信都已收到。从信中知道，经治疗，你的身体渐好，又有一间临河的舒适的房间可供居住和休养，真是为你高兴。
>
> 顺孚要买的专业用的医科书，向这里各书店遍搜无着，等将来到北京后再觅购。
>
> 祝
>
> 你一家都好
>
> 林　泰
> 一九七三年四月四日 [1]

母子俩既高兴又激动，顺孚当即根据母亲的口述，向时已回上海的宋庆龄回了一信。在这封信中，钟兴宝把木渎镇上时有弃婴的事，向宋庆龄作了汇报。

1973年5月5日，母子俩收到了上海寄来的第二封信。

信上这么写道：

> 兴宝：
>
> 你信中所说吴县木渎地区经常路有弃婴一事，应该由当地政府处理。
>
> 近来你的身体好些吗？手脚行动怎么

---

[1]《回忆宋庆龄》第 750 页，东方出版中心 2013 年版。

样？有可能来上海一个礼拜吗？请即答复。

　　祝你一家

　　都好！

林　泰

一九七三年五月二日 [1]

　　在信中两句问候下面，宋庆龄还特意画了横线，以示着重问候。

　　钟兴宝听完儿子读的信，已是心潮翻滚。这段时间来，她的身体好多了，她恨不能马上飞到上海，飞到太太的身边。

　　又过了几天，当兴宝的身体基本恢复了健康时，她决定独自去上海一次，看看宋庆龄。说实话，她当时只是想念太太，去看看大家，并不知道宋庆龄叫她去上海一个礼拜干什么。因为当时她离开宋庆龄时，宋庆龄曾给她一千元人民币。这一千元钱是什么意思？钟兴宝心里非常清楚。

　　1973年5月中旬的一天，钟兴宝来到上海宋庆龄寓所。李燕娥亲热地迎了上来，操着一口夹生的广东上海话，大声地笑道："侬迭个老太婆，我还以为侬真的爬不起来了呢！侬又来了，蛮好，蛮好。侬勿晓得，夫人这两个月来，可是一直记挂着侬哪！"

　　钟兴宝抑制着激动的心情，匆匆上楼。这时，宋庆龄已闻声从书房里迎了出来，她一见兴宝，就笑逐颜开地把双手搭在兴宝的肩上，道："兴宝，侬可来了……"

　　几句寒暄后，钟兴宝不由问道："所长（首长），你叫我来上海一个礼拜有什么事吗？"自从"文革"开始后，宋庆龄就要求钟兴宝不再叫她太太，而要改口称她为首长了。可钟兴宝没文化，把宋庆龄的上海话"首长"误听为"所长"，就是她早年工作过的中福会幼儿园托儿所的所长，所以一直用苏州话尊称宋庆龄为"所长"。

　　宋庆龄把钟兴宝上下一番打量，发现钟兴宝气色不错，便道："兴宝，侬这次来了，

[1]《回忆宋庆龄》，第750、751页，东方出版中心2013年版。

就不要再回去了，仍旧待在我身边吧。"

钟兴宝一听，虽说心中十分高兴，但不由有些忧虑："首长，我的身体还没好透，只怕不来赛（吴语：不行的意思）……"

"勿要紧，勿要紧。不是顾金凤来了吗？我让她顶侬原来的生活（苏沪语：工作的意思），侬仍做里厢（指卧室里面的工作）的生活。"

"我……"兴宝还想说什么，宋庆龄让张珏马上打长途电话去苏州木渎人民医院，通知尤顺孚把钟兴宝的衣服被子等送到上海家中来。

第二天，尤顺孚就把母亲的衣物被子送到了上海寓所，同时，还把当时临走时宋庆龄送给他母亲的一千元钱也带来了。

午饭时候，钟兴宝掏出一千元钱，递给宋庆龄，道："首长，这是那天我临走时侬送给我的，现在我不走了，这钞票就……"

"兴宝！"不料，宋庆龄有些生气，"把钞票收起来，这是我给侬养病用的。侬要晓得，人世间，比金钱值钱的东西多着呢，是再多的钞票也买不到的呀！"

"所长……"钟兴宝捏着厚厚一大沓人民币，感动得什么话都不会说了。

就这样，钟兴宝又回到了宋庆龄的身边。

钟兴宝回到宋庆龄身边工作后，身体仍时好时坏，常常要服药打针，有时会卧床不起，平时的大部分工作，都逐步移交给顾金凤了。

顾金凤最先接过的工作除了洗衣物外，还有就是为太太每天晨起梳理头发。遇有外出接待任务，配合宋庆龄化个淡妆。

顾金凤第一次为宋庆龄梳理"横S"发型时，心中格外紧张，握着木梳的手也在微微颤抖，她怕一不小心弄痛了宋庆龄，或梳理得不能让首长满意。

在顾金凤谨慎小心地梳理时，宋庆龄始终安静地对着镜子观察着，直到金凤把后照镜竖在她脑后，她才满意地微笑说谢谢。

"她对我特别客气，不论为她做什么事情，她总是谢在你前头，即便是给她冲一杯茶，也是先说谢谢。"顾金凤回忆起往事，对宋庆龄这种为人表示非常钦佩与感激。

但当顾金凤收起梳子，准备把几根散落的头发扔掉时，宋庆龄却笑着阻止了她："金凤，身体发肤，受之父母，这可轻易丢不得的呀！"

顾金凤没文化，听不懂宋庆龄说的是什么意思，直到宋庆龄拉开梳妆台上的小抽屉，从里面取出一只空信封交给她，看见信封里的一蓬头发时，她这才恍然大悟。从此，顾金凤一为宋庆龄梳理完毕，便总要小心翼翼地把脱落下来的头发一一拾掇起来，细心地放入信封中，不让它们轻易失落一根。

宋庆龄爱清洁，每餐用过的餐巾，还有台布什么的，也要经常洗涮。她喜欢用上海出产的"固本"肥皂，不喜欢用洗衣粉；喜欢人工手洗，不喜欢用洗衣机。不管是衣服还是床单、桌布，每次手洗后，必须用熨斗整烫服帖，连一块手帕也都得熨烫得平平整整的。

煮咖啡，是顾金凤从没接触过的活儿。宋庆龄发现顾金凤不会做一些事情时，悄悄地笑着鼓励顾金凤："金凤，有些事需要慢慢来的，性急不得。以后，我会慢慢地教你的。"例如烹煮咖啡时，要放多少块方糖，多少匙"知己"；锅里的咖啡烧到什么程度才最适宜；等等。

上海宋庆龄寓所共有六只钟：一楼厨房一座挂钟，二楼三间卧室、打字间和内阳台，各一台座钟。它们式样陈旧，外形简洁，品牌也不尽相同，唯一共同的特点是数字明显、刻度清楚。其中宋庆龄卧室里的那台放在一个支架上的台钟，式样最老款，但也最豪华，此钟呈正方形，边长都不满一尺，黄铜做的；表面上一圈黑色的数字，时针、分针、秒针，粗细不一外，尖端形状也不一样。只有这只钟质量最好，可以像厨房里那座挂钟一样，过几天才旋一次发条。宋庆龄还特别亲自教顾金凤为方钟上发条。那天，宋庆龄把顾金凤叫了过来，然后转过笨重的方钟，把一把钥匙插到方钟后面的发条孔中，一边示范一边说着应该朝哪个方向旋，每次大约旋多少下。很快，顾金凤就在宋庆龄的指导下，学会了为钟上发条。

有一次，顾金凤在为方钟上发条时，一边的宋庆龄还特意指着此钟的背面两侧上的两列小字告诉顾金凤说，这只钟是中华人民共和国成立前朋友送给她的，有四五十年了，当时买它要两百多担大米呢！言下之意，这钟很贵重的，要当心。顾金凤不识字，不认识钟上刻的都是什么字。

笔者1983年冬天前往上海寓所参观时，在故居纪念馆主任孙志远的陪同下，看清了此钟背后两侧的这两行字："介石先生美龄女士结婚志喜　香港李星衢黄砥石敬贺"。

　　这只钟分明是送给蒋介石与宋美龄的结婚礼物，怎么会到宋庆龄家中来了呢？而且就放在她的卧室里？这事成了一个谜，笔者至今仍未弄清楚。

　　慢慢地，顾金凤就在宋庆龄的指导下，能独挡一面了。

　　在北京寓所宋庆龄的卧室里，也有只挂钟，报时声音悦耳动听而又响亮，宋庆龄为了让工作人员也能听到它的报时声，就让顾金凤和钟兴宝把它移挂到了室外。现在，这只钟上的指针永远停留在宋庆龄与世长辞的1981年5月29日8点18分上。

最爱江南小食

北京的伙食，本不精细，特别时期，物资又匮乏。一天三餐，不是窝窝头，就是玉米饼，或是老玉米，青菜连看都看不见。只有逢上星期日，厨房才会改善伙食，增加一份糖醋猪爪什么的。鱼腥更是看都看不到。刚到北京时，顾金凤很不适应，不知偷偷地哭了多少回，一心想着回老家。家乡再穷再苦，白米饭、青头菜还是吃得到的。宋庆龄看到顾金凤红肿的眼睛说道："阿金，侬又哭了哇？""阿金，侬又想屋里（苏沪方言：家中的意思）了哇？"

其实，宋庆龄的伙食也并不比保姆们好多少。顾金凤就无数次地亲眼看到，首长的伙食也不过如此。

饭菜通常是一荤一素一汤一点心，极其简单。荤菜大多都是肉片类，素菜大多不是白菜便是红萝卜或青萝卜，汤是牛肉汤，点心不是"布丁"便是"砰"（上海话，即两层薄薄的面饼中间，夹有一块烧熟的苹果或生梨，外面浇了层黄油）。个把月见不到绿叶菜是常事，鱼腥之类也是一个月也难得见上一两回。

宋庆龄本是上海人，有一手不错的烹饪手艺，有时候她就自己为自己改善伙食。

在主楼里，有一间小小的厨房，里面有一只小电炉，一个冰箱和一些锅盆碗筷，一些油盐酱醋糖等作料。说实话，宋庆龄做的菜，味道确实不错。茄子、洋葱、大蒜头、蕃茄、嫩玉米什么的放在一起，煸得喷喷香，可以做出好几样菜，有些菜连顾金凤和钟兴宝也做不像。在宋庆龄手把手的指导下，后来，顾金凤也慢慢地学会了。

宋庆龄平时最喜欢吃的是雪里蕻炒肉丝，喜欢吃鲜活的河鲫鱼，还爱吃些辣椒。这些，恰恰都是顾金凤和兴宝阿姨所拿手的。所以，每年雪里蕻上市后，她们都要腌上满满两大缸雪里蕻，放在车库里，待腌透后，慢慢吃。当钟兴宝身体好一些，她也会专门为宋庆龄烹饪上一两个江南苏帮菜。钟兴宝最拿手的豆腐干炒肉丝、余酥鱼，是宋庆龄平时最喜欢吃的菜。

但是，绿色的蔬菜还是太少了。个把月吃不上蔬菜，心里想得慌。

一次，顾金凤推窗眺望，见花园的南山上，郁郁葱葱，绿意喜人。她就趁宋庆龄午睡时，下楼走上南山，采摘了一大把嫩嫩的枸杞头，拿回主楼。她用煸炒青菜的方法煸炒，还放了味精、添了黄酒，以除去这种树的土腥味。一尝，味道真不错，一点也不亚于江南的小青菜！用餐时，顾金凤就把这大半碗碧绿生青的不是蔬菜的蔬菜端上餐桌，让宋庆龄尝尝。宋庆龄看了好喜欢，一尝，更是喜欢从心里来，连声说"好吃好吃"。

可是，嫩嫩的枸杞头并不是每天都能采到的，这批掐掉了，要等一个星期才长出来。不过，有了这次成功的经验后，顾金凤又把目光瞄准了南山上的棘树条。清明节前，棘树条上的喇叭花还没开，嫩着呢。顾金凤就把棘树树头上最嫩最嫩的树芽头掐下来，带回主楼。这回，顾金凤没把它做菜肴，而是做起了青团子。因为她多次听见宋庆龄提及青团子，还问服务员：北京饭店里有没有青团子卖。顾金凤见宋庆龄这么想吃青团子，就决定自己动手试着做了。

她先把棘树芽放在热水中焯了，挤出绿色的汁液，再拌在糯米粉里，里面包上磨细了的甜甜的赤豆馅。放在小电炉上一蒸，出笼一看，那个碧绿生青的色彩和甜糯喷香的味道，一点也不比江南正宗的青团子差！

宋庆龄品尝后，开心得不得了，她让顾金凤干脆制作了一批，然后每四只青团子再附上一纸亲笔信，让杜述周专程驱车分别送给周恩来总理等，让大家一起品尝"我家阿金做的苏州青团子"！

清明过后，她又让厨房买来酒药子，自己动手做酒酿、做酒酿圆子；端午节到了，她又让厨房采购来箬叶，和宋庆龄、钟兴宝一起动手包粽子，枕头粽、三角粽、小脚粽。粽子里的馅都是火腿肉、咸肉或香菇等。一开锅，真的是香溢小楼。

宋庆龄舍不得一个人享受，她依然以一小钵酒酿或一家四只粽子为单位，再附一封信，依然让杜秘书专程驱车送给在京的好友，让大家和她一起品尝她的家乡美食，分享她的江南平民小吃。

坚决反对
突出个人

　　1973 年，位处上海的中国福利会成立二十周年时，准备搞一个图片展览会。筹备组找到李云，请她向宋庆龄传言，希望展出一张宋庆龄个人的相片。

　　李云把筹备组的要求向宋庆龄汇报后，宋庆龄想也没想地说："不必了。突出个人不好。"

　　事实也是这样，宋庆龄早就认为自己所做的一切，都是组织和集体的，是完全应该的。当年她创建的民权保障同盟，营救了大批被国民党逮捕的革命者和共产党员。有次，李云向宋庆龄请教王学文的女儿及其他几位革命青年，当年是不是在她的帮助下被释放出来的事情时，宋庆龄回答说："不知道，忘记了。"李云认为，宋庆龄营救的人很多，记不得也是很自然的，但另一方面说明了她为人谦虚，即使记得也不愿说。事后宋庆龄向李云解释说："营救他们出狱，继续为革命斗争，这是我的心愿，不必都记住他们的姓名。"

　　何香凝准备写自传时，把她原来的秘书黎沛华请回去，帮她回忆过去的历史。由此，李云想到宋庆龄也应该写自传了，因此她写了封信给宋庆龄，提出了她的建议。宋庆龄看后没答应，她表示要保留自己写作的权利。宋庆龄的文章写得很漂亮，又快又好，不过她擅长用英文来写作。她迟迟不写自传，李云估计一方面是她的健康原因，另一方面是她认为自己写自己，难于下笔。事后，宋庆龄对李云说："何必宣传自己，有什么值得宣扬的？"

党内外也有不少人想写宋庆龄，也都被她回绝了。爱泼斯坦曾多次向宋庆龄提出，要为她写一部传记。但在1980年3月15日和同年9月25日，宋庆龄在给爱泼斯坦写信时，两次婉转表示了拒绝，她在信中说："我想请你在我死后写我的传记，我对别人不像对你这样信任……""……所有自传都免不了表现出自我中心，所以还是让我所信任的朋友来写我的传记……"

谁也没有想到仅过了几个月，连写作计划与准备工作还未启动，宋庆龄就匆匆地走了。爱泼斯坦写的那部宋庆龄传，是在1993年1月宋庆龄诞生一百周年前夕出版的。

二十世纪的新童话

　　地处上海华山路 639 号的中国福利会儿童艺术剧院，是宋庆龄当年一手创办起来的，但在 1973 年，"四人帮"在上海的工作组进驻剧院，策划如何将该院吞并。眼看上海滩上唯一的一个儿童剧院即将消失，成千上万的少年儿童观众即将失去心爱的舞台，许多人的心像灌了铅一样沉重。

　　回上海治病的宋庆龄因记挂着她创办的事业，有一天，从医院里出来后，宋庆龄请司机驾车绕着到各单位门口看看，不下车，说坐在车上透过车窗看看门口就行。当汽车快到剧院门口的时候，放慢了速度，到了门口，车子停了几秒钟。宋庆龄掀开车窗帘，看了看剧院的大门口，随即就让司机把车开走了。

　　谁也没有料到，就这几秒钟的时间里，她被剧院里的一个孩子看到了，那孩子从窗帘的缝隙里，清楚地看到了宋庆龄那慈祥而又熟悉的面容。他兴奋地像以往那样奔过去拉大铁门，铁门拉开了，车子却已开远了。不少人追出去，只能看到一辆黑色的轿车远远地行驶着。

　　就这短短的几秒钟，却产生了巨大的威力，没几天，工作组悄悄地走了，儿童剧院要合并的消息也偃旗息鼓了。

　　事后，有人说这是"二十世纪的新童话"，是宋庆龄的特殊地位与威信在起作用。

宋庆龄一向无限地热爱着儿童事业，她把自己的爱，全部献给了孩子们。

抗战胜利后，日本侵略者已被赶走，成立于1938年6月14日的"保卫中国同盟"的历史任务已经完成，宋庆龄即宣布"保卫中国同盟"改名为"中国福利基金会"，致力于战争创伤的恢复和战后建设工作。1946年5月间，时年五十三岁的宋庆龄在组织发送了支援华中军区的医疗器械后不久，就于当年9月下旬离开了重庆，回到了上海。

与此同时，中国福利基金总会也随之迁往上海。

宋庆龄租借了上海南苏州路175号颐中烟草公司201室——一个狭小的办公室，作为总会的办公地点。

在宋庆龄倡导与关怀下，总会在上海工人居住区建立了三个儿童福利站。1947年冬，每个站里配有识字班、保健室、营养站、图书馆等。三个儿童福利站有约四十个工作人员。当时，上海环境非常险恶，宋庆龄利用她的特殊身份和国际威望，巧妙地动员了一切可以利用的力量，使儿童工作得到国内外的赞助和支援，发展很快。

宋庆龄亲自提名由陈维博、周尔贤、马崇儒、丁景唐四人先后担任这三个站的站长，同时，指名顾锦心担任总会儿童工作组组长，以加强对这三个分站的领导工作。1949年10月1日之后，宋庆龄又及时创建了中福会幼儿园，并邀请刚获得美国教育学硕士学位归国的陈善明女士任园长。此外，总会还创办了《中国建设》杂志、《儿童时代》杂志。

三个儿童福利站刚成立的时候，宋庆龄对陈维博说："现在上海的儿童生活实在痛苦，不但过着饥饿的生活，而且精神生活穷困，得不到读书机会，生活枯燥，愚昧无知。我们应该解救他们，要从扫盲入手进行启蒙，这是一项拓荒工作。"

这实在是一项名副其实的"拓荒"工作，由于三个儿童福利站都设在上海贫苦儿童集居的地区，办公条件十分简陋。例如当时地处苏州河北乍浦路昆山儿童公园东北边的第三儿童福利站，是一座四十平方米左右的半圆形的铅皮活动房子。这里设立图书阅览室,吸引儿童来阅读,由工作人员讲故事给他们听。并成立识字班,教孩子们识字、唱歌、跳舞。还有保健站,除了给儿童治病外,还向孩子们宣传保健知识。贫苦的母亲到这里来领取婴儿营养物品,带婴儿来看病。儿童剧团的教师和十几位儿童演员也在屋子里进行排练活动。小小的天地里,终日充满着孩子们欢乐的笑声。

当时,宋庆龄轮换来到各个儿童福利站,看孩子们读书、唱歌,观看孩子们演出的小歌舞《朱大嫂送鸡蛋》《山那边呀好地方》。她夸赞小先生教得好,说这是陶行知先生创造的好办法。

1947年4月4日,宋庆龄来到第一儿童福利站的图书室,坐在一个小男孩身边同他谈话,教他识字,当时留下了一帧难得的照片。这个小男孩名叫吴方,他长大后一直珍藏着这帧珍贵的照片。1981年5月29日,宋庆龄与世长辞,吴方特地从成都写信给中国福利会表示深切的悼念,这时,他已是某研究所的工程师了。

1947年12月23日,宋庆龄特意邀请陈维博等四个站长(组长)到香山路7号孙中山故居去参加晚餐。从1946年到1947年间,宋庆龄住的靖江路45号(原莫里爱路29号)遭到日本占领军的严重破坏,请客吃饭和会见客人往往是在中山故居。

陈维博他们一进门,就受到宋庆龄亲切而又热情的欢迎。餐桌上摆着一只大火鸡,香气四溢,看得出,宋庆龄这是用圣诞节的形式来款待她的下属。宋庆龄很高兴,亲自做了菜肴,还给他们搛菜、送茶。虽说这是一次家庭式的便餐,谈话随和,亲密无间,但交谈的主题却是宋庆龄时刻关心的儿童工作。当站长们汇报小先生们如何主动把孩子们团结起来,教他们读书写字、出墙报、编演小节目、扭秧歌舞的时候,宋庆龄高兴地笑了起来,说:"你们的工作很有成绩,要使孩子们团结起来,觉悟起来,让孩子们看到未来,成为未来的主人。你们这是为未来而工作,眼光要放得远些。"

1960年1月27日,正是春节前夕。这天天气很冷,上午9时左右,宋庆龄在上海市副市长金仲华的陪同下驱车来到上海市少年宫,看望孩子们。

正在少年宫大厅等候的孩子们看到了他们思念中的宋奶奶，欢呼着扑了上来，把宋庆龄围在中间。宋庆龄饶有兴味地欣赏着孩子们表演的一个又一个音乐舞蹈节目。《各族儿童绣毛主席像》的舞蹈演出结束，宋庆龄显得格外高兴，带头为孩子们鼓掌。她向跳舞蹈的孩子们招招手，示意她们过去。女孩子们一个个像小鸽子似的飞向宋奶奶的怀抱，依偎在亲切慈爱的宋奶奶身边。

宋庆龄用手轻柔地抚摸着孩子们，对孩子们说："你们这个舞蹈很有意义，我们祖国是个民族大家庭，是一个团结的家庭，各族人民都热爱毛主席。"

每年的五四青年节，只要宋庆龄没有外事任务，她总要来到少年宫，与一批批刚满十四岁即将告别童年的少男少女畅谈理想，讨论怎样迈好青春第一步。每年 1 月 27 日宋庆龄的生日那天，她也总要想法来到少年宫，在生日烛光的照耀下，以她精心选择的方式，与孩子们一起度过这令人难忘的美好时光。

1964 年 2 月，宋庆龄随同周恩来、陈毅到锡兰进行国事访问。一路风尘仆仆，在繁忙的国事访问过程中，她还时时惦念着中国福利会幼儿园的孩子们。回国后，她不顾辛苦，兴致勃勃地来到中国福利会幼儿园，看望那里的孩子们。

专心做游戏的孩子突然发现宋庆龄出现在他们的面前，他们惊喜地喊着"宋奶奶来了，宋奶奶来了"，飞扑向宋奶奶。宋庆龄摸摸这个孩子的头，握握那个小朋友的手，然后抱起一个小白兔打扮的孩子亲了亲，慈祥地问道："小朋友，你们在做什么游戏呀？"

"宋奶奶，老师在教我们'小白兔的眼睛为什么红啦'的游戏。"

宋庆龄听了，微笑着向一边的老师点点头。老师忙对"小白兔"说道："哎，小朋友，快告诉宋奶奶，小白兔的眼睛为什么红啦？"

这时，孩子们七嘴八舌地讲开了，有的说小白兔不讲卫生，不爱清洁；有的说小白兔不听老师和妈妈的话，吃饭前不洗手，还常常用脏手揉眼睛。

听完孩子们的回答，宋庆龄边笑边说："小朋友，现在让我们一块去洗洗手好吗？"

"好！"孩子们簇拥着宋奶奶走往教室那边的洗手池。

洗完了手，宋庆龄挨个检查他们胖乎乎的小手，还数了数，共有二十三双手。宋庆龄笑眯眯地打开放在桌上的盒子盖时，孩子们都睁大了眼睛惊讶地叫了起来：呀，好大的蛋糕呀！咦，上面还有一个大寿桃呢！

原来，这是锡兰总理班达拉奈克夫人赠送给宋庆龄的大寿桃蛋糕，她自己舍不得吃，带回来给孩子们吃！

老师用餐刀将蛋糕切成四大块后，宋庆龄赶紧接过刀，又亲自动手将这四大块分切成二十四块，然后，再亲自一块一块地把蛋糕递到孩子们手中。最后一块，她递给老师。孩子们鼓起的腮帮，吃得那么香甜，宋庆龄望着孩子们，露出了宽慰、舒坦的笑容。

宋庆龄历来对从事儿童福利事业的工作人员是高标准、严要求的，她在检查基层的工作时，从不打招呼，也不事先电话通知，下车后也不先进会客室，而是直奔孩子们常用的厕所，闻闻那里是否有异味；进厨房后用手摸摸灶边墙角，窗台左右，桌沿椅下，还经常拎起揩布、扫帚细细查看。当时有些工作人员不理解，宋庆龄是中央人民政府副主席，怎么爱管这些小事？宋庆龄就对工作人员亲切解释："这些常用的卫生工具直接与孩子们打交道，若清洁工作做得不好，会直接影响到孩子的身体健康。"

1974 年 >>>

"经过精心的治疗，我现在恢复得很快。不管我能否活到九十岁，但我看目前还不会离开这个世界。"

安多利恒花的意义

在宋庆龄北京寓所的卧室床头墙上，挂着一幅花的平面绣。

那是一朵夏威夷的安多利恒花。

这里有个故事。

每年春天，美国籍日本友人有吉幸治总要赠送给宋庆龄一束名贵的夏威夷安多利恒花，宋庆龄十分喜欢这束不同寻常的名花。

1974年刚过春节，一天，宋庆龄对钟兴宝和顾金凤说："看看，这朵花谢了，多可惜。阿拉是不是照着把它绣起来，让它永远不谢呢？"

本是苏州绣娘出身的钟兴宝和顾金凤立即说："好的。"

当时，宋庆龄的眼睛已老花了，不能飞针走线了；钟兴宝的眼睛也要戴老花镜了，绣不了几针。宋庆龄决定由顾金凤主针，绣制这幅特殊的绣品。

整幅作品大部分都是顾金凤利用空余时间，忙里偷闲地完成的。望着这朵永不凋谢的花，宋庆龄快乐地把它装裱在镜框里，再把它挂在了卧室的床头上面。从此，这朵苏绣安多利恒花，就永远地开放在宋庆龄的北京寓所卧室中了。

说实话，这幅平面苏绣构图很简单，稚嫩得几近笨拙，也因缺乏立体感而失真，但它针脚缜密一致，色彩明快鲜艳，体现出了主针者良好的技艺。尤其是这朵安多利恒花，代表着一段国际友谊，意义深远。

祖传的藏蛋游戏

　　藏蛋游戏是宋庆龄家一项祖传的家庭游戏，由来已久。牛恩德在那篇《宋庆龄绵绵温情系家人》一文中相关的记叙，当是最早反映宋庆龄家中藏蛋游戏的文字：

　　　　记得童年时，母亲曾带我和姐去参加宋庆龄表姑妈主办的复活节找鸡蛋的游戏。那些彩色的鸡蛋藏在她家后花园，找到最多的孩子获得一等奖。这项活动募捐来的钱用来支援贫困幼儿。

　　著名钢琴演奏家牛恩德 1934 年出生于上海，这段经历是她在童年时的故事。

　　中华人民共和国成立后，宋庆龄家中的这项家庭游戏，就改在中国的清明节那天举行了。宋庆龄在 1966 年 4 月 10 日致黎照寰的信中就明确写道："至于彩蛋，我们现在在每年清明节染彩蛋。孩子们喜欢把彩蛋藏起来，再去找出来，与宗教或复活节无关，就像我在圣诞节不带任何宗教意味地放松一下一样。"

　　周和康在上海寓所时，曾奉命操办过好几次藏蛋游戏。

　　1963 年 4 月 1 日上午，宋庆龄嘱咐周和康购买鸡蛋五斤，鸭蛋二十八斤。周和康知道，宋庆龄购买这么多的鸡鸭蛋，是又要请孩子们前来寓所做游戏了。

　　每年清明节来临前，宋庆龄只要居住在上海，鸡鸭蛋是她指定购买的食品。每次，周和康从市食品特种供应站采购回来后，李燕娥和钟兴宝就在宋庆龄的指导下，把所有鸡鸭蛋染成五颜六色的彩蛋，然后以十二只为一组，分别装在大信封里。届时，宋庆龄要作为礼品，奖励给前来寓所参加游戏的小朋友。

　　不过，鸡鸭蛋上的颜色，也不是随心所欲的，宋庆龄是有规定的。周和康刚到上海寓所工作的第二年复活节，宋庆龄在指导两位保姆染鸡鸭蛋前，曾交给周和康一张巴掌大的小纸片，嘱咐周和康根据纸片上列出的色彩，从文具店里采购回相应的颜料。

　　周和康珍藏着这张留有宋庆龄亲笔手迹的小纸片：

　　　　大红色

　　　　橘红色

　　　　紫罗兰色　　violet

　　　　绿色

　　　　老虎黄色　　light yellow

　　周和康记得当年的情景：把煮熟的鸡鸭蛋染成五颜六色、包装在大信封内后，就可以邀请小朋友到家中做客了，大都是寓所工作人员的孩子。事先，宋庆龄在李燕娥、钟兴宝的陪同下，提着装彩蛋的篮子，漫步在绿油油的大草坪上，把彩蛋一个个分别藏在草丛中和树根旁。

　　待把彩蛋全部隐藏完毕后，宋庆龄就回到大阳台，在藤椅上朝南坐好，然后一声令下，让集中在客厅里的孩子们去草坪中寻找彩蛋。孩子们欢快地奔向大草坪，凭着各自的敏捷寻找彩蛋。这时，花园中荡漾开孩子们一阵阵此起彼伏的"找到了，找到了"的欢呼声。接着，寻找到彩蛋的孩子们会欢蹦乱跳地奔上大阳台，来到宋庆龄的身旁，争先恐后地送上各自找到的彩蛋，换取奖励。

看着孩子们那种活泼可爱、无拘无束的样子，宋庆龄连连称好，开怀大笑，并当场把装有彩蛋的大信封，作为奖励，分送给每个小朋友。当然，宋庆龄也不会忘记她身边的所有工作人员，游戏结束后，每人包一包彩蛋，带回家去，与家人分享。

宋庆龄坐的车

　　刘凤山是 50 年代初就来到北京寓所，成为宋庆龄的专职司机的。

　　1952 年，刘凤山驾驶的是前苏联国家领导人斯大林赠送给宋庆龄的一辆吉姆轿车。

　　作为苏联政府国宾车，当时这辆车上装有能发出特殊尖声的喇叭。遇有堵车或需要其他车辆让路时，吉姆车一发出这种尖声后，路上其他车都要停下来让路，交通警察即刻开绿灯放行。后来没多久，斯大林又送给中国领导人五辆没有尖叫声的吉斯车，党中央分配给宋庆龄一辆。有了吉斯后，这辆吉姆就放到上海寓所车库中去了。

　　吉斯车内空间宽敞，底盘较低，乘坐很平稳、很舒适。

　　从 50 年代初到 60 年代末，宋庆龄一直乘坐这辆吉斯车，也一直由刘凤山司机驾驶。直到 1969 年 3 月 9 日，周恩来总理将一辆洋溢着时代风采和民族风格的国产红旗 CA-772 高级轿车配给宋庆龄后，吉斯轿车才"退休"。如果说吉斯体现的是古典的美与庄重，那么，红旗轿车则更多地洋溢出现代东方神韵。宋庆龄对这辆充满着民族自豪感的轿车情有独钟，亲自选定颜色和布料，制成车窗帘，挂在轿车中。

　　红旗轿车采用 V8 发动机、自动排挡真空转向器等先进技术，造型美观大方。看到我国自己能生产如此先进漂亮的高级轿车，宋庆龄非常高兴，从此一直乘坐这辆红旗轿车，直到逝世。如今，宋庆龄的这辆"红旗"牌国产轿车已成为珍贵的历史文物，陈列在北京故居中，向世人展示。

刘凤山驾驶这辆红旗轿车二十多年，这车因电瓶质量问题在地安门熄火一次外，再没有发生过任何问题。

刘凤山刚为宋庆龄驾驶轿车时，在开车时总免不了紧张，尤其是遇到堵车时会急得满头大汗。每当这时，坐在后排的宋庆龄总会亲切地安慰他，让他不要着急，等一等，慢慢开。每次出车回来，宋庆龄下车前，也总要向刘凤山表示她的谢意。有时还要拿出水果、点心来慰劳他。

刘凤山听宋庆龄说过，她非常喜欢汽车，并且在年轻时代就学会了驾驶汽车。这可从宋庆龄1966年4月10日复黎照寰的信中得到证实：

> 因为孙传芳当时试图收买我们的司机杀害我们或把我们送入他们的圈套中，所以为保卫孙博士，杨仙逸教我驾驶汽车，为此我永远感激他（我因此而成为从法租界获得驾照的第一个中国妇女）。[1]

宋庆龄上海寓所的专职司机是刘春生，1956年7月左右到寓所工作。宋庆龄回上海时，就由他驾驶那辆"吉姆"车接送宋庆龄。刘春生把轿车保养得很好，不论上下底盘还是机件设备，都没有灰尘，始终保持着正常状态，车内外都擦得整洁锃亮。外来的参观者与宾客见到这这辆车，都会众口一词地称赞。平时，刘春生驾车外出，不论回来多晚，都要用水冲洗干净。

宋庆龄在北京的时候，刘春生手头没什么事，会帮助做一些家务工作，忙的时候还要帮助打扫鸽子棚。有时，他还要到市里为几个副市长开车。1956年，吉斯车从北京调回上海，刘春生从上海火车站将它开回家。1969年，从北京又调来一辆

[1]《宋庆龄年谱（1893—1981）》（下），第1700页，广东人民出版社2006年版。

国产的红旗轿车。"吉斯"就和"吉姆"一起停在了车库里。

宋庆龄大多在逢年过节时外出，例如国庆节什么的，刘春生就开车送宋庆龄在上海市内转一转，从华山路到静安寺、南京路，再折回淮海路。宋庆龄的车开在路上，一路都是绿灯，大家会主动避让。不管是在市区还是闵行区，都是这样。

宋庆龄对随同一起外出的人员要求非常严，外出时要大家注意衣着端正。出发前一个小时，刘春生就洗漱干净，换好衣服，擦亮皮鞋，做好一切准备工作。有一次，刘春生到机场接机，匆忙中风纪扣没有扣好，秘书长看到后，马上走过去让他扣好，并关照他不要东走西走。

1980年10月，刘春生因病住院，宋庆龄当时在北京，但她得知这一消息后，特地从北京写信给周和康，嘱咐他购买些水果和两听麦乳精送往医院，代她探望刘春生。

鲜
红
的
安
多
利
恒

1. 栾文民：年轻牙医身手不凡

　　1974年，随着金秋的到来，宋庆龄的心情也渐渐地开朗起来。8月3日那场突如其来的面部瘫痪，经过北京医院的医生们的诊治，已经恢复得差不多了。她在8月15日致廖梦醒的信中不无乐观地写道："经过精心治疗，我现在恢复得很快。不管我能否活到九十岁，但我看目前还不会离开这个世界。"尤其使宋庆龄高兴的是，她收到了从上海家中空运来的淀山湖大闸蟹。这些螃蟹分两批运送过来，只只新鲜肥硕。宋庆龄让家里的工作人员向周恩来夫妇送去两次，让他们也一起品尝这来自江南的时令美食。

　　11月3日中午，宋庆龄在寓所设便宴招待了爱泼斯坦、邱茉莉夫妇，与老朋友一起共进午餐。

　　翌日上午8点，顾承敏像以往那样准时来到后海为宋庆龄进行常规检查，她发现宋庆龄已经在等她了，桌上的漱口杯里，盛放着一副上颚的假牙。宋庆龄说道："顾医生给我看看，这牙龈上是不是长了什么东西？"

顾承敏打开医疗箱，取出手电，为宋庆龄进行检查。就着手电光一看，顾承敏发现在宋庆龄右边下颚盘牙的牙龈上，长了一粒黑乎乎的东西，把牙龈顶得鼓鼓的。用止血钳轻轻地碰碰，还很硬呢。

"痛不痛？"顾承敏问道。

"痛倒不痛，只是有点胀。会不会是长了什么肿瘤？"宋庆龄不无担心地问道。

"不会的吧？"

"你看是不是请个牙科专家来看一看？"

"好的。我马上就去。下午您休息起来后，请他诊断一下。"顾承敏无法答复宋庆龄，因为她所稔熟的只是内科，对牙科可是十足的门外汉。现在她能做的就是去北京医院请专家。

于是，顾承敏一边按规定向保健局革命委员会作简短的汇报，一边直奔北京医院。到单位后，她直奔院长室，打算请韩副院长去后海出诊。韩副院长名叫韩宗琦，是我国著名的口腔专家，那时刚调到北京医院任副院长。不巧的是，他刚好在前几天随周总理去西安了。于是，顾承敏与院长商量后，转身去了口腔门诊科，找到了正在为患者诊治的栾文民医生——一个风华正茂、神采奕奕的青年小伙子。

顾承敏把栾文民单独叫到一边，说："栾医生，我想请你跟我去趟后海出诊呢。"

依稀中，栾文民似乎记得顾承敏是宋庆龄的保健医生，也知道后海是宋庆龄的寓所所在地，但他不清楚顾承敏今天请他去后海是为哪位出诊。顾承敏看到栾文民的疑虑，压低嗓音对他说道："今天上午首长刷牙时，摘下假牙，发现牙龈上长了一粒东西，很硬，颜色发黑。她担心是不是长了肿瘤，请专家去看一下。"

栾文民听了，不由一愣。

栾文民1964年毕业于北京医学院口腔医学系，当时他才三十四岁，临床也只有十年时间，他自忖够不上专家。他问道："为什么不请韩院长去？"

"韩院长随周总理到西安去了，你的专长是口腔颌面外科，你去比较合适。我已请示院领导同意了。"接着，顾承敏描述了宋庆龄口腔里的那粒黑乎乎的硬物后，问道："你估计可能是什么原因引起的？"

栾文民想了想，答道："如果这粒黑色的东西很硬，并不太疼痛，而且又是长在假牙下面的话，那很可能是过去拔牙时遗留下的残根或残片，由于组织的排异作用，慢慢推到牙龈表面引起的。"

"你看该怎么处理呢？"

"拔了就行了。"

"难度大吗？"

"只要是我刚才分析的那样，那应该是不难的。"

"好，那你就准备一下，下午两点正，我们一起去后海。"

"好的。"

顾承敏在医院里，一向以稳重友善而著称，在同事中间有着较高的威信。所以栾文民也就不再犹豫了。

说实话，栾文民自正式从医以来，还从没有为像宋庆龄这样的高级中央首长治过病呢，所以他又忍不住问道："顾医生，那我见了首长后该怎么称呼呀？"

"称首长就行，也不要加任何头衔。"

"哦。"

顾承敏走后，栾文民马上找到了下午将与自己一起同行的牙科护士顾美珍，然后两人一起准备了麻药和各种器械。根据经验，栾文民知道这种残根或残片的形状一般都不规则，一般的拔牙钳夹不住。于是，除了常规的器械外，他又特别准备了几把不同型号的止血钳，用方巾包好消毒备用。中午回家时，他又特意换了一件白衬衣，外面穿上当时流行的深灰色的制服，下身穿上一条新的卡其布裤子，换上了一双松紧口的布鞋——这是当时栾文民所能找出的最好的衣服了。

下午两点整，刘凤山驾着红旗牌轿车，准时来到了医院大门口，载上顾承敏、栾文民与顾美珍，直接前往后海宋庆龄寓所。那时栾文民也不知道宋庆龄住在什么地方，只觉得和去卫生部原址的路线相同。过了卫生部不远，汽车在一座古建筑的大门口减慢了速度，门口站岗的警卫战士见到红旗牌轿车敬了个礼，就把大门打开了。

时值秋天，透过车窗向外看，栾文民只见墙上爬山虎的叶子都变红了，非常好看。车往前开了不远，又见一座大门，一个中等身材、面色红润、胖乎乎的中年男子正笑容可掬地站在大门口迎接他们。事后栾文民才知道，那中年男子名叫杜述周，是宋庆龄的警卫秘书。

轿车在第二道大门口停下后，杜述周就微笑着迎上前，带着他们进了客厅。稍作寒暄后，杜述周说道："首长已在书房里等你们了。咱们上去吧。"说着，他便在前一路领着大家穿过客厅，上了二楼。

宋庆龄的书房在二楼，当栾文民他们沿着楼梯往上走时，想到马上就要见到久仰大名的"国母"时，不由感到一阵紧张和兴奋。

宋庆龄正端坐在书房里一张靠墙的椅子上，见到顾承敏他们三人，她微笑着站了起来。顾承敏首先把栾文民向她作了介绍："首长，这是栾医生，北医毕业的。专长颌面外科。"

"好，好。"宋庆龄听了，一一握手，笑着点了点头。

看着宋庆龄慈祥可亲的笑容，栾文民那紧张的情绪这才慢慢地平静了下来："首长好！顾医生已经给我介绍了情况，先给您检查一下好吗？"

宋庆龄点了点头："好的。我坐在什么地方合适？"

栾文民一指刚才宋庆龄坐过的那张椅子说道："请您就坐在这里吧。"

"好的。"宋庆龄就坐在了采光较好的那张椅子上。经过短暂的交谈，栾文民已经完全放松下来。他快速地戴上口罩，从出诊箱中取出检查器械，开始检查。一边的顾美珍则用手电为他照明。

经检查，栾文民很快发现，宋庆龄的口腔疾病与他之前估计的完全相同，那粒呈黑色的硬块，正是牙龈下面一片牙齿的残片。于是，栾文民心中立时有了底，他笑着对宋庆龄说道："请首长放心，没有大问题，只是过去留下的牙齿残片浮出了牙龈，拔掉就好了。"

宋庆龄听了顿时如释重负，不由高兴地问道："好拔吗？"

"好拔的，时间也不会太长。但要做一点局部麻醉。您看……"说到这里，栾文民征询宋庆龄的意见。

宋庆龄听了，连连点头，表示同意。

于是，在顾美珍的配合下，栾文民对宋庆龄的牙床发炎处进行了局部浸润麻醉，为确保麻醉的效果，他对宋庆龄的下齿槽神经进行了阻滞性麻醉。稍等片刻，估计麻醉效果发挥时，栾文民就请顾美珍用双手扶住宋庆龄的头部，然后自己用分离器分开牙龈，只轻轻一挺，残片就松动了，再用止血钳一夹，那牙齿残片就离开了牙龈。

"好了。"栾文民一边把拔下来的残牙片放在一边的托盘里，一边点了点头，顺手取下了口罩，冲宋庆龄微微一笑。

"好了？"宋庆龄好像感到很意外，"怎么这么快？我一点感觉也没有嘛！"

"喏，已经出来了。"栾文民把盛有牙齿残片的托盘放到宋庆龄面前，请她检验。

宋庆龄戴上老花镜，果真仔细地对托盘里看了看，还用镊子拨了拨：残片不大，比大米粒稍大一些。宋庆龄见了，不由开心地笑了。

一边的顾承敏看了看手表，前后也不过用了两分钟。

顾承敏还要为宋庆龄进行常规身体检查，她就让栾文民和顾美珍先下楼去等候。这时，宋庆龄对一边的杜述周秘书说道："栾医生头一次到这里来，你陪他们到院子里去转一转。顺便看看哪棵树上的果子熟了，摘一些送给栾医生他们拿回去。"

栾文民听了，一边说着"不用了，不用了"，一边和顾美珍一起先后与宋庆龄握手道别。宋庆龄连声表示感谢。

栾文民他们跟着杜述周来到院子里，只见曲径通幽，楼堂亭榭，山石嶙峋，绿树成荫，一条小溪从中间流过，溪上还有小桥。在那个到处嘈杂、喧嚣的年代里，能看到这样幽静、优美的院子，栾文民感觉自己就像置身于世外桃源一样，心情非常愉悦。转着转着，看见前面有几棵又粗又高的梨树，树上结满了拳头大的梨子，几个工作人员正用竹竿在采摘树上的梨子呢。栾文民心里明白：看来这是为我们准备的。果然，临走的时候，杜述周送给栾文民与顾美珍、顾承敏他们一人一大兜水果，里面除了个头硕大的梨子外，还有几个通红的大石榴呢！

栾文民回到单位后，听科里的老护士讲，60年代中期，宋庆龄曾在他们医院拔过一次牙，是一个加拿大留学的老专家拔的。由于这颗牙齿曾经去过髓，很脆，用钳子一夹就碎了。结果老专家连敲带凿，拔了近一个小时，才一块、一块地把那颗坏牙清理干净。没想到第二天，宋庆龄又到医院来了。原来之前的一番折腾，使宋庆龄的牙齿痛了一晚上，半边脸都肿了。

没几天，韩副院长从西安出差回来，他听了栾文民有关这次去宋庆龄寓所出诊的经过后，高兴地说道："你可能是给宋庆龄看病的最年轻的医生了，一般给她看病的都是知名专家，交谈病情都是用英文的。"

栾文民给宋庆龄留下了很好的印象。为了自己的牙齿，宋庆龄可没有少吃过苦头。

有关宋庆龄接受牙医治疗的最早的文字记载当是1950年7月那一次。一天，宋庆龄不小心碰断了上颚门牙右边的一颗牙齿。这颗断牙平时并没感觉，只有咬到较硬的食物时才感到疼痛，所以宋庆龄一直忍着，没去牙科门诊。然而，顾锦心向她送来了一篮品种上乘的苹果，其与众不同的甜美的味道，使宋庆龄终于下定决心，去看了牙医。

在7月16日致顾锦心的信中，宋庆龄幽默地写道：

> 你考虑得真周到，给我送来了一篮子罕见品种的美味苹果。……我只能说我很珍视你的心意并衷心地感谢你。
>
> 你一定会感到高兴并有趣地知道，你那香味浓郁的礼物终于驱使我这双踟蹰不前的脚走到牙科医生那儿去了。

……自从我碰断了一颗牙以后，我一直躲避着牙医生那张令人望而生畏的椅子。……我的脸肿起来，嘴歪到一边，我感到发烧。如果不是因为疼痛和不舒服，你会看到一副滑稽相。现在苦难已过去，我能写信对你做的好事倍加感谢——享我以美味的苹果并诱使我去看牙医，最后治好了我的牙病。[1]

1951 年 2 月 10 日，宋庆龄在上海华东医院口腔科所做的牙科手术，门牙的顶部被截去，致面部红肿。宋庆龄承受了可说是刻骨铭心的痛苦。这可从宋庆龄写给王安娜、罗叔章、顾锦心等人的信函中得知详情：

我开刀以后，面部红肿，又带青块，好似一只大番茄！鼻子歪到西，嘴巴歪到东，真是给人看见之要笑得肚痛！据牙医说还须医一星期才能好。现在有止痛药吃，可以请不念。（1951 年 2 月 11 日致罗叔章）

给我动手术截去了它的顶部。……我的脸肿得厉害，鼻子歪向一边，嘴巴歪向另一边，加上神经受损的疼痛！（1951 年 2 月 15 日致顾锦心）

回家以后，我发现发炎的那颗牙齿越来越痛，原因是我在北方待了四个月。牙医曾提醒过我，两个月后要回来治疗。上星期六为了保住我那两颗门牙，不得不去动了一次又痛又复杂的手术。那牙医花了两小时，用锤子和凿子把龋齿上端坏死部分凿掉。现在我的脸还肿着呢，鼻子和嘴巴两个方向歪斜，一个蓝色的口罩蒙着肿得像西红柿那样的脸。

要从这种吓人的模样恢复过来，而且可以讲话，还需要几天时间。（1951 年 2 月致王安娜）[2]

[1]《宋庆龄书信集·下》第 324 页，人民出版社 1999 年版。

[2]《宋庆龄年谱（1893—1981）》（下），第 1209—1212 页，广东人民出版社 2006 年版。

1965 年，宋庆龄又患上了牙病，不得不去医院求诊。在爱泼斯坦的《宋庆龄：二十世纪的伟大女性》一书中有这样的记载："1965 年的一封信上说：'……在一位牙科医生那里得到一种痛苦的经验。这位医生的技术水平无法同他的政治觉悟相比。我由此认识到，又有很高的政治觉悟，又有很好的技术，这是何等重要。'这一带有讽刺性的说法同她的总的看法是一致的。她总是同样重视政治教育和技术教育的，但从她在其他场合的讲话中可以看到，她处处感到正在增长中的'左'的思潮，这种思潮宣扬'政治好了，本事就自然而然地大了'。"

当年轻的栾文民医生在宋庆龄几乎毫无感觉的情况下排除了牙病隐患，可以想见宋庆龄对他的好感程度了。据顾承敏回忆，后来，宋庆龄曾有几次专门来到北京医院的口腔门诊科，请韩院长或栾文民为她进行牙病诊治。

在诊治中，栾文民发现年过古稀的宋庆龄，除了下颚的几颗假牙外，其余的牙齿都维护得很好，尽管由于年龄关系，她的牙龈有些萎缩，牙根部分外露，但很干净。有件小事给栾文民留下了很深的印象。当宋庆龄坐在牙科椅子上以后，打开手包，拿出一个装有绿色液体的玻璃小瓶，从包装上可以看出，这是国外的产品。宋庆龄打开瓶盖后，把一些绿色的液体倒在那杯为她准备的漱口水中漱口，然后再请栾文民检查牙齿。开始，栾文民以为是香水，但闻不到任何香水的味道。

直到栾文民后来去国外留学，才知道那是商品化的漱口液，是和牙膏一样的属口腔清洁卫生的保健品，在国外的超市里就可以买到。栾文民心中非常感慨，不由深深地体会到，那个年代太封闭了，国外寻常的口腔保健品，我们国内的口腔科医生居然从来没有见过，也不知是何物！

为表示感谢，宋庆龄举办了电影招待会，特意请顾承敏、栾文民、吴蔚然和韩宗琦院长去她寓所观看。栾文民记得，那晚在宋庆龄寓所楼下的大客厅里，一连放了好几部二三十年代的老电影，有《十字街头》《乌鸦与麻雀》《魂断蓝桥》，还有原版的《乱世佳人》。在那个只有样板戏的年代，能看到这样的电影佳作，实在是一种独特的享受。以后，每隔几周，宋庆龄就会举办一次这样的特殊的电影招待会，招待诸如顾承敏、栾文民等医护人员与其他工作人员。快到元旦的时候，宋庆龄还专门派工作人员向栾文民送去糖果和点心。

2. 用画报包鲜花

　　每年的 1 月 27 日，是宋庆龄的生日。有几年，宋庆龄会在自己生日那天，邀请韩宗琦、栾文民等医生去参加她的生日宴会。据顾承敏回忆，她和吴庆年从未接受过宋庆龄相应的邀请。一年，韩宗琦院长和栾文民接到了宋庆龄请他们参加她生日宴会的邀请。韩宗琦和栾文民在深感荣幸之际，一起商量送什么礼物回赠宋庆龄。韩宗琦认为宋庆龄从小在美国长大，是"洋派"的，送一束鲜花比较得体。但是，在那灰暗的年代，一束鲜花也买不到。栾文民灵机一动，提议到医院的花房里去看看。然而时值冬天，花房里没有合适的花，只有马蹄莲和各种菊花。栾文民为送菊花而犹豫，怀疑会不会有什么忌讳，但韩宗琦院长却认为"美国可能没有忌讳，据我所知，首长她最喜欢的花是红掌（火鹤），可是我们这里找不到啊！"最后，栾文民和韩宗琦只好剪了几支马蹄莲和十几朵红色和紫色的菊花。把这些鲜花搭配在一起，效果倒也不错。可是，问题又来了，用什么纸包扎呀？当时有写大字报的红、绿颜色纸，但那纸的质地太差。好不容易找到几张电光纸，又太小，太刺眼。正发愁的时候，栾文民灵机一动，想起了高干候诊室里的画报。连忙跑过去，果然茶几上放着好几本《人民画报》和《解放军画报》，栾文民逐页地翻看着，终于找到了一整页的桂林山水风景照，十分优美。于是，他把这页风景画撕下来，将花包好，又找了一条红绸子，拦腰系上。乍一看，嘿！还真像模像样呢！

　　聚会那天，栾文民和韩宗琦把鲜花献给了宋庆龄。宋庆龄很意外，但更多的是高兴。参加生日聚会的客人都是亲朋好友，没有政府官员。除了吴蔚然院长、马海德医生和他的夫人苏菲外，还有爱泼斯坦和一些外国友人，栾文民都不认识。宋庆龄与他们用英语交谈着，栾文民就在一边听着。宋庆龄身边的两个女孩儿隋永清和隋永洁很活跃，又说又笑，招呼着客人。那天的宋庆龄很健谈，也很高兴。

最令栾文民惊喜的是，春节前夕，他收到了宋庆龄寄给他的贺年卡。那张贺年卡十分精美，封面是手绘的中国工笔画，上面画着一个在花园里拿着一枝梅花的仕女，从贺年卡的边缝落款上可以看出，这种贺年卡是从江苏特制的。贺年卡里面是宋庆龄亲笔题写的贺年词："祝栾大夫春节快乐！宋庆龄"。这张珍贵的贺年卡，栾文民一直珍藏到如今。

后来，栾文民常去宋庆龄寓所参加电影招待会，几乎每月都能和她见面，所以时间一长，栾文民也和她身边的工作人员熟悉了，他们都叫栾文民为"小栾医生"。只有宋庆龄身边的两个女孩儿最调皮，直呼栾文民为"小医生"。每次看电影栾文民他们都在宋庆龄寓所中吃晚饭。宋庆龄的厨师会做富有上海风味的点心与小吃，小笼包子、葱油饼、阳春面、馄饨和酒酿圆子，另外配几个小菜，看似很简单，但味道非常好。通常都是由杜述周陪着栾文民他们共进晚餐。有一次，杜述周告诉栾文民他们说：首长把你们看作她身边的工作人员，所以有些活动都要请你们参加。

后来隋永清结婚时，栾文民他们也都被请去参加了婚礼。隋永清的新郎是电影演员侯冠群。

就这样，宋庆龄用她这种特殊的答谢方式，报答着所有对她做出服务与贡献的人们。

3. 鲜花中加上几支她最喜欢的安多利恒花

1981 年 5 月底，栾文民在北京语言学院学习英文，准备出国留学时，突然，收到了"宋庆龄同志治丧委员会"发来的请柬，请他在 31 日上午前往人民大会堂，参加对宋庆龄名誉主席的吊唁和瞻仰遗容的仪式。那天，栾文民是和宋庆龄身边的工作人员一起去的，当他看到静静地仰卧在鲜花丛中的宋庆龄，看着她那慈祥可亲的面容时，他的眼泪再也忍不住了。

6月1日，栾文民又收到了治丧委员会发来的请柬，参加6月3日下午在人民大会堂举行的追悼会。请柬上附有座位，是楼下的6区10排56座。追悼会很隆重，党和国家对她给予了很高的评价。

从此，栾文民一直怀念着和宋庆龄交往的这段经历。每次去上海出差，栾文民都要前往宋庆龄陵园，献上一束鲜花或一只花篮，并在鲜花中特地加上几支她生前喜欢的大红的安多利恒花。

祝

寄 大夫春节映乐！

宋庆龄

1975 年 >>>

"惊悉董老仙逝，悲痛不已！"

一年中摔了三跤

　　1975 年 4 月 2 日那天，宋庆龄获悉董必武逝世的噩耗，正在楼梯上的宋庆龄，因突然而至的悲痛与震惊，竟然从楼梯上摔了下来。

　　在 1975 年 4 月 6 日致廖梦醒的信中宋庆龄这样写道：

　　　　惊悉董老仙逝，悲痛不已！记得我因为荨麻诊症和其他病痛不能履行公务时，他总是非常友善地把我的工作承担起来。当我听到这噩耗时，我从楼梯上摔了下来，跌伤了我的左脚和踝关节，伤得很厉害，以致没有人搀扶我便不能行走。现在人们认为拐杖也是不安全的，尽管拐杖下端有胶皮套。[1]

　　这一跤摔了以后，只过了三个月，即 1975 年 7 月 8 日，宋庆龄又在北京寓所跌了一跤。至于在哪里跌的，伤势如何，记载不详。只在《宋庆龄年谱（1893—1981）》第 1806 页上有如下简单记载："7 月 8 日，在寓所跌跤受伤。""7 月 12 日，为宋庆龄跌跤受伤事，周恩来总理来电话问候。"

　　也是祸不单行，1975 年 10 月下旬，

[1]《宋庆龄书信集·续编》，第 504 页，人民出版社 2004 年版。

宋庆龄又在北京寓所的卧室里摔了一跤。由于这次摔跤并不重，是滑倒的，所以有惊无险，连钟兴宝与张珏也不知道。倒是廖梦醒从宋庆龄写给她的信中知道了：

最亲爱的辛西娅：

你必须十分小心，如果摔第五次，那可能会是致命的！看到你的短信我是那么难过，以致我也摔了一交［跤。笔者注］。当时我正在找一本书，幸亏我是滑下去的，而不是站着摔倒的。

目前你要多加保重。

深深爱你的姑姑

一九七五年十一月二日 [1]

据记载，宋庆龄自步入晚年，除却 1975 年摔的三次跤外，她还有十次因身体失去平衡而意外摔跤：

第一次是 1954 年新年期间，那时宋庆龄刚满六十一岁，是她步入晚年的起点。这从宋庆龄在 1954 年 1 月 13 日写给王安娜的信上可以看到：

感谢你的来信，要不是遇到不幸，我本来是要在本月上旬请你过来的。新年放假的期间，我从楼梯上滑了下来，扭伤了左半身，还摔裂了一根骨头。医生给我用 X 光做了全面的检查。我的血压一直就很高，这一下就更高了。这种浑身都上了绷带，靠拄拐杖才能走动的难堪境地，怎能不叫人情绪低沉。[2]

第二次是 1964 年 4 月上旬在上海淮海中路的寓所中摔伤，致使右手腕骨折。

第三次是 1973 年 6 月中旬，宋庆龄在上海寓所的卧室里滑倒，没有造成筋骨的明

[1]《宋庆龄书信集·续编》，第 513 页，人民出版社 2004 年版。

[2]《宋庆龄书信集·续编》，第 328 页，人民出版社 2004 年版。

显损伤，但她的后背肌肉摔伤了。宋庆龄在 6 月 15 日致函奥尔加·李夫人的信中写道：

> 我的两条腿不中用了……肌肉萎缩……希望我能学会自己走到浴室里去……医生要我穿钢背心…… [1]

第四次是在 1973 年 9 月上旬或下旬，宋庆龄在 9 月 25 日与 10 月 15 日两封致廖梦醒的信中这样写道：

> 谢谢你给我和张珏秘书的来信。我在地板上滑了一下，摔倒在地。虽然铺了地毯，但我背部的肌肉和腱鞘仍然受了重伤。因此，我得卧床几个星期。至今没人搀扶还起不了床，需要有人把我抱起来。（9 月 25 日）
>
> 多谢你有趣的来信。希望你比我恢复得快。我怕我得的是慢性病，因为我的背疼得厉害，几乎动不了。现在我靠腰带来支撑。两腿则像棉花，因为卧床太久，导致肌肉萎缩。（10 月 15 日） [2]

在当年 12 月 10 日致函爱泼斯坦的信中也有相关佐证：

> 我在九月间又滑了一跤，撞到办公桌的背后，这件倒霉的事造成我背部肌肉损伤，至今我还在为此受苦和接受治疗。我卧床一个多月，腿部肌肉萎缩，影响我的正常行走，而且疼痛仍未消除。 [3]

为减轻背部的疼痛与配合治疗，顾承敏根据宋庆龄的要求，报请中央保健局领导同

---

[1]《宋庆龄年谱（1893—1981）》（下），第 1780 页，广东人民出版社 2006 年版。

[2]《宋庆龄书信集·续编》，第 471 页，人民出版社 2004 年版。

[3]《宋庆龄书信集·下》，第 708 页，人民出版社 1999 年版。

意，把宋庆龄那柔软的席梦思床垫换成了一块大木板。此举甚好，在这木板床上睡过一阵后，宋庆龄能够行走了。在 1974 年 1 月 27 日给爱泼斯坦的信中宋庆龄高兴地写道：

> 我仍在步履蹒跚地走动，为的让血脉流通——卧床太久，腿部肌肉萎缩了。他们总算给了我一块木床板睡觉，这样可以减轻一点背疼。不幸的遭遇和老年使我改变了许多，但我很高兴在纪念斯诺的画刊上看到你并没有什么改变。[1]

从上述信中，可以看到宋庆龄面对生活的困境仍保持着坚强的意志与信心。

第五次是 1974 年 6 月 23 日傍晚，宋庆龄正要开房门到走廊里去，隋永清刚巧开门进屋，宋庆龄受惊摔倒。

第六次是 1976 年 6 月 1 日。宋庆龄 1976 年 6 月 24 日写给廖梦醒的信中说：

> 三周前我在浴室的地上摔了一 [跤。笔者注]，胸部正撞在浴缸上，非常疼痛，给医生和护士添了很多麻烦。我的膝盖软弱无力，走路总是要有人搀扶。幸好没有骨折，但是白天黑夜都疼痛难忍。我走路的时候总是不注意，脑子里充满着别的事情。我必须搁笔了，因为伏案使我的胸部作痛。[2]

第七次是 1977 年 9 月 9 日。那天，宋庆龄同党和国家领导人及首都群众一万多人一起，参加了毛主席逝世一周年纪念大会及毛主席纪念堂落成仪式，瞻仰毛主席遗容。回到家后，她在浴室里跌了一跤。这次意外摔跤，可从宋庆龄 1977 年 9 月 28 日致函罗叔章的那封信中得知："九月

[1]《宋庆龄书信集·下》，第 710 页，人民出版社 1999 年版。

[2]《宋庆龄书信集·续编》，第 530 页，人民出版社 2004 年版。

九日去毛主席纪念堂受了寒。在家中浴室又跌了一跤……一直卧床。"

可能那次摔跤对宋庆龄的身体没有造成太大的伤害，她没有及时去医院治疗，就连保健医生顾承敏也没有惊动。但这次摔跤，还是给宋庆龄原本就已损伤的腰背又增加了新的痛楚，在 10 月 23 日宋庆龄致廖梦醒的信中说："我不能坐得太久，因为我腰背痛。没有人左右两边搀扶，我不能走路。多么悲惨的生活。我肚子两侧都痛，脚也没有劲儿。生活如此痛苦！"

第八次摔跤仍是在浴室里！宋庆龄在 1977 年 11 月 28 日与 12 月 29 日写给廖梦醒的信中无可奈何地写道：

> 我真的对命运感到愤慨，它总是使你和我一次又一次地受罪，尤其是带给我们如此多的痛苦。我们的膝盖骨软化了，这就是为什么我们常常摔 [跤。笔者注] 的原因。这次我跌倒时脑袋撞上了盥洗盆，因此经常头痛，而背部疼痛也是令人烦心的事。医生给我吃一种新的止痛药片，使我白天都产生了幻觉，所以我拒绝吃它……我现在系着一个磁性腰带，帮助解除腹部和背部疼痛。但这个腰带戴着很不舒服，所以晚上我就解下来……
>
> 我能够在房间里慢慢地走动了，但总要用一根拐杖，因为我仍感到很虚弱。这次摔得真厉害。我害怕我的脑袋因重重地撞在盥洗盆的支架上会造成永久性的损伤。我至今还经常头痛，虽然痛的时间不很长。[1]

第九次摔跤，仍是从 1980 年 1 月 16 日宋庆龄写给廖梦醒的信中得知的：

> 有一天我摔了一跤，正好摔在一个闹钟上，我的背部伤得很厉害。骨头没有伤及，小的骨节增生给我带来了麻烦。其次是风湿性关节炎，因此，旅行对我来说是一种折磨。[2]

[1]《宋庆龄书信集·续编》，第 571、573 页，人民出版社 2004 年版。

[2]《宋庆龄书信集·续编》，第 637 页，人民出版社 2004 年版。

第十次是 1981 年 3 月 9 日。这也是宋庆龄一生中的最后一次摔跤。这时的宋庆龄已因病重而长卧在床，再也不能站起来了。但是，她还不服输，不甘心就这样躺下后再也不能爬起来。这天，她趁身边没人时，不知为了拿一样什么东西，竟然一个人挣扎着从床上坐了起来，而且下了床。但是，她实在力不从心，摔倒在床前，"头右部有血肿，右臂部摔疼，右手腕有青肿。"（杜述周回忆材料）

众人闻声赶来后，连忙紧急电召顾承敏等医护人员，医护人员用随车带来的便携式 X 光机为宋庆龄作透视检查。万幸，无骨折！但当天下午 1 时，她的体温升到了 38.8℃。

◇图1：1975年，宋庆龄与上海少年宫的孩
　　　 子们在一起。杜述周（后左一）、
　　　 顾金凤（后右一）
◇图2：宋庆龄与青年的隋永清、隋永洁姐
　　　 妹俩

◆图1

◆图2

◇图1：宋庆龄接见爱泼斯坦
◇图2：宋庆龄会见王炳南，右为保姆顾金凤

◆图1

◆图2

◇图1：宋庆龄会见沈粹缜，中为保姆顾金
　　凤
◇图2：1979年，宋庆龄在寓所接见西哈努
　　克亲王夫妇

◆图1

◆图2

◇图1：1979年顾承敏（右）与吴庆年搀扶
　　宋庆龄参加会议
◇图2：1980年，宋庆龄与康克清合影

◆图1

◆图2

◇图1：1980年，宋庆龄与李燕娥合影
◇图2：1981年6月3日，宋庆龄追悼会在
　　北京人民大会堂举行

◆图1

◆图2

第四章

1976 年—1981 年：

"假如一切可以重新来过，我还是愿意同样的生活。"

1976 年 >>>

"人都有死的时候，何况植物呢！"

不耻下问学知识

　　1976年春夏之际，"文革"已接近尾声。这天，宋庆龄在纸片上写了"和尚打伞——无发无天"这样几个字，然后叩开了走廊对面张珏秘书的寝室门，问她这句话是什么意思。

　　张珏便告诉她这是一句歇后语，指无法无天的意思。其中"发"通"法"，是谐音字。那时，江青集团犹如回光返照，宋庆龄在这个时候问这个歇后语，聪明的张珏立即明白了她的弦外音，她俩四目相视，会意地笑了。

　　沈粹缜大姐是宋庆龄家中的常客，每年北京开"两会"，她总要应宋庆龄之约来家中住上一两个月。空闲时，宋庆龄常要和大家做一种猜谜抢答的小游戏。由她出题，沈粹缜、黎沛华与刘一庸三人抢答。日常生活中的有关问题，多是沈粹缜与黎沛华抢答得快与回答得对，而政治学习上的问题却多是刘一庸抢答得多。宋庆龄通过这样的方式，让自己学一些新的知识。

　　宋庆龄还曾向小学都没毕业的通信员潘标请教过生字呢。

　　那是1938年宋庆龄在香港开展保卫中国同盟活动期间，一天，李燕娥拿着一张小纸片从客厅里走出，直接来到潘标的面前问道："阿标，你看这是个什么字？夫人让我来问你的。"潘标低头一看，认出是个"韭"字，就走进客厅对宋庆龄说："这个字是发'久'字音的。"宋庆龄问道："是当做什么讲呢？"潘标回答说："是一种蔬菜，叫韭菜。韭菜是内地的一种菜，叶子扁扁的。"宋庆龄听了，笑着点点头说："哦，我知道了，谢谢你呀！"

1976 年 1 月，宋庆龄在北京参加完周总理逝世的一系列吊唁活动后，回到了上海。

当时上海还是"四人帮"的天下，"四人帮"在上海的干将们得知宋庆龄回上海后，几次邀请她参加纪念孙中山先生的活动，但都被宋庆龄以"去了更伤心"的理由拒绝了。事后，她的警卫秘书杜述周才知道，她之所以拒绝，是不愿意与马天水、王秀珍这些"四人帮"的干将们一起进行这些活动，更不愿意跟他们一起在中山故居前合影。但以往纪念孙中山的活动她是从不缺席的。

宋庆龄对"四人帮"的态度疏远，在 1969 年 6 月已有所体现。那次，她乘坐的飞机降落在虹桥机场时，走上飞机迎接她的是上海革命委员会副主任王维国。当时，宋庆龄只是礼节性地和他握了握手，没说几句话。王维国一路乘坐小车随宋庆龄的车来到淮海中路的寓所，宋庆龄一下汽车就径直上了二楼。王维国急步上前请示道："报告宋副主席，我是市革委会副主任，主管公检法工作，宋副主席还有什么事要办？"

宋庆龄连看都没看他一眼，只答了句"没有什么事"，就头也没回地上楼了。

在不得不与"四人帮"接触的时候，宋庆龄也保持距离。1961 年 11 月 25 日，宋庆龄最亲密的保姆李燕娥为保护家中的财产不受损失，在上海家中遭到厨师的伤害，身负重伤。但是，此凶杀案直到"文革"开始也没有结案，宋庆龄感到十分焦急与不安。纵然如此，她还是不肯当面向张春桥求援，而是指令上海寓所的管理人员周和康去找张春桥。她在 1967 年 6 月 27 日写给周和康的信中这样写道：

> ……对何犯，因此决不能由他蒙混过关，就此漏网。正因为这样，很想亲自到上海向张春桥同志面谈全案经过。但是由于这里有任务等原因，不能离开北京，只好写就一封信给你，由你把信面交张春桥同志。我深信，你一定会尽你的力量的。我们务必尽力使这一案件得到正确的结论。[1]

中华人民共和国成立前，腥风血雨、变幻无常的残酷现实，早就使宋庆龄具备了一种高度的警觉性。

对此，原中共特委三科董健吾的女儿、30 年代初期曾担任过宋庆龄五年通信员的董惠芳，对此有着深刻的印象，也从中学到了不少经验。

刚做通信员工作没多久，有一次，董惠芳奉命前往莫利爱路 29 号宋庆龄家送情报，正要揿门铃时，忽听门内有说话的声音，而且越来越近，像是有人马上要出来了。董惠芳唯恐与门内出来的人打照面，被他人认出自己或记住自己，所以慌忙转过身，朝法国公园方向走去。她在公园里转了几圈，认定那人已经离开宋家后，才重又来到宋庆龄的家。

她迟到的原因，被宋庆龄猜出来了。所以她一回到寓所，宋庆龄就问她说："小萝茜（宋庆龄专为董惠芳起的爱称），刚才你来过了？"见董惠芳点头承认，她即撇了撇嘴，紧接着以提醒式口气问道，"你倒想得聪明，你转回身走，人家就看不到你了？就不怀疑你了？"

[1]《回忆宋庆龄》，第 728 页，东方出版中心 2013 年版。

当时，董惠芳感到心里很委屈，因为刚担任宋庆龄通信员时，她父亲就经常告诫她说，到宋庆龄家去时，一定要注意前后、左右，看看有没有"尾巴"盯梢，如发现可疑的情况要立即回避。所以她一时没吭声，只是怔怔地看着宋庆龄。

宋庆龄见状，即进一步提醒道："要随机应变。眼看有人马上要出来，躲是躲不掉了，就干脆站在大门口打铃，大大方方地走进来见我。否则，你急匆匆地转身离去，别人看见了，一定会判断你是来找我的，这样躲躲闪闪的，反而会引起人家的怀疑。"

宋庆龄的提醒，使当时年仅十三岁的董惠芳恍然大悟，不由钦服地直点头。

后来，又有几次在送一般的信件时，为尽量不引人注意，董惠芳就采取了不背书包、把信夹在一本书中的形式。第一次，宋庆龄没有讲什么，但等她第二次仍把信夹在原来的那本书中交给她时，宋庆龄就神色严厉地向董惠芳指出其中存在的问题了："小萝茜，往后，你不能老是把信夹在这本书里，否则，细心的人看到了，就很容易发现这本书中有问题，会怀疑这本书是我们联络的暗号！"

宋庆龄的细致与谨慎，使董惠芳醍醐灌顶，又增长了经验。

还有几次，宋庆龄带董惠芳去戏院、公园玩。当时，小惠芳发现宋庆龄喜欢在提包里放一面圆圆的小镜子，而且坐下时就把它取出来，对着镜子理妆。开始，小惠芳感到很纳闷，因为平时宋庆龄并不讲究这些的呀。

有一天，宋庆龄叫了一辆出租汽车，带小惠芳到"大光明"看电影。她俩仍像以往那样，并排坐在楼上的前排。刚坐定，宋庆龄就从提包里取出了那面小圆镜，对着自己前后左右地理妆。这时，小惠芳再也憋不住了，"扑哧"一下笑出了声。宋庆龄闻声，即睨视着小惠芳，把手中的小圆镜塞在了她的手中，示意用它向后照一照。这时，小惠芳才如梦方醒，原来，宋庆龄每次外出对镜理妆，是别有用意的，她是利用镜子反射的作用，留意观察身后的动静，以便发现有可疑的人盯梢，及时应付。

就这样，小惠芳在宋庆龄的言传身教下，也逐渐养成了警觉的习惯，她在担任通信员的过程中，从未发生过任何意外。

宋庆龄随身携带的小提包里，常年放着镜子、香烟盒、打火机，除此之外还有那把当年孙中山送给她的防身用的小手枪，这也是宋庆龄警觉性的一种具体反映。

她一生喜爱花木

　　宋庆龄一生喜爱花木盆景，喜爱大自然的这种美的馈赠。在上海的寓所里，一年四季都有绿嫩红肥的美景。

　　宋庆龄的上海寓所坐落在上海市淮海中路1843号，是个拥有主、辅两幢小楼的花园式大院，两幢两层的楼房，均是坐北朝南、冬暖夏凉的好住宅。墨绿色的大门，银灰色的围墙，四周绿树成荫；院子三面环绕着四十余株高大挺拔、葱葱郁郁的香樟树。它们枝干笔直，树叶婆娑，一片翠绿，黄昏时分，淡幽幽的清香，四溢宜人，这使宋庆龄感到特别舒服。更使宋庆龄心仪的是，在万物凋零的冬季，香樟树仍然生机勃勃，它除了拥有芬芳的香味外，还能驱虫防腐，治疗皮肤疾病。在荨麻症发病期间，她会让人掘来几段香樟树根，劈成片，用水烧成汤，掺和在洗澡水中，她认为这是治疗荨麻疹的秘方，因为它确有消炎止痒的特效。所以，宋庆龄十分偏爱香樟树，总是任凭它们自由自在地成长，轻易不允许绿化工修剪枝叶。

　　宋庆龄年幼时就喜爱香樟树。在上海陕西北路369号她父母寓所的花园里，有一株香樟树，是宋庆龄年幼的时候，作为生日纪念物亲手栽下的。后来这树已经长得有碗口粗了。晚年时她回到上海，仍要常常去看它，让绿化工王宝兴为它浇浇水、松松土。

宋庆龄上海寓所楼前是一大片草坪，绿草如茵，赏心悦目。中间两旁放有四只花鼓形彩釉圆凳，既可落座休息，又起装点作用。风和日丽的日子，宋庆龄在工作之余，便来到这里赏花休息；有时，她会在软绵绵的大草坪上，活动手脚，舒展筋骨。

在屋前，种有几棵桂花树，夏不畏暑，冬不畏寒，繁叶满枝，郁郁葱葱。每年中秋前后，花蕊重重，香飘四方。屋前还有一排爬藤蔷薇，攀登直上二楼阳台，枝叶茂盛。春秋季节，幽幽的花香中，鲜红的、鹅黄的、粉红的蔷薇花，连绵一片，逗人喜爱。

在上海寓所的室内，有李燕娥常年为宋庆龄布置的各种四季鲜花和盆景。宋庆龄平时喜爱的插瓶花有玫瑰花、香水月季、菖兰、康乃馨、阿丽斯、菊花、象牙红、水仙、蜡梅、天竹、银柳等。每当家里要接待中外重要来宾时，宋庆龄总是作好周密的布置，亲自巡视，调整插瓶花与盆花的布置，有时还拿起剪刀，亲自修剪一番。

周和康记得，在1956年10月接见印度尼西亚总统苏加诺的前一天，宋庆龄在客厅里对他和李燕娥说："插花是一门很有讲究的艺术。在厅室里，插上一束绚丽多彩的鲜花，可以起到画龙点睛的效果，让满室生辉，给人以美的享受。周同志，你看，李妈插的瓶花，千态百姿，多么有趣呀！你要向她好好学习。"接着又说，"插花要和季节相结合，在元旦，要插上象牙红、蜡梅和水仙，给人以艳红、青翠迎新年的喜庆祥瑞的气氛；在春节要插上蜡梅、天竹和银柳，这是传统中国式的插花，给人以吉祥如意、凝重幸福的感觉。要使鲜花开得鲜艳、饱满而又持久，花瓶里的用水很讲究，早晨在花瓶里加水、换水，可使花朵在较长时间里不会枯败；盆花要在临夜时搬到室外，放在阳台上，让它吃些露水，才能长期保养好。"

宋庆龄对养花、护花、插花的了解，可以称得上是专家了。

百花丛中，宋庆龄最喜爱梅花。她每年寄给国内外亲友的贺年片，用的都是一幅天蓝色的梅花图，那是周和康根据她的意愿，从中华书局印刷厂选来制版印成的。宋庆龄生前每年寄给毛泽东、周恩来、刘少奇和朱德的贺年片，用的也都是这一张梅花图。这也许是梅花喜欢漫天雪，在寒冬腊月照样吐蕊开花，最能体现蕴藏在宋庆龄心底的那种斗志昂扬、不屈不挠的精神的缘故吧？

在上海寓所的办公室内，挂着一幅梅花图，那是友人用以祝贺她华诞的礼品。画面上的梅花傲霜斗雪、卓然不群，象征着她那坚强不屈的性格，显示出她那对中国革命、对孙中山先生和中国人民的忠诚、坚贞的信念。

在上海寓所有前后两个较大的花圃，种着宋庆龄喜爱的香水月季花，那都是从上海市郊漕河镇一个专种此花的徐姓师傅处移植来的，颜色有红、黄、紫和粉红的。月季花开的时候，每天早晨，王宝兴总会剪来一束束各色的香水月季花，交给李燕娥，再由李燕娥分别插在楼下客厅与楼上卧室里。

楼下客厅的廊檐下，有个狭长的十二平方米的大阳台，依次摆放着藤椅、藤摇椅、藤茶几、藤圆台，铁结构的四方台和木制的花架等，几盆绿色花草、盆景点缀其间，其中格外引人注目的几盆兰花，那是朱德委员长送给宋庆龄的礼品。在大阳台的客厅门口，放有两盆高大的白兰花。兰花盛开的时候，宋庆龄用毕早餐后，经常会下楼来，亲自采摘两朵白兰花，放在上衣口袋里，让兰花发出的沁人肺腑的芳香，长久地萦绕着她。午餐后，若是晴天，宋庆龄会让李燕娥陪着，在大阳台上散散步，晒晒太阳，观赏那些美丽的花木盆景。

北京的宋庆龄寓所，同样也是花木盆景的世界。这是一座典型的中国式庭院，幽静的园内假山叠翠，花木成荫；清澈的湖水，曲折环绕。这是原清康熙朝重臣、大学士明珠的宅邸，后为乾隆重臣和珅的别墅，嘉庆年间为成亲王永星的府邸，清光绪十五年为醇亲王新府邸。院内花园，占地两万多平方米，在北京名人故居中占地面积最大。新中国成立后，这里先是蒙古人民共和国驻华大使馆，1962 年改建后，宋庆龄于 1963 年从方巾巷迁入这里居住。

院内有国家重点保护古树二十三株，包括上百年的西府海棠、两百年的老石榴桩景和五百年的凤凰国槐等。

有一次，一位同志擅自去掉了国槐的一些枝叶。宋庆龄知道后，严肃地说："我们住在这里，是党和国家对我们的信任、照顾，这里的一草一木都是人民的，我们没有任何权利损害它们，只有维护的义务和责任！今后，这里的一草一木，任何人也不准乱采乱伐！"

大家明白首长从来没有把这个"家"当做私有财产，她时时记着居住在这里是党和政府的一种信任与照顾。

宋庆龄钟情鲜花，其热爱程度，在其文字中可见一斑。在1976年3月9日，宋庆龄写给廖梦醒的信中，可得到印证：

> 昨天，当看到你和罗大姐送来的花束时，我从床上跳了起来，尽管皮炎害得我身上涂满了油膏！你们真的太棒！那些可爱的花蕾的芳香和美丽，使我忘了深奥的奇痒。万分感谢你们的好意！我很高兴你们没有把它们放在花篮内，因为我有花瓶和花钵，可以随心所欲地自己来插花。[1]

宋庆龄的秘书从上海寄来了托人从广州孙中山先生故居带回的人参种子，安茂成并不熟悉这类植物的栽培方法，但安茂成是个有心的年轻人，他知道宋庆龄怀念孙中山先生。他花费了大量的精力，终于在院子里栽培成活了。宋庆龄从上海回到北京后，意外地发现了院子里的新植物，不由惊喜地问道："小安同志，你知道这叫什么？"

"我们叫它土人参的。"

"太好了！这是中山故居的呀！"宋庆龄露出不胜欣慰的笑容。

安茂成在北京寓所工作后，原来的绿化工小Y十分妒忌。他常趁安茂成不在的时候，偷偷地往安茂成养护的花卉盆景中撒尿、浇热水，以致宋庆龄最喜欢的兰花莫名其妙地夭折。他还趁宋庆龄因房屋整修暂时居住在北京饭店的时候，故意一个月不打开摆有花卉盆景的厅室

[1]《宋庆龄书信集·续编》，第521页，人民出版社2004年版。

门窗，以致一盆朱老总赠送给宋庆龄的"万年青"干枯而死。

安茂成为息事宁人，事后默默地尽力进行了补救，但其他工作人员看不下去了，把小Y的恶劣行径向宋庆龄作了汇报。

宋庆龄听在耳里，却没有表态。

小Y见此招没有激起宋庆龄对安茂成的反感，又故技重演，暗中往陈毅元帅赠送给宋庆龄的那盆罗汉松中撒尿、浇热水，终于这棵珍贵的罗汉松也根烂叶焦枯萎了。他还恶人先告状，通过钟兴宝，向宋庆龄传话，造谣说安茂成严重失职，使那棵罗汉松死亡了。

这下终于惊动了宋庆龄。那天，她慢慢走下楼，来到那棵枯死的罗汉松前。她细细端详了一番后，这才抬起头，当着小Y的面，向正为此而忐忑不安的安茂成问道："小安同志，这真是死了吗？"

安茂成垂下眼睑，痛心地点点头："是的，首长，是我没弄好。"

"死了就再配一盆嘛。人都有死的时候，何况植物呢！"宋庆龄连眉头也没有皱一下，说完就转身回楼上去了。

就这样，宋庆龄以轻描淡写的方式向小Y发出了一个严厉的警告。

安茂成深为感动，也更加钦佩宋庆龄的英明睿智了。

没多久，小Y就和另外四个不安分的工作人员，随着那个在家带头组织造反的孙警秘一起被调走了。

植物是娇贵的，过热过冷都不宜。所以安茂成每天都要把那些对光线、温度特别敏感的植物，搬出搬进好几次。平时，安茂成与警卫战士们相处得很好，大盆花木战士们都会主动前来帮助他一起搬。

在宋庆龄的指导下，安茂成学会了花木盆景的摆设方法。例如把竹子放在门口，寓意着胸有成竹；把石榴摆放在院中最后面，是寓意留（榴）步；把辣椒摆放在家中最显眼处，是寓意着红红火火；把一百盆美人蕉摆放在院子中，寓意着兴旺发达……平时中央首长和外国友人送来的各种花卉盆景，安茂成根据宋庆龄的指示，摆放在家中最显眼的地方，以便那些花卉盆景的主人一进门就看到。

亲笔写给保健医生的一封「急密件」

1976 年 10 月中旬，正在北京医院高干保健部上班的顾承敏医生忽然收到一封由机要人员从上海送来的特别信件。她一看信封上那熟悉的"林泰"两字，就知道这是宋庆龄亲笔写给她的信。在信封正面，宋庆龄亲笔在左侧竖着写下了"急密件"三字，还在信封的反面左右封口上，分别贴上了写有"密封"两字的红色专用封口条呢！全文如下：

　　顾大夫：

　　　　你好！隋永清在北京时就医，诊断为半月板受伤，需要动手术；但是由于时间过短，需要观察。现在，经过一段时间的治疗并经陈中伟大夫等会诊，认为必须动手术。因此，特地给你写信，请向北京医院联系，让永清到你处进行手术治疗。盼回信。

　　　　此致

　　　　　　　敬礼

　　　　　　　　　　　　　　　　　　　　宋庆龄

　　　　　　　　　　　　　　　　1976 年 10 月 10 日 [1]

[1] 汤雄：《宋庆龄与她的保健医生》，第 57—61 页，华龄出版社 2014 年版。

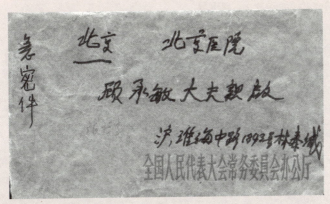

◆图1

全国人民代表大会常务委员会办公厅

顾大夫：

　　你好！隋永靖去北京时就医，诊断为半月板受伤，需要动手术；但是由于时间过短，需要观察。现在，经过一段时间的治疗並经陈仲伟大夫等征诊，认为必须动手术。因此，特地给你写信，请向北京医院联系，让永清到你处进行手术治疗。盼回信。

　　　　　此致
　　敬礼
　　　　　　　　　　宋庆龄
　　　　　1976－10－10日

◆图2

◇图1：以宋庆龄名义印送的隋永清与侯冠
　　　群的婚礼请柬
◇图2：顾承敏应邀参加隋永清的婚礼。
　　　左起：博俊德（按摩师）、顾承敏、
　　　侯冠群、隋永清、吴庆年

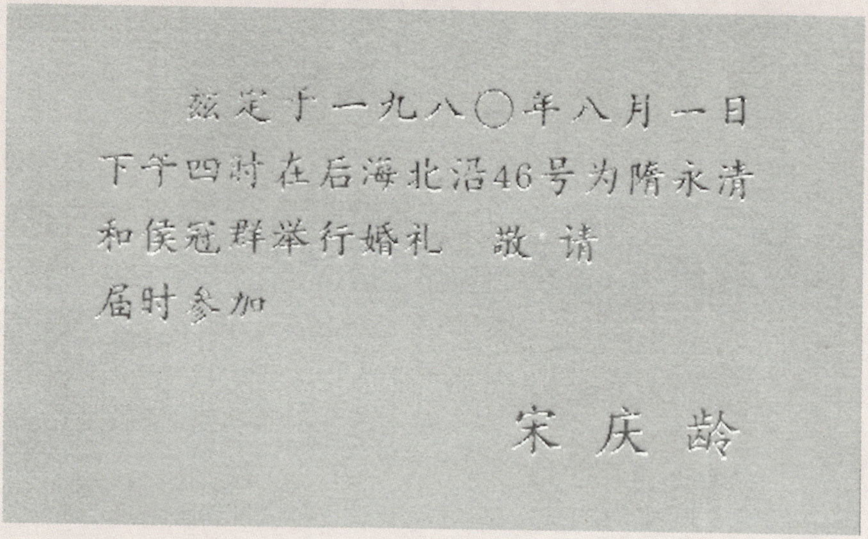

兹定于一九八〇年八月一日
下午四时在后海北沿46号为隋永清
和侯冠群举行婚礼　敬请
届时参加

宋庆龄

◆图1

◆图2

信不长，仅一面，在字里行间看得出宋庆龄对隋永清的殷切关爱与急切的心情。当时，作为演员的隋永清在一次下部队演出时，不慎摔伤膝盖半月板。

顾承敏医生当即安排隋永清住进北京医院，并邀请相关专家教授为她做手术。手术很成功，伤口痊愈后，隋永清又恢复如初，可以自由行走了。宋庆龄很满意，向顾承敏医生表示了她的感谢之情。

1980年8月1日，是隋永清与侯冠群的结婚之日。宋庆龄专门请人制作了字体烫金的大红请柬。7月上旬，顾承敏与吴庆年为宋庆龄做例行护理保健时，宋庆龄把请柬放到了她俩的手中，邀请她俩参加隋永清的婚礼。

婚礼就在宋庆龄北京寓所中举行，很简单，没有丰盛的酒宴，只有茶点，而且也没有多请人。顾承敏与吴庆年能被宋庆龄邀请，说明宋庆龄对这两位保健医护人员的欢喜与信任。

以蟹讽喻「四人帮」

　　"文革"初期上海的红卫兵与郊区的农民造反派们联合着掘毁了宋庆龄双亲的墓穴并扬骨曝尸，宋庆龄很喜欢的表妹倪吉贞于 1969 年 5 月在上海被造反派逼迫跳楼自杀。这两起事件的发生，给了宋庆龄几近致命的打击。

　　1978 年 6 月 5 日，宋庆龄在给杨孟东的一封信中写道："很抱歉，我没有法兰绒运动上衣送给尼萨，因为我的所有外国衣裳都给我表弟的五个女儿了。在那个无耻到极点的婊子江青炮制的'文化革命'期间，她们都被'红小兵'赶出家门，所有衣物也都被抄走了。"[1]

　　爱泼斯坦感慨道："她是难得使用这种骂人字眼的，由此可见她的愤恨之深。"

　　1976 年 1 月，在"文革"中被迫停刊的《中国妇女》杂志在宋庆龄的强烈抗议下复刊了。但是，试刊第一期时，就受到了江青集团的无理干涉。

　　《中国妇女》是宋庆龄长期以来一直予以密切关注的一份全国性妇女杂志，创刊于 1949 年 10 月。毛泽东曾为《中国妇

---

[1]《宋庆龄书信集·下》，第 792 页，人民出版社 1999 年版。

女》杂志创刊号题词，号召全国妇女"为增加生产，为争取民主权利而奋斗"，"团结起来，参加生产和政治活动，改善妇女的经济地位和政治地位"。从那时起，《中国妇女》杂志社在党中央的亲切关怀下，在蔡畅、邓颖超和康克清三位的领导下进行工作。1966年文化大革命开始后，杂志被迫停刊，直到1976年1月才复刊。当时，周恩来总理逝世，《中国妇女》杂志社编辑部的同志们怀着悲痛的心情，特地赶制了周总理的遗像和邓小平同志致的悼词作为插页，以表哀思，却被江青集团强令抽掉了。

1976年2月，宋庆龄实在无法忍受江青集团的飞扬跋扈，"迫切地需要从我们最近遭受的震惊和痛苦中解脱出来"，一办完公务，就把北京家中的事务交给杜述周后回上海去了。

1976年10月金秋，这一天从内部秘密地传来了以江青为首的四人集团倒台的消息，宋庆龄破例指示上海的家里，给她从上海空运来几十斤大闸蟹。

她把一半的螃蟹，分送给了邓颖超等好朋友，一小半的螃蟹，分给了警卫班的战士们，自己剩下一小面盆，送去厨房蒸熟了。

宋庆龄有荨麻症轻易不碰水腥，这天她取出钳子等工具，要品尝螃蟹。为避免荨麻症发作，事先，她服了珍珠粉，还在身上涂了一层药膏。然后，她召来两个保姆与张珏，请大家一起与她来享用这美味，共同庆祝这终于到来的人民的胜利。

据钟兴宝与顾金凤回忆，在这顿令人难忘的螃蟹宴上，宋庆龄与张珏、钟兴宝、顾金凤四人共吃掉了一面盆的螃蟹。在食用时，幽默诙谐的宋庆龄多次暗示，说她只要吃一只雌的三只雄的就够了。惜乎钟兴宝与顾金凤听不懂宋庆龄这弦外之音，只有张珏一人心领神会。宋庆龄牙齿不行，只吃蟹黄，掰下来的脚与钳，给兴宝与金凤吃。

放下吃蟹用的工具后，宋庆龄还高兴地望着面前的碎蟹壳，自言自语地问道："这下，你们还横行霸道得了吗？"宋庆龄一语双关，旁边的张珏差点笑出了声。

10 月 6 日，中共中央正式发布了江青反革命集团彻底垮台的大喜讯。这天，狂欢的群众准备在上海寓所的围墙上张贴欢庆"四人帮"倒台的大标语，李燕娥立刻把这个情况用电话向北京作了紧急汇报。自从"文化大革命"以来，宋庆龄坚决不允许任何单位与部门在她北京与上海两地的寓所院墙上书写张贴大标语与大字报。但这次宋庆龄破例同意了，她又爽快地对秘书杜述周说：告诉上海家里，这样的标语让群众贴！

宋庆龄抑制不住心中的喜悦，还亲笔抄录两首当时十分流行的庆祝粉碎"四人帮"的诗：

其一：卖螃蟹

西单卖蟹众称奇，

一母三公搭配齐。

道是一锅烹四害，

横行看彼到何时。

其二：欢呼清除"四人帮"

城狐社鼠为朋党，

一鼓擒之净庙堂。

十载阴谋终一梦，

臭名世界远传扬。[1]

在公审"四人帮"的那些日子里，一向认为"多看电视会伤眼睛"的宋庆龄，常常聚精会神地坐在那台黑白电视机前收看实况转播，她书房里的灯也因此常常直到深夜还不熄灭。

那么，宋庆龄所钟情的螃蟹，到底是什么地方出产的呢？

[1] 何大章：《宋庆龄往事》，第 207 页，人民文学出版社 2011 年版。

这个问题，我终于在 2016 年 3 月 19 日前往上海拜访周和康老先生时，得到了答案。

每年冬季来临前，一般来说，在国庆节之后，清水大闸蟹上市。清水大闸蟹是宋庆龄喜爱的美食之一。届时，周和康就请锦江饭店货房间负责人毛永功陪同，一起前往青浦水产养殖场去选购淀山湖清水大闸蟹。规格要求是，每只十两以上（当时的度量衡是十六两制）。买回家后，由厨师唐江逐只洗净，用细绳扎捆，然后放在竹制蒸笼里，配上中药紫苏，清蒸食用。宋庆龄除了自己食用外，还会把大闸蟹作为礼物，分送给毛泽东、刘少奇、朱德、周恩来等党和国家领导人。

周和康记得第一次经手采购大闸蟹，是在 1956 年冬天，他按需购买青浦淀山湖大闸蟹二百五十只，用蒲包分装成五包，规格要求是每只十两以上一百只，十两以下一百五十只，当天乘火车随身带往北京。宋庆龄晚年长住北京时，就指示上海家中采购后，托运到北京。在上海的采购与托运等事宜，都是周和康严格根据工作纪律，一手抓到底的。

周老的未曾公开发表的日记中，也有相关的记录。

1965 年 9 月 20 日：
今日中午托民航局带去大蟹 260 只，由市委送，警卫处王九彦一同送往虹桥机场。
1965 年 11 月 13 日：
今日下午托 410 机带去大蟹 60 只。

周老回忆说："首长每年届时都要吃淀山湖出的清水大闸蟹的，并按惯例带往北京去分送。她吃蟹时，还有一套专用工具，是我从锦江饭店买来的，一套三件，木质的小榔头，圆形的小砧板和一把银质的像老虎钳似的钳子。后来她就送给我留作纪念。2000 年 4 月 24 日，我把它们捐赠给了孙中山故居纪念馆。"

据北京宋庆龄故居纪念馆前主任何大章提供，宋庆龄在北京用来吃蟹的是一套铜质的工具，据说是孙中山当年使用过的，比起上海那套要简便轻巧得多。这是余话了。

1977 年 >>>

　　"这道酸辣汤，鸡血是红的，豆腐是白的，有人叫它为'国共合作汤'。"

嗔爱交集念美龄

宋氏三姐妹政见不同，宋美龄执着嫁与蒋介石一事，更是使宋庆龄不满。但她们之间的手足之情，却始终难以分舍。宋庆龄对自己的这个任性的三妹，嗔爱交集。

1977 年 8 月的一天，华裔钢琴家牛恩德第一次回中国演出，并前往北京后海探望她的表姑妈宋庆龄。当天晚餐后，宋庆龄忽然在她耳边轻声问道："我的三妹可好？"牛恩德回答："她身体还很健康。"

其实，宋庆龄与宋美龄之间的姐妹深情，从没因政治的因素而产生破裂。抗战时期，在重庆，时任蒋介石侍从室电话监听员的王正元，曾奉命监听宋庆龄与宋美龄俩人的通话内容。

当时，蒋介石给宋庆龄安装了一部对外不公开的电话。于是，她们姐妹俩的电话，均须通过军台转接。

姐妹俩通话时，多数是由宋美龄先呼唤："接宋委员电话。"（当时宋庆龄是国民党中央委员）电话接通后，一般都不是宋庆龄亲接，而是由一上海口音的女性先来接听，再请宋庆龄接听。

通常，宋美龄与一些官员通电话均用英语，但她和宋庆龄通电话时，则用地地道道的上海话。

她俩通话的内容，不外乎两个方面：一是生活，宋美龄对其二姐的伙食起居嘘寒问暖，无微不至；再就是拉家常。有关政治方面的乃至蒋介石的名字，她们从不提及。

宋美龄也十分相信二姐。一次，王正元窃听到宋美龄打电话给宋子文说："你关照他们（指戴笠）一下，不准在阿姐那里胡来！如果让我听到什么，我是决不答应的！"她的声音很高，语气严厉，似乎非常愤怒。宋子文回答："好的，我马上就通知他们。"王正元听一个中层特务讲："戴老板对此非常为难，很伤脑筋，照委员长的意旨办吧，夫人不答应，闹出乱子来，委员长还是拗不过夫人，大家都有所顾忌。"

一次，美国外交官格兰姆·贝克来到重庆宋庆龄家中，看望宋庆龄。他记得有一天晚上，宋庆龄拍死了一只叮在她脚踝上的蚊子，不无自嘲地笑着说道："你看，我没有穿长袜，这是违反新生活运动规定的。但我买不起长袜，我也不会像我妹妹——那位女皇——那样到美国去买尼龙袜。"宋庆龄对三妹宋美龄的爱嗔之情，溢于言表。

"文革"期间，囿于压力，宋庆龄称宋美龄为"美美"，还特别关注宋美龄的新闻。两姐妹在1949年以后没有公开往来，但在私下仍有联系。宋庆龄曾托人捎带过丝绸和中医药品，宋美龄也回赠过一些珍贵的国外产品。

人到晚年，宋庆龄格外思念大洋彼岸的三妹。

"文革"初期的一天午餐后，张珏陪宋庆龄在北京后海寓所散步，宋庆龄忽然问张珏："你有兄弟姐妹吗？"

张珏答道："我有三兄弟，三姐妹。"

宋庆龄听了之后，不由轻轻地"哦"了一声，接着说："你和我一样，也是三兄弟，三姐妹。可是，我却无法和他们通信。"

宋庆龄对手足的思念，日常时有流露。有一次，宋庆龄招待一批外国友人，张珏陪同。席间第一道是酸辣汤，这种汤由豆腐和鸡血块切成细长条，红白相间，还有几叶绿色的香菜漂在上面，可谓色香味皆备。宋庆龄面带

◇ 1940 年 2 月，宋氏三姐妹相聚在香港宋
蔼龄寓所

微笑地说道："这道酸辣汤，鸡血是红的，豆腐是白的，有人叫它为'国共合作汤'。"当时，客人听罢都会意地笑了。

在张珏的记忆中，宋庆龄在宴客时借这道菜妙喻国共合作不止一次，张珏认为，这是宋庆龄希望在她有生之年能够看到国共两党第三次合作，自己也可以与兄弟姐妹相聚。

宋庆龄在与张珏闲聊时，曾设想过三妹宋美龄有朝一日回大陆，她们姐妹重逢时三妹的住宿安排等。张珏听了一阵鼻酸。宋庆龄还常在更深人静的时候，与保姆顾金凤拉家常，当她听到顾金凤家中的姐妹兄弟竟然也和她一样多的时候，感慨道："人家都有兄弟姐妹，可以团聚。只有我难以做到，不知什么时候，我们姐妹兄弟能重逢。"

宋庆龄的身体每况愈下，多种病症的折磨，常常使她痛苦不堪。越到晚年，她对美龄的思念就越发强烈。由于政治原因，她不能公开表达这种感情。她精心地收藏着霭龄、美龄给她的每一封信。她经常拉开办公桌的抽屉，长时间凝目注视着里面的那张宋家1917年拍摄的唯一的一张全家福。

1981年春季的一天，重病中的宋庆龄对前来看望她的沈粹缜说："我牵记美美，现在能来就好了。"又说，"美美假使能来，住在我这里不方便，可以住在钓鱼台，你们认识，你帮我接待，早上接她来，晚上送她回去。"宋庆龄设想得多么周到，似乎在第二天就可能做到。

沈粹缜听了，只感到心里一阵阵酸楚。她立刻把宋庆龄的心愿向邓颖超作了汇报。经过有关方面的及时联系，终于得到了回音：宋美龄当时身居美国，也正患病，不能成行。

听到这消息，宋庆龄不无惋惜地叹道："唉，太迟了！"但她仍然嘱咐沈粹缜说："国内认识美龄的人不多了，如果她来，你一定要接待她。"

摔了跤
还不让声张

　　1977年11月下旬的一个中午，钟兴宝吃好中饭，便上主楼替换顾金凤下楼用餐。

　　自从9月9日宋庆龄在家中摔了一跤后，预防再出意外，警卫秘书杜述周就和两位保姆约定：首长身边时刻不能脱人。从此宋庆龄身边，总有一位保姆陪护。这天，顾金凤刚下楼来到餐厅端起饭碗，便听得警铃大作，她知道事情不好了，便立即扔下饭碗，三步并作两步，直向主楼奔去。

　　从餐厅到主楼，有将近二十米左右的路，顾金凤气喘吁吁奔上主楼，听见从卫生间里传来一阵阵"哎哟哎哟"的呻吟声，奔进一看，只见宋庆龄仰面朝天躺在地下，钟兴宝则手足无措地站在一边。

　　顾金凤急忙上前，用力把宋庆龄抱了起来。宋庆龄忍着痛苦，还啼笑皆非地用上海话嗔怪道："哦，阿金，侬迭个大力士总算来哉，迭个死老太婆喏，一点力气也呒没格。"原来，顾金凤下楼去后，宋庆龄要去卫生间方便一下，便让钟兴宝搀扶同往。岂料俩人刚步履蹒跚地走进浴室时，不知怎么回事竟失去了平衡，双双跌倒了。钟兴宝爬起来后，想使劲搀扶宋庆龄起来，但心有余力不足。情急中，她只得根据宋庆龄的指示，拉响了紧急警铃。

这次，宋庆龄的头部磕在了一边的盥洗盆上。

顾金凤告诉笔者：以往，太太常在家里摔倒的，如果没有摔伤，她总说："阿金，覅响，覅告诉杜秘书。"阿金明白，这是太太保护她，因为"上头"知道后，阿金是免不了要挨批评的。

1978 年 >>>

"阿金，谢谢侬帮我穿起来吧，我实在睡勿着，要弹弹琴。"

与荨麻疹
纠缠的晚年

1. 带着荨麻疹参加会议

　　1978年1月，正是北京最为干旱的季节，宋庆龄正准备出席第五届全国人民代表大会第一次会议，她是大会主席团常务主席，格外忙碌。"现在，我的工作排得满满的，今年是中国福利会成立四十周年，我要做报告，这需要看很多材料，并回忆那些曾发生过但无文字记载的重要事件。"（宋庆龄1978年1月19日致表弟倪吉士信摘）然而，讨厌的荨麻疹却一点也不识相，纠缠着宋庆龄，使她不能顺利工作。"荨麻疹在北京的干燥空气中尤其令人烦恼，我必须每天在身上涂抹药膏，否则不能止痒。"

　　据《宋庆龄年谱（1893—1981）》记载，仅1978年2月中，宋庆龄就带病连续十多天出席重要的国事活动，并在会议上讲话。

　　2月24日下午，宋庆龄出席了第五届全国政协第一次会议。会议一致通过中国人民政治协商会议章程和决议，推选邓小平为政协第五届全国委员会主席。

2月25日下午，宋庆龄出席并主持了第五届全国人民代表大会首次会议预备会。宋庆龄被选为第五届全国人民代表大会主席团成员。之后，在主席团举行的第一次会议上，宋庆龄被推选为主席团常务主席。

2月26日至3月5日，宋庆龄出席了第五届全国人民代表大会第一次会议，担任大会主席团常务主席。在会上，被选为全国人民代表大会常务委员会副委员长。

这一年，宋庆龄八十五岁。多次摔跤给宋庆龄的腰背与腿骨带来伤痛，就是平时在家里，她也得摸着桌椅才能慢慢地走上几步。如今要她参加这么多的国事活动，实在是难为她了。为此，会务组专门为那些年老有病的代表配备了轮椅。但是，宋庆龄坚决地拒绝了。

在出席这些会议时，为缓解难忍的瘙痒，宋庆龄始终往全身涂抹杨孟东赠送给她的名为"Lubridema"的英国进口的专用于擦身的药膏。尽管"浴后用这些油擦身，我觉得舒服极了"（宋庆龄1978年3月25日致杨孟东信摘），但她却还得承受坐在主席台上时所带来的一种恰恰不利于皮肤的物理的侵扰。宋庆龄在3月13日致高醇芳的信中写道：

> 我们刚开完全国人大会议，极其疲劳。会场上强烈的弧光灯照得我的脸都肿了，现在看起来简直像是一只膨胀了的西红柿。[1]

偏偏在这时，宋庆龄的左眼上还长了一粒"麦粒肿"！这粒趁火打劫的小东西，不但使宋庆龄的那只眼睛老是流泪，还妨碍了她的正常工作：

> 我再次成为荨麻疹的受害者，它使我全身难以忍受的刺痒。没有什么药能解除我的痛苦，夜里无法入睡。眼皮上长了一个麦粒肿，所以我不能去妇联参加由邓大姐主持的会议。（1978年3月17日致廖梦醒）[2]

[1]《宋庆龄书信集·续编》，第577页，人民出版社2004年版。

[2]《宋庆龄书信集·续编》，第578页，人民出版社2004年版。

后来，长在宋庆龄右眼皮上的麦粒肿却越长越大。白天宋庆龄不能自在地看书，晚上则不能安睡。保健医生顾承敏多次向宋庆龄建议手术切除麦粒肿，但其他"医生又不敢把它切除"。

纵然如此，宋庆龄仍以常人难以想象的顽强的毅力，夜以继日地工作。仅1978年四五月间宋庆龄就参加了——

4月1日，为《儿童时代》复刊撰写题为《祝贺〈儿童时代〉复刊》一文；

4月12日，向在八宝山革命公墓举行的经亨颐骨灰安葬仪式献花圈；

4月13日，出席第五届全国人大常委会在京常务委员座谈会；

4月27日，在北京寓所会见并宴请西德女客人秋迪·罗森堡；

5月4日，前往北京火车站，欢送中共中央主席、国务院总理华国锋出访朝鲜；

5月6日，向在八宝山革命公墓礼堂举行的张志让追悼会献花圈；

5月17日，在北京寓所会见并宴请"迪克西使团"的成员及家属；

5月23日—24日，出席第五届全国人大常委会第二次会议。

2．土霉素引起的荨麻疹

据宋庆龄书信记载，大约是1971年，宋庆龄发高烧，一位医生给宋庆龄开了过量的土霉素，才诱发了这次严重的荨麻疹。

九天前我就去取"无比膏"，不知为什么至今未寄到。……这是惟一能止痒的良药，但正像你设想的那样不能根治！这是一种过敏症，是那位医生给我开了一天八片土霉素引起的，她确实做事不够仔细。（1971年10月12日致廖梦醒）[1]

[1]《宋庆龄书信集·续编》，第405页，人民出版社2004年版。

有关那个医生"做事不够仔细"给宋庆龄开了一天八片土霉素，而引发她的荨麻疹一事，宋庆龄多有抱怨。她在 1972 年 6 月 14 日写给廖梦醒的信中写道：

> 你想想在两天之内我服了二十四片土霉素，直到现在还过敏……我的皮肤来是很光滑的，现在变得像砂纸一样。那个鬼医生，竟然如此愚蠢和粗心大意。[1]

在 1973 年 12 月 10 日致爱泼斯坦的信中，宋庆龄直言不讳地写出：

> 由于医师处方不慎，我在过去三年里一直苦于过敏症。政府多次派出医生来上海来同当地医生会诊，所以我在六月间已能回到北方来。[2]

在 1973 年 1 月 1 日新年第一天，宋庆龄写给原来的卫士长靳山旺的信中，也倒了一番苦水：

> 我去年十一月回上海来试打血管针。在一九七一年我发高烧，一个女医生就给我服了二十四粒的过敏性药片，使我两年痒得不能好好工作。每天都要擦油膏，吃药都不能彻底治好这病，虽然看了许多医生。我吃尽了痒痒的痛苦！后来我决定回上海打血管针，让体内的余毒都排出。这种针每天要打两小时半。现在刚才打了一个疗程。皮肤虽然有些好转，但须要休息。针都打在两只手背上，所以筋都肿了，不能多写字。请原谅。[3]

---

[1]《宋庆龄书信集·续编》，第 425 页，人民出版社 2004 年版。

[2]《宋庆龄书信集·下》，第 708 页，人民出版社 1999 年版。

[3]《宋庆龄书信集·续编》，第 449 页，人民出版社 2004 年版。

1972 年年初，宋庆龄开始尝试中医治疗这顽症。在 4 月初的书信中，她写道："由于吃中药和严格控制饮食，我的荨麻疹正在逐步痊愈。"

然而，好景不长，她身上又开始长如一元硬币大小的红疱。6 月 14 日，一位来自加拿大的皮科专家与另外几位医生给宋庆龄会诊，她接受了加拿大皮科专家的治疗。令人遗憾的是，加拿大皮科专家的特效药，也没治服好宋庆龄身上的红疱。没多久，她身上的红疱又一串串地冒了出来。

1972 年 11 月 11 日乘专机回上海后，她继续采用西医注射方法治疗，"以排除侵入血管内土霉素余毒"。她怀着很大的希望告诉廖梦醒说：

> 这里的医生将用一种新方法来治我的病。他们将把某些药物注射到我的血管中去，以排除我体内的毒素。这样的注射，每次约需两个半小时。有时病人会想睡觉，不过经常有护士在守护着我。我指望着这种治疗奏效，因为这是我得以治愈的惟一希望。[1]

但是，静脉注射法治疗顽症的过程很痛苦。宋庆龄在 1973 年 2 月 27 日写给林达光的信中这样写道：

> 我是去年十一月南下的，为了一个特殊的目的：我这里的几位医生商量如何根治发痒的毛病，它经常使我深感痛苦。他们建议用静脉注射……这样能解除我的痛苦，但这是一个激烈的办法，需三个疗程，就是说要用针刺入血管三十次，输送药液。[2]
>
> 我打完了这二十四针静脉点滴以后，感到非常疲惫，而不是像我所希望的那样好多了和康复了。（1973 年 3 月 12 日致廖梦醒）[3]

中、西、内、外各医科都用遍了，宋庆龄身上的荨麻疹仍没有治好。情急中，有人

[1]《宋庆龄书信集·续编》，第 446 页，人民出版社 2004 年版。

[2]《宋庆龄书信集·下》第 696 页，人民出版社 1999 年版。

[3]《宋庆龄书信集·续编》，第 450 页，人民出版社 2004 年版。

向宋庆龄推荐了一位 86 岁的已经退休二十多年的、对皮肤病有丰富的经验的老中医，征求宋庆龄的意见。已被顽症折磨得无可奈何的宋庆龄，一口答应了。

通过上海市公安局，在一个小泥土的房子里，工作人员找到了那位老中医，请他前往淮海中路宋庆龄家中会诊。

老中医来了，他对宋庆龄的病情进行了一番仔细地望、闻、问、切后，果断地结论："这病绝对不是'牛皮癣'！"然后，开了张方子。临走时，那老中医要宋庆龄必须完全依照他的办法去服中药，擦药油，并要求宋庆龄每天三次用他配的药水进行药浴。

宋庆龄在接受诊治中发现：这位老中医看上去很朴素，平时他还要帮贫困的病人买药、垫付钞票，而他自己更是从十九岁就吃素的。所以，宋庆龄对老中医颇有好感，信了他的治疗方法。那老中医颇有个性，在临走时，他不无自信地对宋庆龄说道："如果这药不能在一个月内治好你的病，我再不来了，也不要请我了！"

为了治愈顽症，宋庆龄严格按照老中医的嘱咐进行治疗。中医治疗过程也很痛苦，在 1973 年 4 月 30 日写给廖梦醒的信中，宋庆龄写道：

> 为治好我的神经性皮炎，什么药我都准备吃。如果我不是一个不那么坚强的病人，确切地说是牺牲品，也许我早就自杀了。当我挽起裤腿让朋友们看看我大腿上一串串像樱桃般的红泡时，她们都害怕得尖叫起来！而我则每天要三次看我自己可怕的胴体，因为我一天三次药浴，水中掺入一种油性的混合物（像沙子那样的东西，让它渗透到我的红肿的肌肤中去）。每次药浴都冻得我直哆嗦，连脊椎骨都颤抖！唉，多么可怕啊！我被医生折磨到如此地步！按中医说法，那些水泡是打静脉针引起的（打了二十四次，每次两个半小时），我可怜的静脉血管竟如此被滥用！！[1]

[1]《宋庆龄书信集·续编》，第 458 页，人民出版社 2004 年版。

不过，那个老中医的偏方，并没立即见效，她仍然全身长满着发痒的疱疹。

上海天气太潮湿，因此，又有专家专门提议宋庆龄离开上海。

在6月2日宋庆龄致廖梦醒的信中有所披露：

> 我仍然日夜忍受着红肿的疱疹和瘙痒之苦。自从北京的医生来了之后，红肿在消退，不过可怕的瘙痒尚未停止，没有什么药可以生效。医生使用了各种各样的药物，而这种神经性的病不是那么容易治好的。他们要求我离开上海，因为这里雨水太多。我不想去辽宁温泉，因此我将在北京继续治疗。
>
> 我南下以来还没会见过任何人，连专程来访的外国友人我都没有见。因为我肿得厉害，人家看了不舒服。[1]

宋庆龄一向不适应北京风沙的天气，而且曾经一度把引发荨麻疹的病因归咎于北京干燥的气候，但是这次，为了战胜可恶的荨麻疹，她还是接受了专家们的建议。

来到北京后，宋庆龄继续接受上海那位老中医的治疗。保健医生顾承敏和一位护士配合，把药涂在她身上。由于疤痕仍然很明显，而且还发痒，所以宋庆龄早晚各做一次药浴。洗浴后全身擦上药膏，再贴上一块块纸片，尽量使药膏在身上维持的时间长一些。为此，她一天至少要换两次衣服。宋庆龄在写给廖梦醒的信中，还不失幽默地实话实说道："我不是开玩笑，说真的我喜欢洗药浴，但不喜欢由别人给我涂药。"

从小一直称宋庆龄为"婆婆"的林国才（其父林介眉为同盟会会员，一直跟随孙中山从事革命活动。孙中山在广州成立大元帅

---

[1]《宋庆龄书信集·续编》，第458页，人民出版社2004年版。

府时，林介眉担任司库，协助廖仲凯先生管理财政事务。）曾建议宋庆龄有机会到日本一些有硫磺温泉的地方去治疗。他说，日本大正制药厂的会长、日本参议员上原正吉的夫人上原小技有意邀请婆婆以非官方的身份到日本去疗养一段时间，同时也希望能安排台湾的宋美龄一起到日本，好让她们姐妹重逢。可惜这个构想一直未能实现。

1978 年 12 月 30 日，宋庆龄从北京回到上海，随行人员有警卫秘书杜述周、秘书张珏、保姆钟兴宝和顾金凤。

　　这是宋庆龄生前最后一次回上海。那天上午，市政府秘书长张甦平、市委办公厅行政处处长李家炽前往虹桥机场迎接。

　　宋庆龄这次回上海，除了欢度元旦、春节两个节日外，主要是经济出现窘迫，她需要把以前清理出来的家中的旧物进行变卖。

　　经办宋庆龄上海寓所日常家庭开支的周和康清楚，宋庆龄的收支情况基本上是平衡的，偶尔有几次入不敷出，她曾分别向张珏、沈粹缜暂借几百元，待领到工资后，就立即归还。为什么这次会经济拮据得要变卖家中旧物呢？

　　原来，宋庆龄是准备帮助隋学芳的二女儿隋永洁留学美国！

　　隋永洁在美国求学，除了需要支付学费外，还要添置衣服和准备出国旅费等，各方面的支出大为增加。为了解决经济上的困难，宋庆龄只得将原来放在家里的一些旧物，变卖出售，以解燃眉之急。

　　1979 年元旦刚过，一天，李燕娥对周和康说："周同志，夫人正在客厅等候你，请立即过去，有事要向你交代。"

周和康立即前往客厅。这时，宋庆龄已端坐在客厅专座的沙发椅上，戴着老花眼镜阅读报纸。

这副老花眼镜，还是周和康1965年3月初亲自去为她配制的。那年，宋庆龄日常用的一副眼镜，不慎损坏，需要重新定制一副眼镜。周和康向张珏秘书汇报后，她叮嘱周和康到机关事务管理局总务处李家炽副处长处联系解决这件事。后经商定，去上海眼镜一厂去定制一副左眼为+500度，右眼为+550度的眼镜。是日，李副处长去电通知周和康于当天下午2时，等候在淮海中路1843号对面的武康大楼下面，他与邢洪峰会开车来接周和康一起到上海眼镜一厂去定制眼镜。因为按照规定，寓所内是不允许任何人出入的。如果有人进入，必须经过首长同意，才能放行。3月18日，周和康到上海眼镜一厂顾任厂长处，取回一副定制的眼镜，经过宋庆龄试戴，认为很合适。

周和康见到宋庆龄，问候了一声"首长，早上好"。

"Good morning!"宋庆龄闻声放下报纸，一边和蔼可亲地用英文向周和康问好，一边示意他坐下，然后轻声对周和康说道："周同志，我意欲出卖一些旧物，这些东西都存放在辅楼上大房间里，李姐可以陪你去看一看，哪些东西可以变卖出售，麻烦你去办理此事。谢谢。"

周和康受命后，即在李燕娥的陪同下，来到辅楼上的大房间里，看了一下将要变卖的物品。这些物品是：毛皮长袍十三件，捷克斯洛夫克制造的电唱机一台，显像管一只、轮船模型两件，还有几件翡翠质地的手镯、项链等饰物。

了解详情后，周和康就立即骑车前往康平路188号行政处，向李家炽汇报情况。由于宋庆龄是国家领导人，有关她家里的事情，市委不好决定，要向中央请示汇报。所以李家炽就先向时任中共中央政治局委员、上海市委第一书记的彭冲作了专题汇报。

很快，彭冲书记的意见反馈过来了，同意由上海市机关事务管理局负责出售。李家炽即指定姚梅邨与周和康直接联系办理此事。

姚梅邨是从商业系统调来的干部，对有关商业旧货一类的事情，比较熟悉，由他来经办此事，较为合适。通过姚梅邨的多次联系，初步决定由淮海中路、重庆南路口的国营旧货商店派人前往市行政处看样估价。

周和康把上述准备情况，向宋庆龄作了汇报，在征得她的同意后，立即用三轮车把上述物品送往康平路188号行政处，交给了姚梅邨。

估价师很快到场，当着周和康、姚梅邨的面开始一样一样估价。

没想到估价师看了后，说这些翡翠饰物全是假的，看起来很像样，实际是在玻璃外面涂了颜色。至于那批皮衣皮袍，有的地方已经发脆，有的地方毛皮已经脱落了。估价结果：十三件毛皮长袍1781元，两件轮船模型190元，翡翠饰物、电唱机、显像管为376.64元。全部共计为2347.64元。钱款一次性付清。

李家炽见状，立即改变了主意，他认为这些东西虽是假的，却是孙中山先生的遗物，即使没有商业价值，也具有文物价值。经向彭冲汇报后，两人一致认为这批文物不能轻易卖掉，一律由市机关事务管理局先出钱垫付买下，东西暂存仓库，等以后再作安排。

宋庆龄听说这些她自以为"比较值钱"的东西竟然是假的，或是疵的，至多只能卖这点钱后，不由有些失望地说道："我还以为这些东西能卖到这个价钱的十几倍呢！"

1979年1月18日，周和康从行政处领到现金后，回到寓所，将现金面交宋庆龄签收。有关变卖旧物之事，当时市行政处副处长王德喜与戴秉书也知道。

这是周和康调到宋庆龄寓所担任生活管理员之后，唯一一次协助宋庆龄出售家里的旧物。

人到了暮年，往往会特别想念过去的人与事。宋庆龄也如此，在她人生的最后几年里，往往要到后半夜才会睡着，而天刚有点亮，就醒了。

自从顾金凤到宋庆龄身边来做保姆后，没多久她就顶替钟兴宝住进了宋庆龄的卧室，夜里也陪着宋庆龄。顾金凤记得，她住进宋庆龄的卧室，是1973年7月跟宋庆龄到北京一个月后。

起先，顾金凤就睡在钟兴宝原来睡的那张折叠式的钢丝床上，早收夜搭，钢丝床就放在宋庆龄那张床的一边，离得不远，以防备宋庆龄夜间从床上跌下来。因为宋庆龄睡的是一张片子床，床虽大，是双人床，但左右两边都没拦板，让人不放心。但钢丝床窄，睡上去摇呀摇的，顾金凤个子大，有时翻身幅度大了些，床就会侧翻。好几次，顾金凤连人带床一起侧翻在地下。后来顾金凤就干脆在宋庆龄床前的地毯上铺张"呒脚床"，早收夜铺，倒也睡得踏实。

身体踏实了，心仍不踏实，她要时时注意片子床上的声响，宋庆龄不睡，她也睡不着。放在床头柜上的小闹钟在幽暗的落地台灯光下，忠实地一个小时一个小时地往前走，可片子床上的宋庆龄就是毫无睡意，"阿金长、阿金短"地和顾金凤说着话，都是拉家常。她俩几乎每天都要把家用开支计算一番。宋庆龄一样一样报出后，阿金就马上在心里算好了，而且分文不差。所以有时宋庆龄就表扬阿金说："阿金，侬好像挑担头的（上海话：进城卖菜的菜贩）。"

有一次，顾金凤不知从哪里听来了"奴隶"一词，就在夜里闲聊时问宋庆龄："太太，像我们这种人，是不是老早的奴隶？"太太一听就生气了，声音也大了，说："阿金侬这话从啥地方听来的？什么奴隶不奴隶！侬和兴宝，还有李姐，都是我的女警卫员，是我的贴身女保镖。"

这是顾金凤唯一和太太闲聊时，惹宋庆龄生气的。

宋庆龄从不和顾金凤谈政治，谈了，阿金也不懂。

后来，顾金凤熟悉宋庆龄的习惯了，只要有时外面来了信，需要回复，或明天要参加什么活动，宋庆龄就会因此整夜整夜地睡不着，琢磨如何向人家回信，如何讲话。有一晚，她半躺半倚地靠在床上，用手指在被面上画来画去。顾金凤问她在做什么，她就说："写字。有些字忘了，要练练。"还说，"阿金，我是脑力，你是劳力。我俩一样的。"阿金就知道这一晚宋庆龄肯定又难以入睡了。果然，眼看小闹钟凌晨一点钟了，宋庆龄就向睡在地毯上的阿金道："阿金，谢谢侬帮我穿起来吧，我实在睡勿着，要弹弹琴。"

顾金凤就连忙从呒脚床上爬起来，开亮钢琴边的落地灯，帮助宋庆龄穿衣套裤子，搀扶着她走到卧室靠北墙的钢琴前，坐下，然后帮她把沉重的钢琴盖打开，把曲谱翻开，放在钢琴上，让她弹琴。

宋庆龄北京寓所的那台黑色的钢琴是"施特劳斯"（Strauss）牌，顾金凤叫不来这种稀奇古怪的外国名字。在上海的寓所里，也有一台钢琴，那是一台暗红色立式低背的钢琴，香港莫里森钢琴公司1937年生产的。顾金凤同样也叫不出它那曲里拐弯的洋名字，只晓得它是宋庆龄的大兄弟宋子文当年送给她的，摆放在上海寓所的办公室里。在上海，从来没见过宋庆龄深夜到办公室弹奏过钢琴，这大概与这台钢琴摆得离卧室远，又也许上海的寓所坐落在闹市区，宋庆龄怕影响周围邻居的休息。不过，宋庆龄白天有时会弹一弹它的。宋庆龄到北京后，上海的管理员周和康根据宋庆龄的吩咐,在梅雨季节打开钢琴的盖子,在钢琴里开亮一只红颜色的100支光的电灯泡,说这样可以去掉潮气,不让钢琴锈掉。

宋庆龄深夜弹钢琴,一弹至少一两个钟头。顾金凤就坐在旁边等宋庆龄弹好钢琴,搀扶她回到床上睡下后,自己再继续睡。说实话,顾金凤根本不懂音乐,所以宋庆龄弹的什么曲子,她一点也听不懂。有时,宋庆龄边弹还边向顾金凤解释:"阿金,这是一支摇篮曲。好听伐?""阿金,这是一只小人娃娃曲。好听伐?"可遗憾的是,顾金凤听不懂,所以不感到好听,但她每次听得太太问,总会含糊其词地回答"好听,好听的"。不过,有时顾金凤等着等着,就熬不牢了,呵欠连天,打起了瞌睡。

宋庆龄也知道自己这样做,是要影响顾金凤休息的,所以每次弹完钢琴在顾金凤的搀扶下重新睡到床上去时,非常不好意思地说:"阿金,侬被我拖煞哉。"每当这时,顾金凤就非常内疚而又真心地回答道:"太太侬不能这样说,我应该陪侬的。"

宋庆龄弹不动钢琴,大约是在她人生最后一年,因为那时候她病情加重了,经常要卧床休息。

1979 年 >>>

"无论如何不能告诉她是得了癌症。"

1979 年 4 月初，担任宋庆龄保健医生的上海华东医院的胡允平在给上海宋庆龄寓所的工作人员进行体检时，查出李燕娥小便的红细胞多。当时，胡允平怀疑是妇科病，就动员李燕娥到华东医院做进一步的妇科检查。可是李燕娥不愿意。胡允平就把这个情况向李存仁书记作了汇报，后经李书记亲自动员，李燕娥才到华东医院做了进一步的检查。结果，确诊为宫颈癌。当时初定的治疗方案是：先做镭射照光，然后手术切除宫颈。4 月 9 日，李家炽将李燕娥的病况向北京的宋庆龄作了电话汇报，宋庆龄听了，立即指示："同意采取的措施，要用最好的医生，费用自付，进展情况及时报告。"当天，宋庆龄致函杜述周，就李燕娥身患癌症一事作了指示。

我非常难过听到李同志患这不幸的病！她住医院比较好，有人照顾她。每天她的费用由我自己付。请最好的大夫给她治疗，因为她是我的老战友。在她住医院时，只好托周和康同志暂管事为盼。

这件事我是十分关心的！请随时报告我她的情况。[1]

---

[1]《宋庆龄年谱（1893—1981）》（下），第 1899、1900 页，广东人民出版社 2006 年版。

4月11日到4月15日，李燕娥在华东医院住了五天，后来又到肿瘤医院做放疗。因为李燕娥体形胖、肚子较大，放疗的焦距难以对好位置。胡允平立即把这个情况向李存仁书记作了汇报。李书记又把李燕娥的情况向上级作了汇报。于是，宋庆龄决定让李燕娥到北京去治疗。

4月14日，李家炽电告杜述周：因李燕娥较胖，一些医疗仪器检查有困难，上海华东医院建议转北京301医院治疗。

翌日凌晨，杜述周即将上海来电的内容向宋庆龄作了汇报。

宋庆龄当即同意上海华东医院的建议，并特派工作人员陆森林，立即前往上海接李燕娥。与此同时，宋庆龄致电上海的周和康，指示道：

> 周同志，侬要镇静些，无论如何不能告诉李姐患的是癌症，只说得了妇女病就可以了。这几天，我会派人来接李姐到北京来治病的。侬要做好准备工作，协助她整理好行李，好言劝慰李姐勿要性急。谢谢侬了，谢谢！[1]

4月17日上午，李燕娥在李家炽、陆森林及胡允平等陪同下，直接去北京301医院。为表示答谢之情，当天夜晚，宋庆龄在北京寓所接见了胡允平等人；第二天，还让警卫秘书杜述周陪同胡允平等人参观游玩八达岭；晚上，宋庆龄在家举行了电影招待会，还亲自陪同胡允平他们观看了电影。宋庆龄年纪老了，体力也明显不行了，她趁换片的间隔站起身，然后在保姆顾金凤与钟兴宝的陪同下，不无歉意地微笑着环顾了一遍众人，点了点头，才无声地转身走回楼上休息。当时，所有观看电影的客人、北京寓所的工作人员和警卫人员全体起立，目送着宋庆龄在两个保姆的搀扶下，蹒跚地走出楼下的小饭厅。

根据宋庆龄的指示，301医院借调了上

[1]《生活管理员眼中的宋庆龄·资料集》，第345页，上海孙中山故居纪念馆2015年编印。

◇杜述周与李燕娥1980年合影

海华东医院李燕娥的病历卡，邀请北京肿瘤医院、协和医院和北京医院的专家共同会诊，商讨治疗方案。专家们一致认为还是开刀动手术较为理想。

经宋庆龄同意，6月1日，李燕娥被推进了301医院的手术室。由北京医院的吴院长亲自主刀做手术。

从早晨7时进手术室，直到中午12时出来，整个手术做得很成功。

北京家中的警卫秘书杜述周根据宋庆龄的指示，把李燕娥每天的病情与治疗情况，通过张珏、钟兴宝或顾金凤，向几乎整日卧床不起的宋庆龄作书面汇报。

得知李燕娥手术成功，癌细胞没有扩散的报告，宋庆龄非常高兴。

当天，宋庆龄就把这喜讯以书信方式，传递给上海家中的周和康。

6月6日，周和康接到宋庆龄6月2日的亲笔来信：

> 周同志，昨天李同志在301医院，已经动了手术，两位大夫对我讲，开刀后证明李同志患的是子宫膜癌，做得还算早，没有扩散，我们就放心了。[1]

经过解放军301医院的精心治疗，李燕娥的病情日趋好转，她胃口很好，一天要吃一只鸡。杜述周每天都要到医院去探望她，遵照宋庆龄的指示，带去她喜欢吃的菜肴、水果糖等，李燕娥十分高兴。

6月23日，宋庆龄嘱咐杜述周到北京医院看望李燕娥时，捎上她的建议，她要李燕娥少吃鸡，不要太胖，瘦一点对健康有利。

李燕娥病情明显好转，宋庆龄很高兴，她总及时地把喜讯写信告诉上海家中的周和康：

[1]《生活管理员眼中的宋庆龄·资料集》，第345页，上海孙中山故居纪念馆2015年编印。

> 周同志：
>
> 你的信收到了，我代表李姐谢谢同志们对她的关心。今天她的伤口可拆线了，请你

去香港有限公司到故居去拍照时，依照李同志的办法布置一下为盼。

今天忙在开会，不多写了。（1979 年 6 月 7 日）

周同志：

你的信收到了，我很高兴地告诉你和同志们，李姐已恢复健康，现在她仍住在医院疗养，胃口也不差，她要我代她谢谢同志们对她的关心。沈大姐已来过了，带了你买的物品。这里天气十分炎热，可是人大会已开了，看到许多老朋友来，十分高兴。（1979 年 6 月 18 日）[1]

宋庆龄又把这喜讯告知了沈粹缜。1979 年 6 月 30 日，她在写给沈粹缜的信中说：

李燕娥大姐在这里住院，快四个月了。她吃不惯北方饭，因此每日须送饭菜、水果等有营养的东西给她。但我很高兴能为她尽点力，这也是应该的！大夫对她动手术时查明，癌还没有扩散到别处。所以，有病必须及时医治，不要拖拉。[2]

1979 年 8 月 4 日，宋庆龄再次向周和康寄去了李燕娥的感谢之情：

周同志：

李姐还住医院，因须做电疗，巩固一下动手术的一步，使她不再患这病。或许要月底回来，她很高兴，家里的同志们很关心她的健康，要求写信时，特别要谢谢各位同志对她的热情。[3]

李燕娥在北京解放军 301 医院治疗了两

[1]《生活管理员眼中的宋庆龄·资料集》，第 46、47 页，上海孙中山故居纪念馆 2015 年编印。

[2]《宋庆龄书信集·续编》，第 618 页，人民出版社 2004 年版。

[3]《生活管理员眼中的宋庆龄·资料集》，第 49 页，上海孙中山故居纪念馆 2015 年编印。

个多月后,身体基本恢复,于 8 月 17 日出院,回到宋庆龄北京寓所继续休养。在那里,她和宋庆龄生活在一起,在庭园里散步,观赏花草盆景,拍照留念。高兴时,她们还会走到假山上的枣树林中,采摘几颗枣子,心情十分愉快。

1979 年 9 月 9 日,宋庆龄向上海的周和康写去一信:

> 周同志:
>
> 　　……李姐在这里养病,我看到她不过一次,因怕传染感冒等给她。她要我谢谢同志们对她的关心。她每天在园子内散步,一点不觉得冷静〔清。笔者注〕。这里的同志们也待她很好。[1]

这是李燕娥第一次来到北京后海的家。1949 年 10 月 1 日她陪同宋庆龄来北京参加开国大典时,住在党中央为宋庆龄安排的方巾巷 44 号,所以她对这个一向被夫人看作是"去北京办公"的地处后海的家很有兴趣。

---

[1]《生活管理员眼中的宋庆龄·资料集》,第 50 页,上海孙中山故居纪念馆 2015 年编印。

几个节俭成习的
小故事

在采写《宋庆龄与她的三个女佣》《宋庆龄与她的生活侍从》两书时，笔者在宋庆龄上海与北京两地寓所的管理员周和康、花匠安茂成及保姆顾金凤那里，采访到了以下几个宋庆龄节俭成习的小故事：

1. 就连包装带也不舍得扔掉

宋庆龄第三个保姆顾金凤在采访中告诉笔者："我为李姐做了几双布底鞋，有单的，也有棉的，样式有方口鞋，有圆口鞋，就是农村妇女穿的鞋子。太太看见了，就也要我帮她做了几双。她穿上后，在地下试走，非常开心，说布鞋好，穿着舒服，也省铜钿。

"太太出门时，从里到外弄得清清爽爽，都是出客的衣裳，可一回到家里，就马上换为家常便服了。她在家的衣着打扮和普通老太太一样，冬天穿棉袄，棉裤。衬衫、短裤、睡衣都是旧的，破了，就让钟兴宝在缝纫机上缝补。有的衣服横补竖补，我们都觉得难看相，就叫她不要穿了。太太非常节约，凡事都为国家打算。譬如别人送的礼物，那些包装纸、丝绳、绸带，她都舍不得扔掉，绸带还一条一条烫好，有一间小屋是专门存放包装纸、绳子、绸带等杂物的，要用时就拿出来。她说这些东西可以反复使用，不必再买了，能节省不少钱。我和钟兴宝的工资都是太太自己出的，按规定可以向国家报销一个人的工资，但太太不愿意。她说我自己用的人不需要国家出钱。耿丽淑、马海德等朋友逢年过节来吃饭，都是太太自己掏的腰包。她当时拿一级工资，每月有五百多。1973 年我的工资是三十五元，1976 年是四十元，到了 1979 年是五十元，钟兴宝也是一样，这些钱都是太太自己付的。"

事实确也如此：在北京宋庆龄故居纪念馆里所展出的物品中，有两样东西令人肃然起敬：一件是一捆五颜六色的包装带、包装绳，使人不知为何物；一件是磨得没有毛了的褪色绒布衬衫，有人见了还以为是一块豆包布（指做豆腐用的过滤用的纱布）做的呢，可见磨得多旧多薄还在穿。

2. 用旧窗帘做落地台灯灯罩

有关宋庆龄节约俭朴的故事，警卫秘书杜述周也曾亲身经历过不少。

那是 1978 年 5 月的一天，杜述周陪同宋庆龄到人民大会堂开完会后，宋庆龄说自己的身体有些发胖，想买件合适的衣服。他们来到友谊商店二楼时，宋庆龄看中了一套。但一看价格要三千多元，她连连摆手说："太贵，太贵，我们国家还不富裕，不能那么奢侈。"放弃了购买。

一次，保姆钟兴宝对杜述周说：太太卧室的镜子两边裂了道缝。杜述周便提出给宋庆龄买新的。但宋庆龄却说中间是好的，还可以用。

由于各地寄来的信件宋庆龄都要亲自拆阅，回信时则亲自用糨糊贴上邮票封上口。时间久了，她手上起了一层皮，才对杜述周说："杜同志，你看洋糨糊把我的手烧坏了。"杜述周让保姆用白面打点糨子，替代买来的糨糊。

就连卧室的落地灯灯罩，也是用换下来的旧窗帘布，和保姆们一起动手缝制的。

2013 年 1 月 27 日，是宋庆龄诞辰一百二十周年。在上海宋庆龄纪念馆举行的宋庆龄"压箱底"服饰集中展览会上，公开展出了一件宋庆龄当年穿过的经过改装的旗袍。这件旗袍的腰线已拆开重新加宽缝接，尽管缝接精细，熨烫平整，但仍是留有拼接的痕迹。

3. 冬天坚持一个星期只洗一次澡

2013 年 3 月 19 日，上海市孙中山、宋庆龄文物管理委员会办公室特邀笔者以宋庆龄保姆顾金凤娘家人身份担任其房产纠纷的"法律诉讼参与人"，所以笔者与顾金凤阿姨的接触更多了。在深入采访中，我们谈起了宋庆龄节约用水的往事。

顾金凤告诉笔者说："为太太涴浴（吴语：洗澡的意思），一定要留神。特别是她最后几年中，她年纪大，身体胖，经常要生病。所以每次帮助她涴浴，我特别当心。北京屋里是烧暖气的，房间里（指卧室）的温度，都是恒温的，保持在二十二度；浴缸里的水温要根据季节来调整，要调得正好。我放好水后，再在浴缸里放张小矮凳。因为她年纪大了，站不动，只好让她坐着。一切都弄好了，我才把她搀到浴室里涴浴。吃了上次跌跤的苦头，浴室的地下都铺了防滑的塑料地毯。

"太太有皮肤病，涴浴从不用肥皂、沐浴露什么的，就是清水拖拖，我用手在她前胸后背上敲敲捶捶，按摩按摩。涴浴的辰光不长，涴好后，我就用干毛巾往她身上一裹，搀她出来了。到了房间里，才换上睡衣睡裤。

"太太涴浴有规定的，六月里（指夏季）两天涴一个浴，冷天里（指冬季）一个礼拜涴一个浴。太太说这是她身上有风疹块，不能天天涴浴。其实我晓得，这里还有一个原因，她这是节约用水。因为每次往浴缸里放水，她都只要求我放一半不到就可以了。说多了浪费。"

上海寓所的生活管理员周和康，对宋庆龄节约的事掌握得更加详尽。他在一篇回忆中写道：

> 每当上海寓所冬天烧水汀时，她都十分关注，亲自找我谈话，共同商讨室内温度调控问题，她说："家里的水汀不要烧得太热，只要保温就可以了。如果需要时，我自己会添加衣服的。"并嘱我告知绿化工王宝兴，要注意节约，使用煤炭，筛煤炭时，要把没有燃烧完的煤炭核拣出来，浇水后，可以重新使用，不要浪费掉。
>
> 我记忆犹新的是1966年以前，每年冬天来临，她都是从北京回到上海家里过冬。当时，我以为她不在北京过冬，是因不适应天气太冷。1962年冬，在上海寓所客厅里，我在检查室温时遇到了宋庆龄，她对我说："周同志，你可晓得，在北京寓所冬天取暖要用好多的煤，一个月的用煤量，足够上海家里整个冬季用还要多，所以，我在冬天就往上海家里来过冬，这样可以节省好多的煤。"这时，我才恍然大悟，首长是为了替国家着想，节约煤炭开支，宁愿返回上海家里来过冬的。

4."不要让宝贵的地下水资源就这么白白地浪费掉"

安茂成在采访时给笔者讲了这么一段往事：

宋庆龄北京寓所里的草地和花园里，大大小小的水龙头也很多。注意这些水电的节约，也是宋庆龄十分重视的问题。

庭院前有一片绿油油的草坪，宋庆龄常在这里散步、做操，和孩子们做游戏。为了保护它的清新、鲜嫩，需要定期给草坪浇些水。有位粗心的年轻人，有时把龙头一开，任水流淌，他却不知跑到哪儿看书学习或忙别的工作去了。

那天，宋庆龄正好出来散步，发现水龙头上接着长长的胶皮水管甩在草坪上，管口的水哗哗流淌着，已经浇遍了草坪，溢到了不远处的南湖中去了。宋庆龄马上请保姆把浇水的青年找来。

小青年急急忙忙地赶来了，先蹚了一脚的水，把水龙头关了，然后红着脸说："首长，我、我忙别的去了，把这儿给、给忘了。"

老人家理解地点点头："我知道你很忙，闲下来还抓紧时间看书学习，这都是应该肯定的。可是今后千万注意，不要让这宝贵的地下水资源就这么白白地浪费掉。"

"首长，我一定注意！"

"心里要有本账，虽然祖国地大物博，自然资源十分丰富，但节约水源、能源这些资源是关系到造福子孙后代的大事情。要人人重视，决不能当败家子。"老人家想得远，谈得深。

"你放心，首长。我都记住了。"小青年脸上一阵红，一阵白的，认真点头称是。

事后，宋庆龄担心青年人忘性大，还不止一次请保姆提醒那个青年人随时掌握好浇灌草坪的水量，再不要发生大量清水流进南湖的现象。

1979 年，保姆顾金凤五个孩子中第二个儿子高志明十九岁了，因文化水平低，又是农村户口，所以还没找到能挣月薪的工作。顾金凤很想托宋庆龄帮助她，可是，又不好意思，因为就在三年前，宋庆龄已帮助把她十七岁的大女儿高祖英安排到上海和平医院当护士了。

　　但是，这天夜晚，顾金凤还是把心中的这份焦虑告诉宋庆龄了。

　　宋庆龄想了想，说了句"我晓得了"，就再也没有提起这个话题。

　　顾金凤知道宋庆龄这一阵正为李燕娥的事操心费神，所以也没有再提。

　　没想到仅过了半个月，苏州家乡来信了，说苏州市政府已把高志明安排到苏州水泥制管厂上班了。喜讯传来，顾金凤这才知道宋庆龄不知什么时候、托了什么人把她儿子的工作问题给解决了。感激涕零的顾金凤只会向宋庆龄说谢谢。

　　原来，就在顾金凤向宋庆龄求援后没几天，宋庆龄就专门就此事向江苏省委领导写去了一封信。

　　全信如下：

江苏省委领导同志：

　　兹有吴县光福公社舟山大队高志明，父亲原在苏州市工作，因车祸去世。母亲是我身边的工作人员，因家中弟妹众多，生活非常困难，本人渴望找个固定工作，帮助母亲抚养全家。故请照顾给予解决工作问题为感！

　　致

　　敬礼！

宋庆龄

一九七九年五月七日

　　这封信，后来选载进了广东人民出版社 2006 年 8 月出版的《宋庆龄年谱（1893—1981）》中，笔者在 2011 年再次采访顾金凤时告诉了她，她才知道的。所以这封信对顾金凤来说，就是一个藏了三十三年的秘密！

「太太除了细心外，眼光也特别凶」

顾金凤是 1973 年 5 月 1 日经她的阿姨钟兴宝的介绍，到宋庆龄身边工作的。当时她的家境十分困难：1970 年初秋，在苏州南门建筑公司当木匠的男人（丈夫）高金福在骑车上班的路上，被迎面而来的一辆军车与一辆逆向而驶的公交车夹在中间，当场送了命，把家中五个儿女全部甩给了她一个人。当时，她的五个儿女中，最大的二十岁，最小的儿子高志林只有十一岁！

1973 年 5 月 29 日，顾金凤就跟随宋庆龄一家去北京工作了。刚到北京家中时，顾金凤就接替了她阿姨钟兴宝的全部工作，可以进入宋庆龄的房间、书房里打扫卫生。当时，宋庆龄对这个农村来的一字不识的顾金凤，亲自作了指导：作为首长身边的工作人员，站要有站相、坐有坐相外，还有走路的脚步声重不重？关门的声音响不响？手脚是不是干净？是不是贪吃懒做光想得好处？还有在上海家中时秘书教的礼节懂不懂？一些待人接客的礼节会不会？例如家中来客人了，要先上楼通报，先轻轻叩几下房门，征得里面的宋庆龄同意了，才可以把客人领上楼，而且只领到书房里，绝对不能领进卧房里；等宋庆龄与客人坐下来后，就得马上下楼去弄茶水点心，再送到楼上书房里，放到主客面前的茶几上后，才可退出。

刚到北京的那段时间里，顾金凤经常一个人偷偷地哭鼻子。一是想家，想着家里的五个儿女；二是兴宝阿姨把她当外人，一些技术活瞒着她，不教她；三是北京的家以前是清朝王爷的住宅，太大了，顾金凤初来乍到，不认得，绕来绕去的经常走错房间。经常走了半天没走出来，而手头的活计却在等着她，活活急煞人。所以，每到这时，她经常一个人要熬不牢偷偷地哭上一阵。

在采访中，顾金凤告诉笔者说：

"其实，陪太太睡觉不是一件随便的事，我的肩胛头上的分量也不轻，我得随时注意一边大床上的太太的动静，她翻一个身，我都要警觉地欠起身来看一看对面，只怕太太一个不当心从床上摔下来，要是这样，这个祸就闯大了！当时，杜秘书几乎三天两头都要和我们开一个会的，说来说去就是这桩事体，务必要确保宋副主席的晚年健康与安全。所以现在我落下一个神经衰弱的毛病，很可能是与当年陪太太睡觉有关系的。

"夜里，到床上后，太太一直要和我拉家常，几乎什么都要拉。她经常当面表扬我说：'侬格人，我用了介许多格人，勿用到侬迭能一个好人。侬迭格人勿贪吃懒做，上头（楼上）要忙，下头（楼下）也要忙，辛苦侬哉。'当时，太太把她百年后我的个人去向问题都打算好了，她说：'我百年后，侬就回上海，到孙中山故居去工作。上海离苏州近，来去方便。'

"太太除了细心外，眼光也特别凶，看事体也特别准确。

"那时候，我们做服务员的平时很少有零食吃，特别是水果、糖果等高级食物。也许物以稀为贵，又也许人老了生病了嘴巴里没有味道，所以那一阵兴宝阿姨特别爱吃零食。有时客人走了，多了一只两只苹果，太太就用水果刀一切三份，自己吃一份，交给兴宝阿姨两份，叮嘱也给我一份。大概是兴宝阿姨忘记了，就一个人把两份都吃了。到了晚上，太太就问我：'阿金，今朝格只苹果甜伐？'我一听，就晓得里面有名堂，尽管我一口也没有吃到，但为顾全阿姨的面子，就随口骗太太说：'甜格，甜格。''好吃伐？''好吃格，好吃格。'

　　"新疆送来的哈密瓜，我也是这样骗太太的。到了晚上，我俩到了床上，太太就问我：'阿金，今朝的哈密瓜甜伐？好吃伐？'我虽然一口也没有吃到，但我仍像以前那样与太太打哈哈，装作自己吃过哈密瓜了。

　　"几次下来，太太就轧出苗头来了，晓得里面有文章，我在骗她。所以，有一天晚上她特别盯牢我问：'阿金，侬到底阿曾吃到？侬要对我讲实话。'这时，我才不得不向她实话实说了。太太一听，又气又好笑：'迭格死老太婆馋煞脱哉，拿侬的一份也一道吃脱哉！'从此，再碰到这样的事体，太太就专门把分给我的一份拿出来，放在她房间里的吃饭的台子上，好让我尝到来自世界各地的我从来没有吃过的水果。有一次我分到一份印度苹果，太太甚至当场命令我：'阿金，吃了再做。'

　　"太太走后，我在邓颖超大姐那里干了段时间，就回上海了。

　　"回上海后，组织上安排我到市委机关托儿所传达室工作。1985年，我被组织上调到孙中山故居工作，担任安全员。直到1987年退休。"

　　1979 年 9 月里的一天，正是西安临潼石榴收获的季节，这一天，靳山旺终于有公费出差北京的机会了。接到中央办公厅通知时，跳入他脑海的第一个念头，就是可以趁机探望敬爱的宋庆龄了。那时候，靳山旺担任着一家工厂的副职，他每月有一百二十多元的工资，因家中要培养三个孩子求学读书，还要抚养没有分文收入的父母亲的生活，所以经济上总是那么拮据。他一直想去北京看望老太太但总是没法成行。现在好了，中央办公厅终于来信了，催他赴京参加贯彻党的十三届三中全会精神的会议，久藏在靳山旺心底的愿望可以实现了。

　　靳山旺来到北京，下了火车的第一件事，就是提着装有不少石榴与新书的提包，不顾火车上几天几夜没好好休息带来的疲劳，直奔后海北河沿 46 号。

　　宋庆龄得知"大炮"来看望她，马上让顾金凤搀扶她，来到了会客厅。

　　靳山旺很高兴，四年多不见，宋庆龄不像 1975 年时那么憔悴，而且思维与谈吐举止也比那时敏捷得多，想必是她最近身心宽松了的缘故。一见到久别重逢的靳山旺，她连忙放下手中的笔，站了起来。

　　"大炮，这次请侬来京开什么会呀？"宋庆龄让顾金凤给靳山旺端上了一杯江南绿茶后，笑吟吟地问道。

"开会。贯彻落实党的十一届三中全会精神，实行机构改革。"这时，靳山旺还不知道这次把他召去北京开会的真正用意，后来他才明白，原来，贯彻落实十一届三中全会仅是一个方面的内容，而传达中共中央办公厅有关揭批"两个凡是"才是主要内容。

"我真羡慕侬，大炮。"在听到靳山旺来北京开会的事后，宋庆龄不由触景生情，感叹道，"侬十八九岁就入了党，可我八九十岁了，还在党的大门外，一些党内的重大活动与机密，都不能及时了解，心里总有点那个。"

"话可不能这么说，宋副主席。这可是周总理、刘少奇他们当年的远见，是中国革命的需要。"这几年，靳山旺学习了一些有关宋庆龄的文章讲话后，思想认识更深刻了，"我看过侬好多著作，侬总是在关键的时刻，引导我们沿着正确的方向前进。其实，侬在思想上早就入了党。我在这里再次向侬表个态，我一定不辜负侬长期以来对我的教诲，不管到了哪里，我都会沿着侬当年给我指引的方向，为党为国家做出贡献，不给侬丢脸。"

"谢谢侬，谢谢侬。大炮。"宋庆龄脸上浮出了欣慰的笑容，连声致谢，还表扬靳山旺变得"会说话了"，"觉悟也提高了"。

会客室只有他们两人，宋庆龄向靳山旺吐出了她心中的话：

"大炮，这一阵来，我感到有点苦闷，心里有种孤独感。"

靳山旺一怔，心想：这几年来，老太太的身心都获得了解放，国事活动相当频繁，她何来这种感觉呢？他不由得停下进食，静静地聆听宋庆龄的下文。

"一是我的身体健康每况愈下，越来越虚弱。侬勿晓得我现在身体里有多少种毛病，它们纠缠得我吃不好，睡不香，这边痛，那边酸，我真担心哪一天我会倒下去后再也爬不起来呢。"

"看侬，又要瞎想了。侬不会的，不会的，侬至少要活一百岁。"

宋庆龄听了，凄然一笑，接着压低声音说道："二是身边的人员跟我的话语明显少了，是认为我身体不行了呢，还是我哪里做得不对了？我想不靳山旺同志：

　　信和书先后收到，极谢。

　　从信中得知一些你的近况。盼在新的工作岗位上一切顺利，为厂为国家作出贡献。

　　节日接忙。不多写了。

　　祝

节日 快乐！

　　　　　　　　林泰
　　　　一九七九年九月廿九日

明白。三是年纪太老了，行动不方便，一天不如一天了，连到院子里走走、看看我的鸽子也办不到。"说到这里，宋庆龄蓄在眼眶里的两滴泪珠，终于不可抑止地流了下来。

靳山旺见宋庆龄掉泪了，不由慌了手脚，连忙安慰说道："主席侬又要瞎想了。老话说，有种事情是不能瞎想的，越想越像。再说，侬也勿要急，以后有时间，我会经常来看侬，和侬一起说说话的。"

"经常来是不可能的，侬处得那么远，不会方便经常来看我的。"宋庆龄掏出手帕，一边轻轻拭着眼泪，一边实话实说。

有关宋庆龄心中的这种孤独感，事后靳山旺才知道，原来是因为当时她最喜爱的、从小到大一直在她身边成长起来的隋永洁去纽约求学了。隋永清已经结婚成家不能经常回来。人老了，都到了近九十岁的年纪了，这种想法情有可原。

为了不影响宋庆龄下午的休息，靳山旺吃完中饭就告辞了。顾金凤上楼通报后，宋庆龄竟然蹒跚着走到楼梯口，向靳山旺挥手告别："大炮，侬有辰光就来看看我，如果呒没辰光就勿要来了。"宋庆龄站在那里絮絮叨叨地说着，这时候，靳山旺分明看见宋庆龄眼睛里浮有泪花，她手中的白手绢，像一面迎风飘扬的旗帜；而她那臃肿的身躯，却似一座巍峨的大山。

靳山旺一阵酸楚，离别的惆怅使他有种欲哭无泪的感觉。他生怕让宋庆龄看见了更伤感，所以急忙转过身，走出了主楼。

靳山旺的泪水终于不可阻挡地流了下来。

他怎么也想不到，他与宋庆龄的这次会见，竟会是最后一面。

1980 年 >>>

"一切为了孩子，为了一切的孩子，为了孩子的一切。"

倾情「少年之家」

　　"一切为了孩子，为了一切的孩子，为了孩子的一切"，这几句充满哲理的话，是宋庆龄最早提出来的，她是这么说的，也是这样做的。

　　就在宋庆龄因身体与年龄的关系而几乎卧床不起的 1980 年中，她还为远在江苏的苏州市常熟县（今常熟市）的"少年之家"亲笔题词呢！

　　1980 年 6 月，由常熟县教育局和虞山镇政府共同斥资在毗邻处的大街上为少年之家建造了一幢三层小楼。当新建的少年之家南楼初展雏形时，应少年儿童们的建议，少年之家负责人代表大家给宋庆龄写信，请求题词。信寄出去了，但大家也有所顾虑，他们担心时为全国人大常委会副委员长、全国妇联名誉主席的宋庆龄国事繁忙，加之年事已高，恐一时难以答复。

　　出乎意料，距写信不到半月，即 1980 年 6 月 16 日，少年之家就收到了宋庆龄的亲笔题词：

　　　　愿少年儿童树新风，遵纪守法，有健康的身体，有知识，有志气，为祖国作贡献。

　　令人们感动的是，为便于常熟少年之家挑选，宋庆龄的题词还是一式

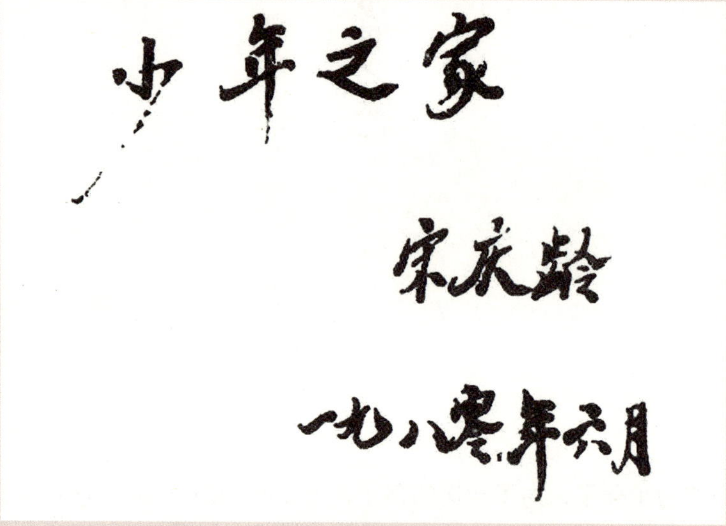

少年之家

宋庆龄

一九八零年六月

◆ 图 1

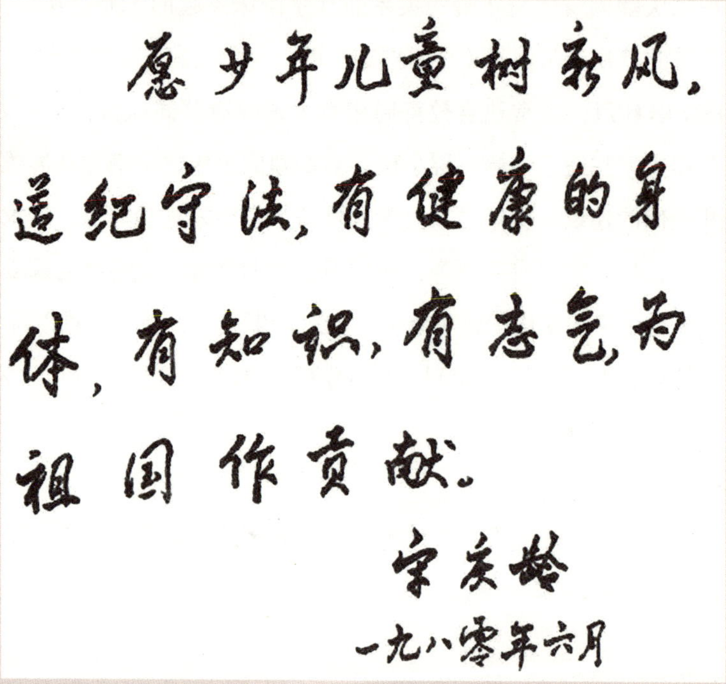

愿少年儿童树新风，
遵纪守法，有健康的身
体，有知识，有志气，为
祖国作贡献。

宋庆龄
一九八零年六月

◆ 图 2

三份的。当时负责人内心无比喜悦和激动,捧着题词给中小学老师和辅导员看,给中小学少先队员看,还送给县、镇领导看,和大家一同分享幸福和欢乐,并随即在少先队员中开展学习宋庆龄奶奶题词的活动。

就在收到宋庆龄题词的当天,共青团虞山镇委又写信给宋庆龄,试着请求她老人家再为少年之家的大门题写横匾。没想到不满十天,他们又收到了宋庆龄亲笔书写的"少年之家",而且是一式二份!为感谢宋庆龄的关怀与鼓舞,共青团虞山镇委立即组织少先队员们精心制作了一条上面绣有"献给敬爱的宋庆龄奶奶"字样的红领巾,寄给了宋庆龄,表达全镇少年儿童的心意。7月4日,收到了宋庆龄秘书室的回信,表示谢意。

宋庆龄与常熟的少年之家,有着一定的渊源:据苏州常熟市档案馆馆藏档案记载,常熟少年之家于1956年10月13日成立,选址于人民公园内。1964年,学校少先队的"少年之家"迁到河东街原机关托儿所旧址,在那里用宋庆龄捐助的二万六千元"加强国际和平奖"的奖金,建造了一幢精致的两层楼房。现在这幢三层小楼的常熟少年之家,是常熟县教育局和虞山镇政府于1979年共同斥资建造的。

1. "治不好我也绝对不会怪你的"

用人类养生学的规律解释：人的四十五岁至六十五岁，是从中年走向老年的过渡期，这个年龄段在人的一生中很关键，它是各种疾病的高发期。宋庆龄也不例外，她除了有家族遗传的荨麻疹，战争年代患上的风湿性关节炎、坐骨神经痛及老年人常见的牙齿老化病等顽症外，还患有高血压、支气管炎、胃病、膀胱炎、眼睛结膜炎、面部神经瘫痪等，先后共有十一种疾病侵袭过她。各种各样的疾病随着她的年老体弱趁虚而入，使她终年累月地被病魔折磨，几乎没有一天不承受着这些疾病给她带去的肉体与精神上的痛苦。

眼睛结膜炎也是一种纠缠了宋庆龄三十年的常发性疾病。这即是宋庆龄在给朋友的信中经常提到的"麦粒肿"，这是上海人对眼睛结膜炎的习惯称呼。

1952年3月，宋庆龄的眼睛结膜又发炎了。这次发炎，使宋庆龄足足承受了两个多月的痛苦，并接受多种治疗方法。这从她后来4、5月间连着写给王安娜和顾锦心的信中可以得知：

> 我眼睛患了结膜炎，先是一个眼睛，后来另一只眼睛也染上了。我戴着墨镜，做不了多少事，只能听听读报。希望一周能恢复。（1952年4月致王安娜）
>
> 我的眼睛经过一个月的治疗仍在发炎。现在，我除了一日三次用青霉素、热敷和用磺胺油膏治疗外，还在服维生素A和维生素B胶囊。请原谅我的打字，我几乎看不清打了些什么。（1952年春致王安娜）[1]
>
> 我的眼病治疗两个月仍未痊愈。我必须继续戴眼镜，在此期间尽量少读少写。（1952年5月10日致顾锦心）[2]

长时间不愈的眼疾，还严重妨碍了宋庆龄的国事活动。她在1952年5月17日写给刘宁一（时任国务院外办副主任，中联部副部长、代部长）的信中写道：

> 近来我因患眼角结膜炎，病情颇为严重，正在治疗中，恐不能出席亚洲及太平洋区域和平会议筹备会……但准备在召开正式会议时出席，望代转达，并盼来信。[3]

在1955年4月25日致老朋友格雷斯的信中，也有所披露：

> 眼科专家坚持要我休息，一个月里不许看书写字。但你知道，当人们看到有那么多的工作堆在桌子上需要清理时，这是多么难以做到！[4]

[1]《宋庆龄书信集·续编》，第296—303页，人民出版社2004年版。

[2]《宋庆龄书信集·下》，第423页，人民出版社1999年版。

[3]《宋庆龄书信集·下》，第465页，人民出版社1999年版。

[4]《宋庆龄书信集·下》，第482页，人民出版社1999年版。

但是，宋庆龄仍坚持带病工作，难以写字，就使用粗钢笔写作，因为"使用粗钢笔能使我的眼睛轻松一些。我有很多信要回，用这支笔，可以缓解用眼的紧张"。（摘自宋庆龄 1966 年 4 月 10 日致黎照寰信。）

直到宋庆龄与世长辞，她的眼睛结膜炎仍没得到完全治愈。

2. "但我看目前还不会离开这个世界"

除了荨麻疹、风湿性关节炎与眼睛结膜炎这几种常年纠缠着宋庆龄的疾病外，她还患有坐骨神经痛、支气管炎、高血压、胃痛病等。尽管这些并非是经常性的疾病，但当它们偶然向宋庆龄袭击时，还是影响了她正常的工作与生活的秩序。1952 年 2 月，就因为坐骨神经痛的发作，致使宋庆龄不能前去参加国际保卫儿童大会。

尤其是多种疾病在同一时期一起扑向宋庆龄时，更使她承受了难言的痛苦。在宋庆龄 1974 年 6 月 22 日致廖梦醒的那封信中，就有过具体的反映：

> 最亲爱的辛西娅：
>
> 你和我的身体看来都有一些功能性的病变。几个星期来，我得了膀胱炎，还要拉肚子，一天要上厕所二十次左右。更可怕的是，到最后我不得不把便盆放到卧室里去。医生给我的各种止泻药都试了！我是喝了一点冰汽水才拉肚子的，整整拉了几个星期。现在我的血压高压170多毫米汞柱，所以成天头痛。我受伤的腰背也给我带来很多痛苦。鉴于理疗不见效，反而使我感冒，现在我又在做按摩治疗。……[1]

[1]《宋庆龄书信集·续编》，第 482 页，人民出版社 2004 年版。

高血压也是宋庆龄的老毛病。这从邓颖超 1953 年 5 月 5 日致宋庆龄的信中可以得知："敬爱的宋副主席：接读来信，得悉你因过度劳累，血压骤增并有心脏扩大等症状，深以为念。近日休息后，是否好些？时在念中。"

在给李云的信中也有提及：

> 我深深地感谢你的厚意。近来血压又升高，达到一百八十以上。因此，我常常觉得头晕头痛……（1954年2月9日致李云）[1]

周恩来与邓颖超对宋庆龄身体健康情况，一向是予以特别的关心的。

1974年8月初，宋庆龄突然患上了面部神经瘫痪症。

8月3日，周恩来总理亲自给宋庆龄打去电话了解病情与予以问候。

毛泽东也在百忙之中亲自向宋庆龄去信。

> 亲爱的大姐：
>
> 贺年片早已收到，甚为高兴，深致感谢！江青到外国医疗去了，尚未回来。你好吗？睡眠尚好吧。我仍如旧，十分能吃，七分能睡。最近几年大概还不至于要见上帝，然而甚矣吾衰矣。望你好生保养身体。[2]

好在经过专家们的及时而又精心的治疗，宋庆龄这次突发性面部神经瘫痪症很快治愈了。

宋庆龄还患有支气管炎，在她于1975年2月6日与1979年9月14日分别致廖梦醒与高醇芳的信中均有所提及：

> 讨厌的支气管炎终于治好了。
>
> 我因患支气管炎卧床一个多月，所以没能早一点写信告诉你。[3]

[1]《宋庆龄书信集·续编》，第470页，人民出版社2004年版。

[2]《宋庆龄年谱（1893—1981）》（下），第1425页，广东人民出版社2006年版。

[3]《宋庆龄书信集·续编》第496页，622页，人民出版社2004年版。

精神上的打击，除了会诱发宋庆龄的荨麻疹外，还会诱发她的胃病：

> 一九七二年对于我是太残酷了。六个亲密的老同志一个个去世了。这些打击使我得了胃痛病。我必须在医院里耽一整天做 X 光检查。这些检查累得我未能去探望我很想见到的几个朋友。（1972 年 5 月 8 日致顾锦心）[1]

---

[1]《宋庆龄书信集·下》，第 679 页，人民出版社 1999 年版。

竭尽全力
挽救保姆的生命

1980 年 3 月初的一天，宋庆龄的保健医生胡允平带着盛学素护士来到上海宋庆龄寓所看望保姆李燕娥。体检时，李燕娥对胡允平说大便次数多。出于职业习惯，胡允平估计可能是肿瘤转移，即让李燕娥去华东医院妇产科，以进行常规体检为名做 B 超。经检查，果然发现李燕娥的腹部有个肿块，确诊是癌症转移！

当时，陪李燕娥去医院看病的周和康沉着地对她说：你仍是妇女病，问题不大，回家去再说。

当天晚上，周和康即致电北京，向张珏秘书作了电话汇报。

宋庆龄听了张珏秘书的汇报后，好一会儿没吭声，最后，她才重重叹了口气，指示张珏道："那就只好把李姐再次接到北京来看病了。过几天，我就派人去上海接她。侬代我向周和康表示感谢。"

3 月 27 日上午，李燕娥与宋庆龄专门派来接她的陆森林一起，再次乘上了飞往北京的飞机，并于次日住进了北京医院；4 月 21 日，李燕娥在北京医院作了第二次开刀手术。腹部一打开，主刀医生就下令缝合，结束了手术。因为他们已确诊癌症广泛性转移，到了晚期，无法切除了，只能作病理性切片检验。

李燕娥的病情发出了凶险的信号！

1980 年 4 月 26 日，宋庆龄致函马海德，谓：

> 我亲爱的管家患了可怕的疾病，使我十分心烦意乱。她跟随我五十多年了，她是那么地忠诚，也是我最可信任的朋友。
>
> 我害怕她会很快死去。
>
> 我是如此悲伤和六神无主，我不能再写下去了！[1]

在当天致王安娜的函中，宋庆龄也这样写道：

> ……癌细胞已经扩散到了全身！这些天，我心里很乱，干什么都没有心思。
>
> 李妈忠心耿耿，一直对我很好。我们一起生活了五十多年，从来没有发生过龃龉。我担心她已不久人世！但她并不知道自己的病情。
>
> 但愿世界上有能够延长她的生命的良药。[2]

在 4 月 27 日致爱泼斯坦的信中，宋庆龄直率地表达了她当时的心情：

> 近日来我为李妈（我五十多年来的伴侣和管家）病重而极感心烦意乱。她不仅是我的助手，更胜过我的亲人。[3]

[1]《宋庆龄书信集·下》，第 888 页，人民出版社 1999 年版。

[2]《宋庆龄书信集·续编》，第 652 页，人民出版社 2004 年版。

[3]《宋庆龄书信集·下》，第 889 页，人民出版社 1999 年版。

在药物作用下，李燕娥暂时摆脱了病魔给她带来的痛苦，她自以为自己的"子宫炎"好了，没问题了，可以出院了。于是，李燕娥连续几次对前去医院送饭菜的警卫秘书杜述周提出请求，说自己在医院里住不惯，天天想念着夫人，离不开夫人。在李燕娥的一再要求下，尤其是在从北京医院方面证实李燕娥的癌症确实已无药可救的情况下，宋庆龄同意了李燕娥的要求，于 1980 年 7 月 17 日中午由杜述周办理了出院手续，把李燕娥接回后海寓所居住。

宋庆龄把李燕娥安排在楼下的按摩间里，让她独居一室，一日三餐，由北京饭店请来的厨师黎传亲自掌勺。为了照顾好李燕娥的日常生活，做好护理和安全工作，宋庆龄还特地请了两个年轻的女军人，担任临时服务员，日夜服侍她，还千方百计地从国外买来进口的药物，试图延长她的生命，希望出现奇迹。

在药物的作用下，李燕娥刚出院时并没感到疾病给她带来的痛苦，心情比较愉快，那天，她还和杜述周一起在楼下拍了张气色不错的合影。倒是八十七岁的宋庆龄因膝关节的疼痛，不得不坐在轮椅上才能外出参加一切活动。

令人感动的是，当时李燕娥还为自己不能亲自推着轮椅送宋庆龄外出参加活动而遗憾！她只能眼睁睁地看着女佣钟兴宝或顾金凤推着轮椅护送宋庆龄出进，倚靠在按摩室门口向她们叮嘱上一两声诸如"路上当心""注意安全"。

这从宋庆龄 6 月 26 日写给沈粹缜的信中可见一斑：

> 我十分感激叶老（叶剑英）的建议。但是我关节疼不能走，开会时要人帮助，或坐车子……帮我立起来或和人握手。真是难为情得很。[1]

同时她又告知李燕娥的情况：

> 出医院已两个多星期了。她很满意对她的照顾。……看上去她还好，不过身上的肉，不像以前的结实。大家都对她好。
>
> 我想大会之后总之要回家退休的，一人

[1]《宋庆龄书信集·下》，第 898 页，人民出版社 1999 年版。

独占二住宅实在不好，浪费国家很多钱！[1]

从上述信函中可以看出，事到如今，所有人都瞒着李燕娥，并没有把她的真实病情告诉她。而且宋庆龄仍在尽一切力量，试图挽救回李燕娥的生命。这仍可以从她 7 月 14 日复沈粹缜的信中看出：

> ……关于李姐的病，我们不能给她知道的。如果她知道了，对她不利。现在她好像有点疑惑，因为给她用的针是打电报到美国去买来的。
>
> 开大会 [笔者注：第五届全国人民代表大会第三次会议] 以后我想回上海。因为那里一直是李姐管的，但现在需要自己去理理文件等等了。[2]

然而，任何客观现实都不是主观意愿所能改变的！

1980 年 8 月 28 日，警卫秘书杜述周向宋庆龄书面汇报了李燕娥病情恶化的情况：

> ……我向您报告一个不愉快的事情，即我观察李燕娥同志的病有发展，病重了些。但请您不要紧张，应早有思想准备才好（包括上海李管的一些事）。
>
> 李同志近日来病情发展的表现是饮食减少；有点恶心呕吐；肚子胀（或内里生了水）难过；面色不好，气力小了。
>
> 用药只能控制病情发展慢些，不能根治，这也是规律。
>
> 我和顾大夫意见：请吴院长来用英文给您当面详细报告，使您心里有数为好。
>
> 何时请吴院长来好？告我通知他。

---

[1]《宋庆龄书信集 · 下》，第 898 页，人民出版社 1999 年版。

[2]《宋庆龄书信集 · 续编》，第 663 页，人民出版社 2004 年版。

事实确也如此，就在杜述周向宋庆龄汇报的这段时间里，李燕娥的病情在快速恶化，从美国寄来的针剂也无济于事，难以起到镇痛作用了。最明显的是由于食量大幅度减少，李燕娥原来二百多斤重，如今日渐消瘦，到后来竟形销骨立，犹如一副晾衣架子；原来圆鼓鼓的面孔上，两眼窝深陷，嘴巴突出，令人望而生畏。

病魔噬咬得李燕娥全身剧烈疼痛，迫使她整日整夜哀号不止。

1980年9月18日，宋庆龄令杜述周秘书物色的两位服务员，来到北京寓所按摩房，分为两班，轮流照顾病中的李燕娥，试图减轻她的疼痛，延长她的生命。

在1980年9月18日到1981年1月18日的这段日子里，上海寓所的周和康连续不断地接到宋庆龄的来信。尽管当时宋庆龄的身体情况并不好，皮肤病、气喘都在发作，大夫和护士天天去寓所为她打针。但宋庆龄还是强忍着病痛与悲哀，把李燕娥在北京治病的情况与她的病情发展情况、生活情况，事无巨细地告诉了周和康：

李姐的病未减轻，因此可能还要回到医院去挂葡萄糖。

……但李姐总之[是。笔者注]想回家。她的健康更不好，但她不愿回到医院去。但是医院总想她应该回医院，她不能休息，日夜痛得叫起来，人听到了很难过。她的唯一希望能早些回上海。这里的菜，她吃不下，十分苦恼，但无法使她安静下来。这种病是最痛苦了。

李姐住在这里休息及打针，她现在打的针，价格都是很贵的，但能延长生命。她很想回到上海家里来……

李姐的健康，一天坏一天，鱼、肉、菜、水果都吃不进了。她很想回家，她说上海的青菜好吃，这里是北方，味道不好吃，吃不下去。她晚上要起床四、五次，当然不能睡觉。这里的两个保姆日夜轮流陪着她，怕出事。她的苦闷，我没有办法解决，虽然我很同情她……

　　周同志：你寄给李姐及阿金的粮票都收到了，谢谢你！听说沈大姐快要来北京，请你代买些青菜及半斤新鲜的青橄榄，让她泡茶用。别的东西不要买，因为李姐现在牙不好嚼东西了。她的健康突然不好，现在全身肿，也不能走一步路，我十分难过，但医生都束手了。[1]

　　人为的努力阻挡不了病魔的进攻。剧痛折磨得李燕娥生不如死，痛苦的哀号声响彻后海宋宅，划破了静谧的深夜，使楼上的宋庆龄听得心惊肉跳，泪流不止，彻夜难眠。

　　但宋庆龄还是不甘心也更不忍眼看她亲爱的李燕娥就这样油干灯草尽，直到生命的火焰最后彻底熄灭！

　　1980 年 11 月 3 日，宋庆龄克服支气管炎带给她的难受，在致王安娜的信中这么写道：

　　　　……我一直感到不舒服，不时犯支气管炎什么的，不过内脏没有毛病。我已去过医院做 X 光透视和检查，也许心理原因要大于身体原因。

　　　　亲爱的李妈（我称她"李姐"）正被癌症煎熬着。……可怜的李妈两腿浮肿，不能睡觉，痛苦万分。我想她永远离开这个世界只是几个星期的事了。……只要打针还能维持她的生命，我就要她活下去。五十多年来她一直是我的一位最忠实的益友，我要不惜一切代价地救她。[2]

[1]《生活管理员眼中的宋庆龄·资料集》，第 59—65 页，上海孙中山故居纪念馆 2015 年编印。

[2]《宋庆龄书信集·续编》，第 667 页，人民出版社 2004 年版。

　　在 1980 年 12 月 4 日致王安娜的信中，宋庆龄继续通报李燕娥的病情发展情况：

　　　　可怜的李妈还在受罪。她的腹部和腿部都浮肿，已不能走路，拿不住任何食品，通宵睡不好觉，只能白天打一个盹儿，活得好痛苦！我们为她搞到了最好的针剂。[1]

在 1980 年 12 月 7 日致西尔维亚的信中，宋庆龄也忍不住提到了李燕娥：

李姐仍在受罪。她不能吃东西，即使最好的东西也不能吃。看到她慢慢地死去，疼痛煎熬着她——却没有任何药物能帮助她，真是难过！[2]

从宋庆龄连续不断的来信中，周和康知道李燕娥的病情正在不断恶化，而且已危在旦夕。周和康束手无策，他只会遥望着北京的方向，从心底默默祈祷着，祝愿着，盼望奇迹会发生，祈祷她能战胜病魔，早日回到上海家中来。

---

[1]《宋庆龄书信集·下》，第 669 页，

人民出版社 1999 年版。

[2]《宋庆龄书信集·下》，第 671 页，

人民出版社 1999 年版。

1981 年 >>>

"我生前答应过伊的，拿伊的骨灰盒安葬在上海万国公墓，
和我以后葬在一起。"

与保姆并排
合葬一陵

　　1981 年 1 月底，躺在按摩间的李燕娥已不再呼唤哀号——她连呻吟的力气也没有了，只是两眼直直地盯着天花板，那从两个深陷的眼窝里透射出来的幽幽的光泽，像在叩问天穹：苍天，你怎么让我就这样先走了呢？你怎么让我违背了我当年在夫人面前立下的诺言了呢？我走了，夫人怎么办呢？谁来照顾她呢？

　　根据杜述周的建议，宋庆龄决定再次把李燕娥送往北京医院作最后一试。

　　从北京医院来的救护车停在了大门外。

　　顾金凤和钟兴宝把宋庆龄一步一步搀扶下楼坐上轮椅后，就配合北京医院来的勤杂工一起来到按摩间，抬起了李燕娥。

　　宋庆龄下了楼，坐在轮椅里，来到按摩房外，送燕娥离去。

　　担架慢慢地移到了按摩房外，移到了宋庆龄身边。

　　最后的时刻到了！

　　宋庆龄与李燕娥四目相视，俩人颤抖着，就像一双风中飘飞的绿叶，一对翩翩起舞的蝴蝶！

　　忽然，李燕娥用尽全力，伸出手臂，钩住了她朝夕相处了五十三年的

◇宋庆龄关于与李燕娥合葬一墓的亲笔信

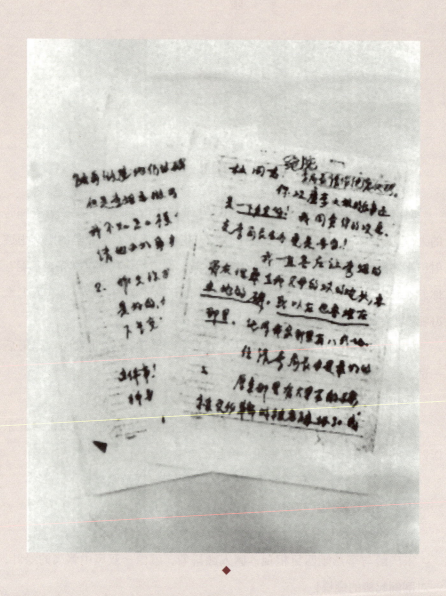

宋庆龄的颈脖，放声号啕了起来："夫人，我去了，我最放心不下的只有您呀！我最放心不下的只有您呀……"

宋庆龄哽咽无声，任由老泪纵横。

1981年2月4日，李燕娥的心脏终于停止了跳动。

2月5日凌晨，一脸倦容的杜述周和钟兴宝从北京医院回家了。为了不惊动宋庆龄，在楼下，杜述周特意叮嘱钟兴宝：不要急着把李姐逝世的消息通报首长，先让她安静地过上一个年再说。

钟兴宝自是遵命，为不惊动卧室里的宋庆龄，上楼后，在路过宋庆龄的卧室时，她还特意把脚步放轻了。

但是，这细微的声音还是被彻夜未眠的宋庆龄听到了，她立即通知同室而卧的顾金凤："阿金，兴宝从医院转来了，侬去看看。"

顾金凤即披衣起床，来到走廊对面钟兴宝的卧室打听消息。

钟兴宝如实向顾金凤作了陈述，并转达了杜述周"暂时不要惊动首长"的指示。

然而，顾金凤刚回到卧室，宋庆龄便从床上欠起身，两眼一眨不眨地盯着顾金凤问道："李姐她……？"

顾金凤还想闪烁其词，但宋庆龄从她的神色中知道了一切，顿时泪水涌出了双眼。无奈，顾金凤只得如实禀报："首长，李姐她已经离开了我们，刚才，兴宝阿姨和杜秘书已把她送到了医院的太平间。您就放心吧。"

"我的李姐……"

顾金凤话音未落，宋庆龄已是泪流满面，她无奈地用手掌拍打着床沿，呜咽道："恶病致命，恶病致命哪！"接着，她大口大口喘息了一会儿，待稍稍平息下来后，就向一边顾金凤问道："阿金，我以前关照侬的话还记得吗？"

顾金凤一时没有醒悟过来："首长，什么事呀？"

"就是李姐，我生前答应过伊的，拿伊的骨灰盒安葬在上海万国公墓，和我以后葬在一起。这件事，我已和沈大姐说过的。到时，侬要提醒伊一声，千万勿要忘了。我记得，万国公墓我父母的坟地上有八个墓穴呢……"

其实，就在前几天，沈粹缜大姐从上海来到北京时，就带来了上海市政府请人根据回忆复制出来的宋氏墓碑原来的尺寸、样式及碑文书法格式，还带来了李燕娥的墓碑式样设计草图，并一一交给病床上的宋庆龄过目审批。宋庆龄看后，连声说"完全一样，一点不错"，并在图纸上签下"同意"等字样。

……

就在李燕娥逝世的当天上午，宋庆龄即令钟兴宝向杜述周转达她的指示：一、李燕娥的骨灰，火化后拿回家里来，因李不喜欢八宝山；二、自己回上海时骨灰盒带回上海；三、李燕娥骨灰安葬在花园或安葬在自己的母亲墓边。

这时，北京家中已开始着手为李燕娥办理后事。遵照宋庆龄的指示，由杜述周全面负责李燕娥的后事办理。

1981年2月11日，在北京医院举行了李燕娥遗体告别仪式，宋庆龄送了花圈。

1981年2月12日，杜述周书面报告宋庆龄："李大姐的后事还是一下办完好，请李局长（上海市机关事务管理局副局长李家炽）将骨灰带回，照您的指示安葬在您父母左边，参照公墓情况坟墓立个碑。希同意我的意见。"

1981年2月13日，宋庆龄书面答复杜述周："我一直答应让李姐的骨灰埋葬在我父母的坟的边头，要立她碑，我以后也要埋在那里。我记得我家在那里有八穴地。""你请李局长办是最好的了。原来那里有大理石的碑，'文化革命'时被人破坏了。我能再做过他们的碑。但是李姐要做得同样的。""我不知怎么样谢李局长，请他办好事来一个照相为荷。"

宋庆龄在听取杜述周的汇报后作出书面批示："杜同志，我非常感谢你帮我料理一切有关李姐的事，从她来，到她去！她心里也很明白的。"

李燕娥的骨灰盒，在火化当天就送到了北京后海的家中。为不让宋庆龄见了太伤心，根据杜述周的指示，李燕娥的骨灰盒暂时安放在楼下的兼作按摩房的烫衣间中。

李燕娥逝世的消息，杜述周秘书本想立即给上海打电话，告诉周和康。但被宋庆龄拦住了。她对杜述周说："李姐过世的消息，你今天不要打电话给周同志，这样，他的这个春节就过不好了。还是让我亲自写信给周同志吧。"

于是，周和康就接到了宋庆龄写于 2 月 5 日的这封航空信。

在信中，宋庆龄写道：

> 周同志：
>
> 我今晨很丧[伤。笔者注。下同]心，因会[为]李姐早晨 5 时在北京医院过世了！我叫杜同志今天不要打电话回家，让你们好好过节日。明天可能会通知你们的。
>
> 她在这里的时候，告诉我你及李唐同志待她很好，她不[会]忘记的。但对李圆她是十分痛心的。
>
> 早我应许她，以后我回家时，带她的骨灰到上海安葬在我们宋家在虹桥坟墓安葬，像自己亲人一样。她很安慰。我一定要做到的，因会[为]我对她亲热的。余事以后面谈。祝好！
>
> 林 泰
>
> 1981.2.5 [1]

不等读完宋庆龄的信，周和康已是热泪盈眶：他为李姐永远离开人间而悲痛，为宋庆龄在这令人痛心的时刻里，还想到让家里人过好春节而感动。从这封信中不难看到，当时她老人家的心情十分悲痛，写了些错别字句，而且字体大小不一，笔画扭曲，可以想见她在写这封信时手还在颤抖着呢！

2 月 16 日下午，宋庆龄的挚友沈粹缜专程前往北京宋庆龄寓所。宋庆龄请她一起

[1]《生活管理员眼中的宋庆龄·资料集》，第 64 页，上海孙中山故居纪念馆 2015 年编印。

去看望暂存在楼下按摩间中李燕娥的骨灰盒。在李燕娥的骨灰盒前，宋庆龄动情地回忆了李燕娥对她的好处，一再叮嘱要为李姐立碑，写上"李燕娥女士之墓，宋庆龄立"的字样。宋庆龄亲切地抚摸着李燕娥的骨灰盒，还把脸贴在李燕娥的骨灰盒上亲了几次。沈粹缜和她的保姆都不愿她久留在李燕娥骨灰盒前，唯恐她太伤心，劝她回房。她不肯，反而要看沈粹缜走了后自己再回房。沈粹缜知道当时只有快走，才能平静她那激动的心情。于是，不得不依顺了她的意思，向她告辞。宋庆龄含泪拥抱了沈粹缜。而心情同样十分难受的沈粹缜不敢正视她，低头匆匆走了。

沈粹缜回到上海后，即和有关人士一起商量，如何安排墓地以及墓碑制作，然后先后两次专程赴京向宋庆龄请示，由宋庆龄决定墓碑上下左右的位置和碑文内容。

就连碑文的字体选用颜体，也是宋庆龄亲自审查而决定的。写字的人是在万国公墓工作的李通海。当颜体的碑文字样送给宋庆龄审查时，宋庆龄说："这个颜体字我是喜欢的，就用这个字吧。"对其中个别写得不怎么满意的字，她还要沈粹缜带回上海，让李通海重新改写。

1981年2月17日，李燕娥的骨灰盒由李家炽亲自携带着迁返上海。

李燕娥的骨灰带回上海后，周和康立即应命骑着自行车，前往康平路188号办公室，接过李燕娥的骨灰盒，然后直接把骨灰盒送到万国公墓李通海管理员处存放。

这时，上海市政府秘书长张甦平、市政府机关事务管理局副局长李家炽等已前往万国公墓，与工作人员一起研究李燕娥墓地的建设事宜。

1981年3月下旬，李燕娥墓建成，为卧碑式，碑长一百二十厘米，宽六十厘米，碑上镌刻着"一九八一年二月，李燕娥女士之墓，宋庆龄立"。

上海有关部门按照宋庆龄的指示，很快安排了力量，筑妥了李燕娥的墓穴，并于1981年4月2日下午由上海市机关事务管理局副局长李家炽主持，在万国公墓宋氏墓地举行了简朴而又庄重的李燕娥骨灰安葬仪式。当时敬送花圈的除了张甦平、沈粹缜、李家炽、市政府机关事务管理局、万国公墓外，还有北京、上海两地宋庆龄寓所的全体工作人员。

宋庆龄敬送的花圈安放在李燕娥墓的正前方。

上海市人民政府秘书长以及宋庆龄上海寓所的工作人员参加了安葬仪式，和李燕娥生前一起工作过的老同事也一起赶去参加送葬。卢宝荣（市委行政处汽车队驾驶员，经常为宋庆龄开车）应邀参加了葬礼，《文汇报》摄影记者徐大刚拍摄了照片。

安葬仪式结束后，沈粹缜即专程把李燕娥墓地和悼念、安葬仪式等一系列的照片送到北京，送交宋庆龄过目。宋庆龄逐一仔细审查后，很欣慰，赞扬上海经办人员的工作效率高，质量好。与此同时，李家炽也写了书面汇报寄给了宋庆龄。宋庆龄很快向他寄去了回信，表示满意。并要李家炽转报中共上海市委领导陈国栋、胡立教、汪道涵并致谢。

1981年4月7日，周和康接到宋庆龄嘱交张甦平的一封信，向所有为李燕娥骨灰安葬一事出力的人员表示了深切的谢意：

张甦平同志：

李燕娥女士之墓已经竣工，特向您和所有出力的同志，致以深深的谢意，请转告出力的同志为感。专此即致

敬礼

宋庆龄

一九八一年四月六日 [1]

信是秘书张珏拟稿写成后，经宋庆龄阅后签名同意的，故而在信尾张珏还专门附言作了说明：

附言：宋副委员长由于健康原因，签名不能如前，请见谅。

---

[1]《生活管理员眼中的宋庆龄·资料集》，第396、397页，上海孙中山故居纪念馆2015年编印。

宋庆龄在 1981 年 2 月 21 日致韩湘眉的信中，表达了她愿与一个保姆并肩合葬一陵的心情：

> 我可怜的燕娥在好几天以前由一些信得过的朋友陪同，在上海埋葬了。她的骨灰将埋在宋氏墓地。我死后，将长眠在我忠诚的同伴旁边。在那里，朋友们会比在高耸的紫金山更容易找到。紫金山是只为真正伟大的人物服务的。[1]

李燕娥逝世后留下一个养女，名叫李园，是上海寓所前任管家谭明德的女儿，是过继给李燕娥的。宋庆龄对此也考虑得非常周到，对李园的结婚等事宜都亲自作了妥善的安排。

李燕娥和中华人民共和国名誉主席宋庆龄的墓地并排安葬于一陵，而且质地、规格、式样完全一样。这是古今中外绝无仅有的奇迹！是宋庆龄伟大的人格的又一次具体体现！

[1]《宋庆龄书信集·下》，第 920 页，人民出版社 1999 年版。

笔者在采访上海宋庆龄寓所原管理员周和康老人时得知，自从他 1956 年 4 月底来到宋庆龄身边工作起，宋庆龄共先后写给她七十多封信与便函。对此，上海孙中山、宋庆龄文物管理委员会、上海宋庆龄研究会主办的《孙中山宋庆龄研究动态》内刊上，曾发表文章作了印证。

这七十多封宋庆龄的亲笔信函，有的是宋庆龄居住在北京寓所时，通过邮局挂号邮寄的，有的是交给来往上海的沈粹缜、李家炽等挚友与领导顺便捎带的，也有的是宋庆龄居住在上海时，以便条形式，由秘书或保姆传送的。经分析，宋庆龄在 1976 年之前写给周和康的信和便条并不多，而在之后尤其是在她身体健康状况每况愈下的暮年的时候，她所写的信就占了所有信函的三分之一，而且越写越长，有时一封信就写了两三页。例如 1981 年 3 月 3 日写给周和康的最后一封信，就写满了三个页面。当时的周和康已取得了宋庆龄的完全信任，宋庆龄把周和康当作了她"自己的亲人"，她在信中把自己的一些心事与家事，都事无巨细地告诉了周和康。当时，因疾病的纠缠与年事已高，宋庆龄已力不能胜，所写的字体每个都有小拇指指甲大，而且笔画明显颤抖扭曲，还出现了错别字：

周同志：

多谢你27日的来信……我知道你自己听到李姐的过死[世。笔者注]消息，一定很难过的！

原来，我想完全交给你去处理她安葬的事比较好。但是我不能下楼参加意见，因此事情变了。我很爱护李姐，但希望不给人知就好，因会[为。笔者注]我不要人借音头[沪方言：找茬的意思。笔者注]时常到虹桥路——特别我不要李园知导[道。笔者注]地方，以后带外人去。李园有信给我要到李姐墓前献上一束鲜花，这都是假事！李姐告诉我李园一点不肯帮她洗脚等，因李姐有病不能自己洗脚！这都是李园的本性。不给她家知李姐的骨灰埋在那里是最好！

多谢你，老刘同志等帮她搬出我家！

有关房屋要改名的事情，你用我的名（宋庆龄），因为我过了五月就想回家退休。这事无别人知。因会[为]同志们都希望我住在北京，但我的身体十分不好，不能住在这里（北京）。

请千万不要对人说！本想早些回来，但加拿大的大学要派一班人在五月里来北京送我博士"衲"（？），我不能退掉！

我当你是我自己亲人，因此告诉你。请看完信即烧掉！千万不给人看也不讲这些事给人知。

祝你和同志们都好！

> 林 泰
>
> 家内的费用，请直接告诉我好了。
>
> 1981年3月3日

（注：信中文字下的单划线与双划线是原信上就有的）[1]

[1]《生活管理员眼中的宋庆龄·资料集》，第65页，上海孙中山故居纪念馆2015年编印。

事后，周和康才从钟兴宝与顾金凤嘴中

◇ 1981年3月3日宋庆龄致周和康亲笔信1

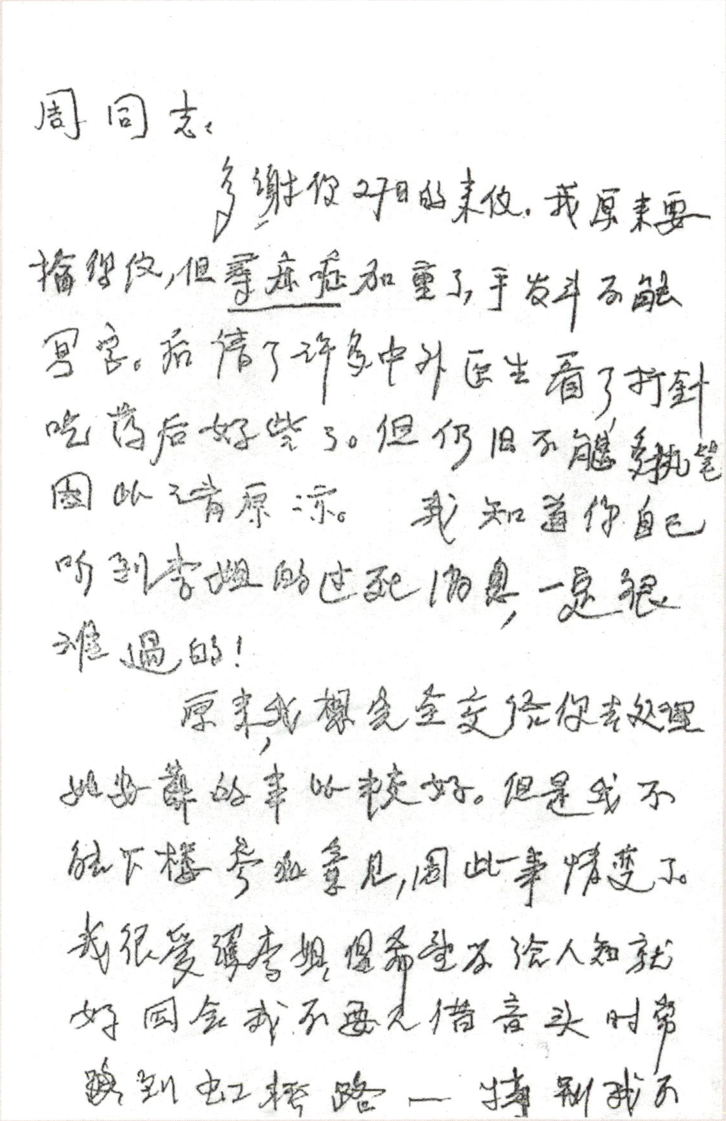
周同志：

多谢你27日的来信。我原来要答复你，但风麻症加重了，手发抖不能写字。后请了许多中外医生看了打针吃药后好些了。但仍旧不能执笔，因此请原谅。我知道你自己听到李姐的逝死消息，一定很难过的！

原来我想完全交给你去处理她安葬的事比较好。但是我不能下楼参加会见，因此事情变了。我很爱护李姐，但希望不给人知就好，因为我不要人借音头时常跑到虹桥路——特别我不

要李园知道地方,以后带外人去。李园
有役给我買别李姐墓前献上一束鲜花"
这都是傻事! 李姐告诉我李园一
点不肯那她洗脚等,因李姐有
病亲歌自己洗脚? 这都是李园的
本性。不应阻她家知李姐的骨灰
埋在那里是最好!

多谢你老刘同志等帮她搬出我
家!

有关房屋要改名的事请你用我
鮑名(宋庆龄)因为我过了五月就想
回家退休。些事无别人知。因会
同志们都幕出我住在北京,但我的
身体十分不好,不能住起这里(北京)

请千万不对人说！　本想早些回来担

加拿大的大学要派些人五月间里

来北京送给我博士"衔"(?) 我不能

匹捧！

我当作是我自己亲的人，因此

告诉你。请看完後即燃掉！千万

不给人看也不讲这些事给人知。

祝你和同志们都

好！

　　　　　　　　　　　　　来

家两的整用，请直接告诉我好了。

81-3-3

得知，宋庆龄给她写这封信时，是趁体温稍微有所减退的情况下，在她俩的扶抱下，坚持着从病床上坐起来，用颤抖的手握住笔，在一块衬在被子上的木板上写下的。

经考证，这是宋庆龄一生中写给周和康的最后一封秘密的家信！

事隔两月后，宋庆龄就在 1981 年 5 月 29 日晚 20 时 18 分永远地离开了人们。

虽说宋庆龄在写给周和康的每封信的信后，都不忘特别写上诸如"此信不要保存""阅毕即销毁"及"请看完信后即毁掉"等叮嘱，但细心的周和康还是完好地、秘密地保存着这七十多封信，直到宋庆龄逝世后，他才完好无缺地全部交给了组织，给人类留下了一份珍贵的历史实物资料。

现在，这七十多封信函的原件都由上海孙中山、宋庆龄文物管理委员会保存收藏。

一份修改了
三十年的遗嘱

  1981 年的大年初五，宋庆龄挣扎着从床上爬起来，在顾金凤与钟兴宝的搀扶下，走向写字台，同时，她嘱咐顾金凤从立柜顶上取下那上着锁的小铁盒。两个保姆一看就知，宋庆龄又要修改她的遗嘱了。

  这只不一般的小铁盒里，珍藏着宋庆龄那份写了三十年也修改了三十年的遗嘱。

  宋庆龄的这份遗嘱动笔于 1953 年，那年，她刚好是六十岁。钟兴宝自 1952 年 3 月来到宋庆龄身边工作起，就看到夫人每逢每年元旦或春节前后，总要修改她的那份遗嘱的。虽然钟兴宝不识字，对于夫人每每伏案工作的内容也不清楚（也从不过问），但宋庆龄每次修改完毕，把那份遗嘱放进小铁盒里时，总要把钟兴宝召到面前，用手拍着小铁盒，关照她几句："兴宝，我老千年（苏沪一带对逝世之说的婉辞）以后，我要讲的话都在这里了。""侬要记住，在我没咽气之前，这个铁盒子里的东西是绝对不能随便让人家拿去的。"

  每年年底前后修改遗嘱已成了宋庆龄每年一项必做的事情，似乎已是约定俗成的了。但唯有一次，却是宋庆龄破例在中途进行修改的。

  那就是 1966 年 9 月的时候。这年 9 月 21 日，上海的红卫兵与工人革命造反派冲击了宋庆龄在上海万国公墓的宋氏祖坟，严重毁损了宋庆龄父母的墓穴。事发后没几天，沈粹缜带着偷偷拍下的宋氏墓地被毁的现场照片专程来到北京，把照片交给宋庆龄过目，宋庆龄的身心受到了沉重的打击，当天就病倒了。当宋庆龄的身体稍稍康复后，她就挣扎着起了床，一反常规地修改了她的那份遗嘱。钟兴宝一直在旁边伺候着，宋庆龄修改了什么，她当然仍是一无所知，但她看见太太当时的神情十分悲痛，泪水不断地流着，好几次她不得不停下手中的笔，用手帕擦拭着满面的泪水。

事后，钟兴宝才得知宋庆龄这次对自己的遗嘱作了重大的修改，并首次提出了她逝世后一定要与万国公墓的父母葬在一起的要求。宋庆龄这么做，无疑是想为了保护她的父母的坟墓从此不再遭受飞来横祸。

这次，宋庆龄大约整整修改了个把小时后，才长长地舒了口气，亲手把遗嘱郑重地放进小铁盒，再亲手用锁锁上。然后，她紧紧拉着钟兴宝的手，低声叮嘱道："兴宝，我还是那句话，这份遗嘱，在我没咽气之前；你是谁也不能给的，我去了以后，你才可以把它交给沈大姐，千万记住了……"

说完，宋庆龄又举起小铁盒的钥匙给兴宝看了看，补充道："兴宝，这件事我就完全拜托你了。你记着，到辰光，这把钥匙就藏在我的枕头底下……"

钟兴宝用力点着头，向宋庆龄表示了她坚守秘密的决心，她紧紧握住宋庆龄的手，哽咽道："首长，你别这么想，你不会的……"

话虽这么说，但生老病死是人类的规律，谁有这回天之力呢？5月12日清晨，宋庆龄突然昏厥过去，经抢救，她才苏醒过来。这时，她知道自己的时间已不多了。她挣扎着在钟兴宝与顾金凤的搀扶下下了床，又一次，也是最后一次一步一步来到写字桌前。

"我还有事做……"宋庆龄在顾金凤的怀抱中大口喘息着，吩咐兴宝准备笔墨。

但是，宋庆龄连坐着的力气也没有了。于是，她在两个保姆的抱扶下，艰难地握起毛笔，蘸足了墨，在宣纸上写下"韬奋手迹宋庆龄题一九八一"

这十二个大字。写好了，她还不满意，又写了两张，这才放下笔，如释重负地笑道："好哉，让粹缜去选用吧。"

5月13日傍晚，宋庆龄忽然从床上坐起来，双目炯炯地望着身边的钟兴宝与顾金凤说道："明朝阿拉就回上海。"

上海是宋庆龄梦萦魂绕的故乡，她生于斯、长于斯，在那里有孙中山故居，宋庆龄父母的故居，有她亲手创办的许多机构，更有她长眠在那里的父母亲。宋庆龄愉快地笑着补充道："明朝阿拉回上海，我要退休了。回到上海，你们也好离苏州近一些。"

阿金和兴宝听了，信以为真。当夜，她们就怀着愉悦的心情，双双抽空整理了一下自己简单的行李，准备明天陪宋庆龄一起回上海。

但是，谁也没有想到，就在当天夜晚，宋庆龄忽发高烧，体温高达40℃，陷入了昏迷状态。深夜，北京医院的医护人员闻讯赶来后海，在宋庆龄的卧室里摆下了半房间的医疗仪器，开始了对宋庆龄二十四小时的监护医治。

楼上宋庆龄的卧室本来就不大，现在一摆下这么多的医疗器材，就变得更加狭窄了。医护人员除去留守值班外，其他人就借宿在走廊对面钟兴宝的房间里，所以，就从那天起，钟兴宝与顾金凤就搬到了楼下的按摩间，与闻讯赶来的沈粹缜住在一起。

5月14日下午，全国人大常委会以第一号通报的名义，向全国人民发出了宋庆龄病情恶化、处于病危状态的通知。当天晚上，宋庆龄的病情继续恶化，高烧达40.2℃。

5月15日下午，中共中央政治局召开紧急会议，一致同意接收宋庆龄为中共正式党员，实现她的夙愿。

廖承志专程赶来后海，向处于昏迷中的宋庆龄宣布这个好消息。处于昏迷中的宋庆龄听到这个消息后，居然清醒过来，用极微弱的声音向廖承志说道："谢谢，谢谢……"

5月16日上午，邓小平前往后海看望宋庆龄，祝贺她加入中国共产党，

◇图1：钟兴宝晚年在上海宋庆龄纪念馆
◇图2：青年时的钟兴宝

◆图1

◆图2

并表示党一定会尊重她的意见，妥善安排她的嘱托，还希望她安心养病。

当天下午，第五届全国人大常委会第十八次会议，根据中共中央的建议，会议通过决定，授予宋庆龄中华人民共和国名誉主席的荣誉称号。

还是这天下午，上级派来一位秘书，找到钟兴宝，向她要宋庆龄的遗嘱。但是，他吃了钟兴宝的"闭门羹"。钟兴宝说："首长有关照，在她没咽气之前，这份东西是不能给任何人的，包括沈大姐也不能给。"

来人急了："钟阿姨，这份遗嘱十分重要，领导们正要参考着它，为宋主席办后事呢！"

但是，钟兴宝说什么也不肯交出宋庆龄的那份遗嘱，她回答来人说："请领导放心，这份遗嘱丢不了，到时候我自会把它交给沈大姐的。"

无奈，来人甩出了急令牌："兴宝阿姨，是康大姐叫我来向你要的呀！"

钟兴宝却像吃了秤砣铁了心，一个劲地摇头："那你叫康大姐来问我拿吧。"此时此刻那把钥匙就在宋庆龄的枕头底下藏着呢，但这是宋庆龄三十年中对她的三十次重托，也是宋庆龄一生中对她的最后的唯一的要求，她决不能违背宋庆龄的重托与遗愿。

来人只好回去向康克清汇报。

傍晚时分，一辆轿车疾驶到后海，康克清大姐真的来了。同车而来的还有廖承志。

康克清与廖承志一见到钟兴宝，就开宗明义地向她说明了来意：他们确实是要准备根据宋庆龄的这份遗嘱操办后事，请兴宝把宋庆龄的那份遗嘱交给他们。可是，钟兴宝就是这么一个死心眼人，说来说去就是那么几句话：首长一再关照的，在她没咽气前，我是说什么也不能交给任何人的。说到最后，她反而恳请康大姐与廖承志原谅她呢。

康克清和廖承志知道兴宝的为人，在明白了事情的原委后，他们非但不再向钟兴宝要遗嘱，反而交口称赞钟兴宝是个忠诚于主人的不可多得的好保姆。

据顾承敏医生回忆：1981年3月9日早晨，宋庆龄在北京寓所起床拿东西时跌倒，头右部有血肿，右臂部摔疼，右手腕有青肿。经北京医院检查，无骨折。这天的下午1时，宋庆龄体温升至38℃。翌日上午，北京医院的陶主任、钱主任、刘主任、王主任前往北京寓所会诊，这时，宋庆龄的体温升到了38.8℃。从这天起，顾承敏等保健医生、护士开始留宿在寓所，密切观察宋庆龄的病情发展。

　　3月14日，顾承敏医生在对宋庆龄进行血常规检查时发现，白细胞的分类中，淋巴细胞所占的比例较大。她急请北京医院检验科的叶元妩老主任亲自看涂片（白细胞分类的血涂片）。叶主任仔细观察涂片后，即提出要注意观察这一异常。为此，顾承敏医生又特请血液病专家张安等协和医院的教授一起会诊，后很快确诊为慢性淋巴细胞白血病。

　　就从那时起，宋庆龄出现了时有发烧、全身不适的病症，再也无力下床。专家主任们针对病情开出了治疗淋巴细胞白血病的药，此药对皮肤病有效，服药后，皮肤病基本好转，脱屑与红疹全部消退。但白血病一系列并发症却接踵而来，出现了发烧、出血、体力不支等症状。由于再也无力下床，从不进卧室的杜述周秘书也不得不打破规矩，进入卧室来到宋庆龄的床边请示汇报。

1981 年 3 月 19 日下午，卫生部部长钱信忠、首都医院张安教授、天津血液科专家杨教授、北京医院医生、保健局邓局长等前往宋庆龄北京寓所会诊，会诊结果同前。会诊后，决定在宋庆龄北京寓所组成医务组，增加医护人员和医疗设备等。

从 1981 年 3 月 20 日起，北京医院向中共中央报告宋庆龄病情会诊情况。之后，邓颖超、邓小平、陈云、李先念、胡耀邦、赵紫阳等党和国家领导人先后前往北京寓所探望宋庆龄。叶剑英委托秘书从广州打去电话问候，并托人向宋庆龄送去了芒果。

然而，谁又能想到，宋庆龄在这样危弱的情况下，还会坚持着参加国事活动呢？

1981 年 5 月 8 日下午，宋庆龄坐着轮椅，在顾承敏与吴庆年的护送下，抱病参加了在人民大会堂举行的加拿大维多利亚大学授予她荣誉法学博士的授赠典礼。据顾承敏医生回忆，当时，杜述周秘书做了两手准备：一是现场播放宋庆龄事先录制好的讲话录音；二是视宋庆龄身体状况由她亲自出席会议。但是，当天下午，宋庆龄还是坚持着亲自出席了会议。她早早梳理好头发，由人们用轮椅直接将她抬下楼，然后抬上事先特备下的一辆较高的面包车。一路前行时，顾承敏与吴庆年在车上扶稳轮椅，直到人民大会堂北门的地下室，然后乘电梯直接推进会场。全体医疗组人员提心吊胆，宋庆龄在掌声中手持讲稿、精神抖擞地用流利的英语发表了二十分钟的讲话。

然而，这场隆重的仪式与讲话，耗尽了本就虚弱不堪的宋庆龄的所有体力与精力，仪式刚结束，她就躺在轮椅上再也起不来了。人们用担架把她直接抬出会场，抬到早就准备好的救护车上送回寓所。当晚在寓所举行的招待晚宴，也只能请王炳南代表出席。

这次授赠典礼是宋庆龄一生中最后一次外出公开露面，自此，她就抱病卧床，再也没有站起来。当晚，上级组织了由内科（包括呼吸）、心脏科、血液科组成的更大的医疗组，麻醉师、护士等也增加为七到八人。全体医护人员分为三班，轮班值守。作为最全面了解宋庆龄病情的保健医生顾承敏，负责随时向主持领导的卫生部负责人及相关的会诊医生汇报情况。

　　1981年5月15日，中共中央、人大常委会、国务院发布了关于宋庆龄病情的公告：

> 　　宋庆龄副委员长患冠心病及慢性淋巴白血病，经多方治疗，未见好转。曾多次出现发热、呼吸困难、心跳加快等症状。5月14日晚，突发寒战高热，热度达摄氏40.2度，伴有严重的心力衰竭。目前病情危急，正在积极抢救治疗。

花匠用歌声
为她送行

　　1981年5月17日，星期日。上午，宋庆龄从昏迷中醒来，她睁开眼，一看到满屋的医护人员与床头的医疗器械，就知道事情不好了，她无奈地摇着头，用微弱的声音叹息道："不好了，不好了，看来，我真的不好了。"接着，她又问道，"小安呢？我怎么听不到小安的歌声了呢？看来，我是真的不行了。我想听小安唱歌呢！"

　　此时此刻，安茂成正站在不远处的花园里，忧心忡忡地凝望着主楼呢！3月3日那天，因病重而再也不能起床的宋庆龄，还趁体温稍退的时候，让钟兴宝把一包东西交给安茂成。钟兴宝对安茂成说："里面是一包从外国寄来的花籽，首长叫你种在家里。这张纸条，上面有首长想对你讲的话。"

　　纸条上是宋庆龄亲笔写下的几句英文字母。

　　安茂成不识英文，就请张珏秘书翻译。张珏读了纸条后，告诉安茂成说："这是首长送给你的一包名叫'勿忘我'的花籽，她嘱你种在花圃里。首长还说了，她要你不要忘了她，就是以后她走了后，也要你像她活着一样，对待她生前所有的亲朋好友，继续为他们送花换花。"

　　面对宋庆龄这几近遗嘱的指示，安茂成当时只会哽咽着直点头……

　　顾金凤听得宋庆龄要听安茂成唱歌，连忙奔下楼，找到安茂成："小安，首长想听你唱歌呢，你快去吧！"

安茂成一听，随手抱起一盆宋庆龄平时最喜欢的大红的月季花，快步上了楼，来到宋庆龄的病床前："首长您好点了吗？"

躺在床上的宋庆龄听到安茂成的问候声，也肯定闻到了鲜花的香味，所以她费劲地睁开沉重的眼皮，望定了安茂成怀中那盆鲜艳的月季花。顿时，她的眼睛一亮，浮肿的脸上泛起了久违的笑容，她点点头，一边费劲地说着"谢谢，谢谢"，一边微弱地吩咐身边人，"快……请小安……吃冰激凌……"

安茂成连忙哽咽地说道："首长，我不吃，谢谢您。"

"怎么……最近没、没听见你、你唱……唱歌呀？"

安茂成鼻子一酸，连忙点点头，他把鲜花放在床头柜上，走出了卧室。

卧室门外，站着正抹着眼泪的钟兴宝与顾金凤。安茂成望着她俩，感到左右为难：首长要听我唱歌，唱吧，怕影响首长休息；不唱吧，首长会因此怀疑自己的病情重，这可怎么办才好呢？

安茂成心情沉重地走下楼，站在通往楼上宋庆龄卧室的楼梯口，久久地、深情地凝望着宋庆龄的卧室门，却怎么也开不了口，唱不出声。一阵阵袭来的悲伤，使他喉头哽咽，视线模糊，他哪还有什么心思唱歌呀！

这时，国家机关事务管理局副局长汪志敏与秘书张珏下楼来了，他们沉重地来到安茂成的面前，鼓励他说："小安，你就唱吧，唱吧。"

安茂成这才强抑着心头的悲伤，站在通往楼上卧室的楼梯口，轻声唱起了宋庆龄平时喜欢听的歌曲：

> 高楼万丈平地起，
> 盘龙卧虎高山顶，
> 边区的太阳红又红，
> 咱们的领袖毛泽东。

楼上卧室里的宋庆龄听到安茂成的歌声,脸上露出了吃力的笑容。同时,

◇安茂成恭立在弥留之际的宋庆龄病榻前

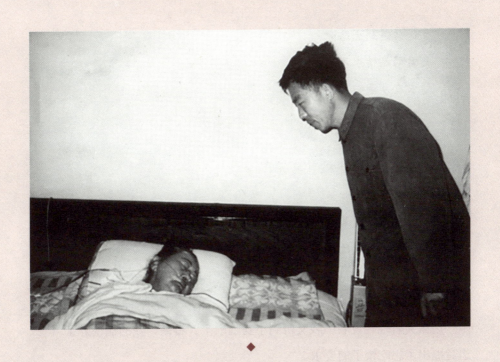

她还虚弱地抬了抬手，示意身边的医护人员不要说话，让她把楼下传来的歌声听得更清楚些。

顾金凤赶到楼梯口，兴奋地对小安说道："唱响一点，首长在认真听你唱呢。"

一阵阵袭来的辛酸，使安茂成的鼻腔里酸酸的，眼泪夺眶而出，但他还是强忍着，提高分贝，又哽咽着唱了几首歌：

> 送君送到大路旁，
>
> 君的恩情永不忘，
>
> 农友乡亲心里亮，
>
> 隔山隔水永不忘。
>
>
> 送君送到大树下，
>
> 心里几多知心话，
>
> 出生入死闹革命，
>
> 枪林弹雨把敌杀……

令人称奇的是，听了安茂成的歌声后，宋庆龄的精神似乎好了不少，她一边微笑着轻轻说着"我又听到小安唱歌了，看来，我的病快好了"，一边竟提出了想吃饺子的要求。

厨师黎传接令后，连忙为她煮了八只她平时最喜欢吃的荠菜馅饺子，交给一边等候着的顾金凤。

宋庆龄居然吃了三只饺子呢！

这段几近传奇的动人故事，在张珏秘书发表于 1990 年 5 月 25 日《联合时报》上的一篇题为《宋庆龄病危之际》的文章中，有佐证：

"5 月 14 日以前，医生、护士已经住入宋庆龄寓所并且星期日值班。一个星期日，我们包饺子，医生也参加包。小安子（花工）在院里唱歌。

宋庆龄说：'我也吃饺子。小安子又在唱了。'大家总以为这次病和以前一样会好起来的。她要冰橘子水和香草冰淇淋。采购员小张赶着去买。老黎子（厨工，专做广东菜和点心）想方设法做一些可口的菜。保姆们照常忙着。老杜（秘书杜述周）赶回家又赶回来。谁都以为她的病会和过去一样，在紧张焦急之后，会一切恢复常态。"

最后的时刻

　　1981 年 5 月 19 日上午 10 时 15 分，聂荣臻元帅前往北京寓所探视宋庆龄。见到曾为自己服务过的保健医生顾承敏，聂荣臻感到分外亲切。在聂荣臻的示意下，顾承敏上前挽住步履蹒跚的聂荣臻，一起来到宋庆龄的病榻前，他们凝望着昏迷中的宋庆龄，久久伫立无语。临走时，聂荣臻轻轻地吩咐顾承敏说："她清醒时，告诉她我来看过她。她为人民做过很多贡献，希望她好好养病，祝她早日恢复健康。"顾承敏听了，只会含泪默默点头。

　　5 月 20 日，宋庆龄居然奇迹般地最后一次清醒过来，根据人们的经验，这是回光返照。

　　就在宋庆龄回光返照的二十分钟左右的时间里，刚好赶到后海的廖承志有幸与宋庆龄进行了她平生最后一次谈话。

　　"叔婆，叔婆，你觉得怎样？"廖承志凑在宋庆龄耳边大声用英语问话。

　　"……你们为我所做的一切，我很感谢。"宋庆龄喘了几口气后，尽管声音微弱，但她居然也用英语进行了回答，"如果我发生什么问题……"可是，在急促的喘息中，她只是重复了一遍，就舌头僵硬，再也说不下去了。

　　廖承志眼中噙着泪水，不让她痛苦地勉强说话，便说："叔婆请放心，我们将按照你的吩咐去做，一切照你的意思去做。"

宋庆龄因高烧而通红的面颊上浮上了满意的微笑，并且一再点头。

廖承志握了握她的手，宽慰她说："叔婆请你不要再说话了，请你好好休养，我明天再来看你……"

据顾承敏回忆：由于俩人均用英文讲话，所以站在一边的她并没有完全听清楚，只是清楚地听见宋庆龄用英文微笑着最后对廖承志说了一句"tomorrow"。

对此，顾承敏不无伤感地回忆道："tomorrow 的意思是明天再谈。不想明天就永远不再来了。首长昏迷加重，出血，体温居高不退……"

……

5月22日上午，专程从美国旧金山赶来北京的孙穗英、孙穗华及其丈夫张家恭由廖承志陪同前往北京寓所探望宋庆龄。一同前来的还有亲属陈志昆、夫人黄寿珍夫妇和他们的女儿陈燕。据顾承敏医生回忆，当时孙穗英、孙穗华等孙家人曾双膝跪拜在宋庆龄的床前，表达她们沉重的心情与由衷的祈祷。

然而，良好的主观愿望难以改变客观的事实。1981年5月28日晚11点多，宋庆龄病情急转直下。卫生部领导和医务人员进行了紧急抢救。抢救工作持续了二十多个小时，终于无效。在抢救期间，宋庆龄的亲属孙穗英、孙穗华、戴成功和张家恭、林达光、陈恕、陈志昆、黄寿珍、陈燕等均守候在病床前。

1981年5月29日，中共中央、全国人大常委会、国务院发布宋庆龄第十一号病情公告。公告称：

> 宋庆龄名誉主席二十八日晚九时发生咽部黏膜大出血，呼吸困难。虽采取了紧急抢救措施，继又发生肺水肿，病情危笃。

1981年5月29日19时50分左右，北京已是夜幕降落，华灯齐放。

忽然，宋庆龄北京寓所主楼上的卧室里传来一阵忙碌的脚步声，楼下按摩室的沈粹缜与顾金凤闻声有异，急忙上楼，只见宋庆龄已脉搏微弱，再也输不进血，与此同时，一股股黯红的血沫从她的口鼻中涌泉般冒出。医护们忙成一团，竭尽全力抢救。

但终无回天之力！1981 年 5 月 29 日 20 时 18 分，宋庆龄的心脏停止了跳动。

党中央立即成立了由邓颖超、康克清、廖承志、童小鹏、高登榜、沈粹缜、李家灼、杜述周等人组成的宋庆龄治丧委员会。

这时，自宋庆龄病危后一直住在宋宅楼下的沈粹缜向钟兴宝下了命令："兴宝，他们是党中央派来的人，你可以把钥匙交给他们了。"

得到沈大姐的指示，钟兴宝这才来到宋庆龄的床边，把手伸进宋庆龄的枕头下面，从枕头底下摸出了钥匙，亲手交给了来人。

为宋庆龄整理遗容

　　宋庆龄是在平和、安详中，永远地离开这个世界的。

　　1981年5月29日当晚21时左右，前来吊唁的中央首长们还没抵达，趁宋庆龄身体尚有余温，钟兴宝与顾金凤已抓紧时间，在家中楼上卧室中为宋庆龄整理遗容。她俩根据宋庆龄生前的嘱咐，轻轻地为她们所敬爱的首长换内外衣服、梳理头发、细心地用眉笔替她勾描眉毛，完成了宋庆龄生前"让我干干净净地走，体面些，不要邋里邋遢的"愿望。与此同时，钟兴宝还噙着泪花，根据苏沪一带的风俗，把事先准备下的一块上面由她亲手绣着一朵兰花的小手帕，轻轻地塞到了宋庆龄的右手掌心中……

　　有关这块小手帕，原上海市机关事务管理局副局长李家炽有段回忆："5月24日在北京宋庆龄家的客厅里，晚饭后我忽然想到一件事，便对钟兴宝说：'兴宝，首长毕竟年事已高，我们要做好准备以防万一。你要考虑好首长里里外外穿的衣服，并且准备好。'钟兴宝回答道：'好的。李局长，除了做好必要的准备之外，我还准备给首长缝一块小手帕，手帕上面绣好首长喜欢的花，到时候放在首长的手里。'我说：'好，明天上午准备好。'当时沈粹缜、张珏也在，我把这个想法告诉了沈粹缜，她说：'这样好。'"

　　29日晚21时30分左右，宋庆龄的遗体移送到楼下设为临时灵堂的

◇工作人员向宋庆龄遗体告别。钟兴宝（左
三）、顾金凤（左四）

小客厅。

保姆钟兴宝、顾金凤和花匠安茂成为宋庆龄整理遗容。

钟兴宝与顾金凤最后一次为宋庆龄整理了衣服与发型。

安茂成负责临时灵堂中鲜花盆景的摆放，他特意多挑选了一些宋庆龄生前所喜爱的黄色的康乃馨，摆放在宋庆龄遗体的周围。

·他知道，这是自己最后一次为他最亲爱的首长摆花了。

这时，安茂成发现宋庆龄的嘴巴半张着，他就拿来一块毛巾，垫在她的脖子与下巴之间，使她的嘴巴得以合拢，不再张开。然后，他又把白色的床单拉上，巧妙地遮掩住了下巴处的毛巾。

待一切布置完毕，安茂成指着那面早就准备下的中共党旗，向一边的廖承志问道："廖公，可以把它盖上了吗？"

廖承志点点头："盖上吧。"

听得廖公下令，安茂成与顾承敏还有另一名吴护士长一起徐徐展开党旗，合作着把党旗庄严地盖在了宋庆龄的身上。

当晚22时左右，众多中央首长闻讯陆续赶到寓所，瞻仰宋庆龄副主席的遗容，向她告别。

邓小平夫妇含着眼泪来了。邓小平先在门外让工作人员为他戴好黑臂纱，然后才与其他党和国家领导人一起心情沉重地走进小客厅；王光美来了，她哭得最伤心，几乎是扶着墙壁才走进小客厅里的。

许德珩一进门就哭了，他一边哭着，一边还重重地跺着脚……

5月30日，宋庆龄的遗体送到人民大会堂的吊唁厅。

5月31日上午，邓小平来到人民大会堂吊唁大厅，瞻仰宋庆龄遗容。

6月3日，宋庆龄同志追悼会在人民大会堂举行。邓小平致悼词，他在悼词中回顾了宋庆龄光辉伟大的一生，高度评价了宋庆龄对中国革命和建设、对祖国统一大业所做出的杰出贡献。

是哪些人护送
宋庆龄骨灰到上海

1981 年 5 月 29 日当晚 20 时 18 分，宋庆龄因病医治无效与世长辞。宋庆龄逝世的当天，有关人员就陆续接到了宋庆龄治丧委员会发去的通知：

定于五月三十一日至六月二日，在人民大会堂为中华人民共和国名誉主席宋庆龄同志举行吊唁，瞻仰遗容。请于五月三十一日上午九时至十时半前往参加。

宋庆龄同志治丧委员会

一九八一年五月二十九日

（进人民大会堂北门）

紧接着，人们又接到了宋庆龄治丧委员会递交的另一份通知：

定于六月三日下午四时，在人民大会堂为中华人民共和国名誉主席宋庆龄同志举行追悼会，请参加。

宋庆龄同志治丧委员会

一九八一年六月一日

（请提前二十分钟到达进人民大会堂东门）

　　1981 年 6 月 4 日上午，中华人民共和国名誉主席宋庆龄的骨灰盒从北京移送上海，在北京机场，中央领导邓小平、李先念、彭真、胡耀邦等参加送灵，骨灰盒由邓颖超、廖承志、乌兰夫、陈慕华等主要代表护送到沪。顾承敏医生与吴庆年护士作为宋庆龄治丧委员会的特邀代表，一起护送宋庆龄的骨灰前往上海万国公墓安葬。

　　顾承敏医生完好地保存着当时宋庆龄治丧委员会编印的《护送宋庆龄同志骨灰到上海的人员名单》：

护送宋庆龄同志骨灰到上海的人员名单

（98 人）

一、领导同志和工作人员（10 人）

邓颖超（女）	赵　炜（女，秘书）	乌兰夫
王前山（警卫）	廖承志	李云峰（警卫）
陈慕华（女）	赵芝莲（女，秘书）	张佐良（大夫）
张新莉（女，护士）		

二、治丧委员会办公室有关工作人员（14 人）

童小鹏	高登榜	谢邦定
黄甘英（女）	汪志敏	脱若男（女）
陈忠义	于茂林	高振普
庞守民	王怀波	李金生
姚小合	雷安锁	

三、新闻工作人员（12 人）

庄　唯	沈　杰	李永志
刘国珊	赵立凡	高金卓
梁福臻	刘振英	崔宝林

李尚志	陈日浓	张水澄

四、身边工作人员（16人）

杜述周	张　珏（女）	沈粹缜（女）
顾锦心（心）	顾承敏（女）	吴庆年（女）
周幼马	孙云山	刘凤山
黎　传	高树伦	陈休征（女）
朱仲英（女）	博俊德（女）	隋永清（女）
隋永洁（女）		

五、国际友人和工作人员（16人）

路易·艾黎	马海德	西园寺公一
宫崎世民	艾德乐	爱波斯坦
耿丽淑（女）	柯如恩（女）	伍镜宇（女）
伍竞仁	田慧贞（女）	韩炳培
李建平	孟　波	李心芳（女）
方松灼（外交部新闻司）		

六、亲属及其他人员（17人）

孙穗英（女）	孙穗华（女）	张家恭
林达光	陈　恕（女）	陈志昆
黄寿珍	陈　燕（女）	倪　冰（女）
戴成功（女）	戴兰馥（女）	廖梦醒（女）
李　湄（女）	邓广殷	孙穗芳（女）
郑思基	孙穗芬（女）	

七、陆、海、空解放军、礼兵6人

八、上海来的同志7人

当宋庆龄的骨灰到达上海虹桥机场时，机场上响起了悲壮的《葬礼进行曲》。宋庆龄的灵车由车队护送，缓缓驶向西郊万国公墓的宋氏墓地，在长达十多公里的路上，数万群众自发地肃立在马路两旁，目送灵车远去。

所有护送人员，分别坐在车队中的大巴士上。

万国公墓庄严肃穆。整修一新的宋氏墓地上龙柏苍翠，冬青环绕。遵照宋庆龄的遗言，她的墓穴安置在她父母的东侧。墓的四周摆放着她生前喜欢的兰花、杜鹃花和郁金山草。素净的墓碑上，镌刻着：

一八九三年——一九八一年
中华人民共和国名誉主席　宋庆龄同志之墓
一九八一年六月四日立

当乐队奏起哀乐，宋庆龄的骨灰盒安然放进洁白如玉的大理石棺时，守候在墓穴两旁的少年儿童为失去他们慈爱的祖母而失声恸哭，人们情不自禁地流下了悲伤的眼泪。

安葬仪式结束后，送灵的部分人们又依恋不舍地在万国公墓宋庆龄墓地前合影留念。

后记

蒙人民文学出版社约稿，承王一珂编辑精心策划与校正，本作品终于自签订《出版合同》起历时六年五易其稿完成了。

早在 1984 年 6 月，我已涉及这个题材的写作，在《北京晚报》上连载了根据钟兴宝口述记录整理的中篇报告文学《在宋庆龄身边》，那篇文章受到了读者普遍的欢迎与好评，当时还收到沈粹缜妈妈的亲笔来信，她对我作出的努力给予了赞扬与鼓励。

从 2001 年到 2013 年这十二年的时间里，我又先后采访了钟兴宝、靳山旺、刘一庸、周和康、顾金凤、安茂成、顾承敏等八位曾经在宋庆龄身边长期工作过的工作人员，在东方、群众、华龄三个出版社出版了《宋庆龄与她的三个女佣》《宋庆龄与她的卫士长》《宋庆龄与她的秘书们》《宋庆龄与她的生活侍从》《宋庆龄与她的保健医生》五部长篇报告文学。

在采写这五部书的时候，被采访者均年事已高，有的已经八九十岁了，所以当时我是怀着抢救与挖掘的心情，进行这项浩大的工程的。故而，这五部作品都有些急就章的味道，粗疏之处在所难免。侥幸的是，我总算跑在了时间的前面，就在我采写后没多久，钟兴宝、靳山旺、安茂成等几位可敬的老人就永远离开了。

所幸，他们没有把这众多珍贵的历史资料一起带走！

拙作陆续问世后，通过大量的学习与充电，我还是感到文中存在不少瑕疵与疏漏。所以我在组合、重写这部书时，尽力作了纠正。当然，更重要的是，我得对历史负责，对前人负责，对读者负责，我要尽力交出一份令自己满意的答卷。

由于我所采访的都是长期在宋庆龄身边工作过的保姆、卫士长、秘书、生活管理员、医生乃至花匠等"小人物"，所以提供的也都是些他们的亲历、亲见与亲闻的零零碎碎的有关宋庆龄晚年中的生活琐事。但是，无以涓涓小流，何以汇成汪洋大海？没有纷纷细沙，又怎能聚成万丈高塔？这些琐碎平凡的小事，正好可以折射出宋庆龄那血肉丰满、有情有义的真实形象，让人们感受到她那伟大的人格力量。

这次，我把已出版的五部长篇报告文学中最精彩的细节挑选出来，根据年代排列，重新进行了整合，充实了一些后期采访到的新鲜的内容，从而使本书更有逻辑性、可读性，也不乏史学价值与现实意义。

我要感谢众多的被采访者，正因为有了你们几十年如一日默默无闻、赤胆忠心的工作与努力，才使读者真切地感受到了宋庆龄的平民晚年。当然，我更要感谢宋庆龄奶奶，感谢这位 20 世纪的杰出女性。在此，我只能用一首小诗，来表达我对她的无限崇仰和爱戴之情：

得知您独自远行的时候

偏偏是在国际儿童节来临的前夜

而且什么也没带

只留下了满园桃李

与一庭忠诚的芬芳

莫非这是上苍的有意安排

想让您永远如童真一样纯洁与年轻

难道这是您的精心选择

好在离去的那天见到更多您的心仪

是的

您用您对共和国的赤子之心

教会了无数人忠诚

您用您对芸芸众生的热爱

以至无数人至今还在把你追寻

同时也让那些渺小与阴暗

汗颜与疚悔得入地无缝

在追求真理的途中
您是勇敢与正直的化身
在妖魔鬼怪的面前
您是凛然不可侮的女神
在平民百姓的眼中
您是最可亲可敬的凡人

生命纵然短暂
但人民的心儿会把您的光芒延伸
岁月固然无情
但历史的公正会还您一座丰碑
从此
您将与时代凝固在一起
永远镌刻在亿万人的心中
融化进人类长河的年轮

一稿于 2014 年 2 月 12 日
二稿于 2014 年 5 月 29 日
三稿于 2016 年 6 月 10 日
四稿于 2017 年 11 月 15 日
五稿于 2019 年 3 月 21 日

《晚年宋庆龄》
主要参考资料

454

1.《宋庆龄选集》（上）（下），人民出版社 1992 年版

2.《宋庆龄年谱（1893—1981）》（上）（下），盛永华主编，广东人民出版社 2006 年版

3.《宋庆龄书信集》（上）（下），宋庆龄基金会，中国福利会编，人民出版社 1999 年版

4.《宋庆龄书信集·续编》，宋庆龄基金会、中国福利会，宋庆龄陵园管理处编，人民出版社 2004 年版

5.《宋庆龄往来书信选集》，上海宋庆龄故居纪念馆馆藏，上海人民出版社 1995 年版

6.《回忆宋庆龄》，上海市孙中山宋庆龄文管会、上海宋庆龄研究会编，东方出版中心 2013 年版

7.《宋庆龄——二十世纪的伟大女性》，伊斯雷尔·爱坦斯坦，人民出版社 1992 年版

8.《孙中山宋庆龄文献与研究》（1）；上海孙中山宋庆龄文物管理委员会编，上海书店出版社 2009 年版

9.《孙中山宋庆龄文献与研究》（2），上海孙中山宋庆龄文物管理委员会编，上海书店出版社 2011 年版

10.《孙中山宋庆龄文献与研究》（3），上海孙中山宋庆龄文物管理委员会编，上海书店出版社 2011 年版

11.《孙中山宋庆龄文献与研究》（4），上海孙中山宋庆龄文物管理委员会编，上海书店出版社 2013 年版

12.《孙中山宋庆龄文献与研究》（5），上海孙中山宋庆龄文物管理委员会编，上海书店出版社 2014 年版

13.《宋庆龄上海史迹寻踪》，王志鲜、段炼，上海辞书出版社 2011 年版

14.《孙中山》，上海市孙中山宋庆龄文物管理委员会编著，上海教育出版社 2010 年版

15.《宋庆龄与何香凝》，唐续娟、刘士璋、安山编，中国和平出版社1991年版

16.《宋庆龄和她的助手金仲华》，郑彭年，新华出版社2001年版

17.《宋庆龄的掌上明珠》，中国福利会1993年6月编印

18.《家国情怀》，李湄，人民文学出版社2015年版

19.《别样的家书》，邹嘉骊，上海人民出版社2015年版

20.《生活管理员眼中的宋庆龄》，上海孙中山故居纪念馆编，2015年内部印刷